Thilo Baum

Schluss mit förmlich!

So geht menschliche Unternehmenskommunikation

Relevanz

—— Der Verlag ——

Thilo Baum, geboren 1970, hilft Unternehmen und anderen Organisationen, sich klar auszudrücken. Nach einem Tageszeitungsvolontariat inklusive Ausbildung an der Henri-Nannen-Schule Berlin wurde Thilo Baum Lokal- und dann Schlussredakteur beim »Berliner Kurier«. Seit 2004 ist Thilo Baum selbstständiger Berater, Trainer und Speaker mit dem Thema »Klartext«. Unter anderem unterrichtete er an der Berliner Journalistenschule »Klara«, der Nachfolgerin der Henri-Nannen-Schule Berlin. Bisherige Veröffentlichungen zum Thema sind »30 Minuten für gutes Schreiben« (GABAL) und »Komm zum Punkt! So drücken Sie sich klar aus« (Eichborn/STARK/Relevanz). Thilo Baum ist Professional Member der German Speakers Association e.V. (GSA) und leitet dort als Studienleiter die Rednerausbildung der »GSA-Akademie«.

https://www.thilo-baum.de

Schluss mit förmlich!
So geht menschliche Unternehmenskommunikation

Die Deutsche Nationalbibliothek verzeichnet diese Publikation in der Deutschen Nationalbibliografie. Detaillierte bibliografische Daten sind unter www.dnb.de abrufbar.

ISBN 978-3-948560-00-3 (Hardcover)
ISBN 978-3-948560-01-0 (Paperback)
ISBN 978-3-948560-02-7 (E-Book)

»Relevanz – Der Verlag« ist ein Imprint des Einzelunternehmens Thilo Baum.

Umschlaggestaltung, Foto: Thilo Baum
1. Auflage, Gersfeld (Rhön) 2019
Herstellung: tredition GmbH, Halenreie 40-44, 22359 Hamburg

Relevanz – Der Verlag
c/o Thilo Baum
Langenberg (Forsth.) 49
D-36129 Gersfeld (Rhön)

Inhalt

»Der echte Ausdruck macht die klare Idee.«
Novalis (1772–1801), Dichter und Philosoph

Vorwort

Kennen Sie das, wenn Sie eine Versicherung abschließen? Irgendwann kommt ein Brief mit einer Vertragsbestätigung. Es ist immer wieder das Gleiche: Der Brief fängt nicht etwa an mit einem freundlichen »Wir freuen uns sehr, dass Sie unser Kunde geworden sind!«, sondern wir lesen förmlichen Kram. Die Versicherung schreibt: »Sehr geehrter Herr Baum, wir überreichen Ihnen als Anlage den Versicherungsschein zu der abgeschlossenen Versicherung mit dem Tarif …« – und dann folgt ein kryptischer, technokratischer Begriff.

Wie wirkt dieser Satz auf uns? Wie ein Schreiben vom Finanzamt. Der Satz ist förmlich, distanziert und bürokratisch. Und das, obwohl doch das Vertrauen der höchste Wert bei einer Versicherung ist. Wie soll ein Unternehmen Vertrauen schaffen, wenn es eine solche förmliche Sprache verwendet? Und vor allem: Wie kommen die Menschen in diesen Unternehmen auf die Idee, diese Sprache würde Vertrauen schaffen? Denken sie überhaupt darüber nach?

Zunächst einmal: Natürlich würde ich mir wünschen, dass auch das Finanzamt menschlich statt bürokratisch schreibt. Tatsächlich teilt man mir eine Steuerlast mit und weist am Rand des Briefes sofort auf eine drohende Kontopfändung hin, sofern ich die erste Frist versäume. Nett ist das nicht. Bevor ich Geld überweise, sollte ich erst einmal wissen, wie viel. Und dann gibt es meinetwegen eine Frist. Aber dem Steuerzahler gleich zu drohen, empfinde ich als Zeichen einer unfassbar schlechten Erziehung. Würde ein Unternehmen so mit mir umgehen, wäre es mit Sicherheit der letzte Kontakt zu diesem Unternehmen gewesen.

Und obwohl rein formell gedachte Briefe abschrecken, kommunizieren Unternehmen förmlich. Vor allem Versicherungen und Banken. Aber auch die Briefe von Autoherstellern und Autoimporteuren sind oft nicht besser. Da lesen wir ebenfalls Juristendeutsch, bestenfalls geringfügig weichgespült durch Marketingfloskeln. Menschlich wirkt diese Sprache deswegen allerdings nicht auf mich, sondern distanziert und fremd. Technokratisch.

Oder nehmen wir die Medizin- und Pharmabranche. In meinen Seminaren habe ich immer wieder mit Biochemikern und Ärzten zu tun, denen es mitunter sehr schwerfällt, in einer verständlichen Sprache zu sprechen. Schon wenn Fachleute ihr Thema für die Pressestelle aufbereiten sollen, damit die medizinisch weniger bewanderte Öffentlichkeit die neuen Forschungsergebnisse versteht und einordnen kann, hapert es an der Übersetzung aus der Fachsprache in allgemeinverständliches Deutsch. Weiter hinten im Buch werden Sie dazu noch mehr lesen. Und ganz egal, ob es um Mediziner oder auch um IT-Leute und Ingenieure geht: Überall erlebe ich Hemmungen, sich klar auszudrücken.

Hauptgrund für förmliche Sprache: Angst

Auf der Suche nach einem Grund dafür bin ich fündig geworden: Der wichtigste Grund für förmliche und bürokratische Sprache scheint tatsächlich Angst zu sein. Natürlich ist auch sprachliches Unvermögen ein Grund, aber so schwer sind die Regeln klarer Sprache nun wirklich nicht – und sie sind auch problemlos lernbar (Sie finden die Regeln ab Seite 76). Nein, der wichtigste Grund fürs Förmliche ist Angst. Angst davor, nicht intellektuell zu wirken. Angst davor, dass klare Sprache unhöflich sei. Dabei sind diese Ängste unbegründet.

Und nicht nur das: Förmliche Sprache ist auch diskriminierend. Weil sie das Verständnis beispielsweise Fremdsprachlern massiv erschwert. Wenn Sie zum Beispiel das Wort »Beantragung« statt »Antrag« verwenden, schaut ein Fremdsprachler im Wörterbuch unter »B« nach und wird in aller Regel nicht fündig. Förmliche Sprache ist also alles andere als barrierefrei – und das in Zeiten, in denen die Gesellschaft so integrativ denkt wie noch nie. Wobei Kommunikation heute zudem auf Anhieb funktionieren muss, damit wir am Markt bleiben, und das noch viel schneller denn je.

Sie sehen: Die Beschleunigung des Alltags erfordert eine einfachere Sprache. Und auch die Gedanken der Integration und der Inklusion erfordern eine einfachere Sprache.

Mit »einfacher Sprache« meine ich übrigens nicht das, was Behörden unter »Einfacher Sprache« verstehen. Die Sprachregeln in diesem Buch machen die Sprache schon möglichst einfach, und das gelingt, indem wir Unnötiges weglassen und eben aus dem Wort »Beantragung« das Wort »Antrag« machen. Auch meine ich keine »Leichte Sprache«, die tatsächlich ein Regelwerk kennt.[1] Als Beispiel für eine schlechte Formulierung nennt das »Netzwerk Leichte Sprache« beispielsweise den Ausdruck »Öffentlicher Nahverkehr«. Gut sei dagegen »Bus und Bahn«. Das läuft unter dem Kapitel »Benutzen Sie Wörter, die etwas genau beschreiben«. Ich habe nichts gegen die Formulierung »Bus und Bahn«, das ist hier nicht der Punkt. Sondern der Punkt ist: Wozu sollten Menschen denn überhaupt Wörter verwenden, die etwas *nicht* genau beschreiben?

Insofern, denke ich, sind viele Regeln der »Leichten Sprache« nichts anderes als das, was man auf Journalistenschulen lernt – oder hier in diesem Buch.

Dann heißt es in den Regeln der »Leichten Sprache«: »Verzichten Sie auf Fach-Wörter und Fremd-Wörter« – tatsächlich sind die Wörter durch Trennstriche getrennt. Das Wort »Workshop« sei schlecht, das Wort »Arbeits-Gruppe« sei gut. Das sehe ich nicht so. Im Business ist das Wort »Workshop« besser als das Wort »Arbeits-Gruppe«, denken wir nur an die Fremdsprachler im Team. Außerdem ist das Wort im beruflichen Kontext geläufig. Es kommt also immer darauf an, in welchem Zusammenhang wir kommunizieren: Eine russische Ärztin, wie ich sie einmal in einem Seminar in Berlin kennengelernt habe, versteht das Wort »Natriumchlorid« leichter als das Wort »Kochsalz«.

Was ich gut finde bei der »Leichten Sprache«, ist das Ansinnen, schwere Wörter zu erklären. Den Ausdruck »berufliche Rehabilitation« erklärt das Regelwerk so: »Herr Meier hatte einen schweren Unfall. Jetzt lernt er einen anderen Beruf.« Die Erklärung unterschlägt zwar den Kausalzusammenhang – vielleicht hängen Unfall und Umschulung gar nicht zusammen? Aber von solchen Kleinigkeiten abgesehen, finde ich es gut, wenn Sprache der Verständigung dient und niemanden ausschließt.

---

[1] https://www.leichte-sprache.org/wp-content/uploads/2017/11/
Regeln_Leichte_Sprache.pdf

Auch das Formulieren von Tätigkeiten mit Verben statt mit Substantiven (Seite 84) und das Vermeiden von Passivsätzen (Seite 85) sind Regeln der »Leichten Sprache«. Natürlich freut mich das als Journalist. Aber diese beiden Regeln dienen eben nicht nur benachteiligten Gruppen, sondern auch dem Verständnis aller anderen Menschen auch.

Ich finde es jedenfalls falsch, den Eindruck zu erwecken, eine einfache oder leichte Sprache sei nur im Blick auf Menschen mit Handicap nötig. Eine einfachere Sprache ist in jeder Hinsicht nötig. Und das nicht nur, weil eine Versicherung damit mehr Vertrauen erzeugen würde. Nicht nur Asylbewerber verstehen Briefe deutscher Behörden nicht, weswegen Sozialarbeiter ihnen beim Verständnis helfen, sondern so gut wie niemand versteht Briefe deutscher Behörden.

Im öffentlichen Dienst arbeiten zwar eine Menge Leute, aber selbst die verstehen nicht alle, was eine Behörde im Kern sagen will, wenn sie einen Brief rausschickt (Seite 110). »Gemäß dem Rundschreiben des Bundesministeriums des Innern erfolgt die Zahlung im Vorgriff auf die Änderungstarifverträge unter dem Vorbehalt der Rückforderung und unter Ausschluss der Berufung auf den Wegfall der Bereicherung«, zitiert »Spiegel online« im Jahr 2013 ein »grauenhaftes Beispiel«.[2]

In diesem Satz stecken mindestens fünf Aspekte. Die Aufgabe ist es jetzt, jeden dieser Aspekte in einem Satz zu bringen und dann die Einzelteile richtig zu ordnen. Das kann man machen, auch als Ministerium. Man muss es nur tun. Etwa so:

1. Wir zahlen Ihnen das Geld aus.
2. Das entspricht den kommenden Änderungstarifverträgen.
3. Vorsicht, an der Regelung kann sich noch etwas ändern.
4. Steht Ihnen das Geld am Ende nicht zu, können wir es zurückfordern.
5. Dabei hilft es auch nicht, wenn Sie das Geld nicht mehr haben.

In diesem Buch werden wir auf diese Weise viele Texte auseinandernehmen – und Ihre Unternehmenskommunikation kann menschlicher werden.

---

[2] https://www.spiegel.de/karriere/kampf-dem-behoerdendeutsch-beamte-sollen-sich-verstaendlicher-ausdruecken-a-914529.html

Unternehmen werden lockerer

Menschen machen Geschäfte mit Menschen. Das gilt auch auf dem Geschäftskundenmarkt. Auch wenn Sie mit Siemens Geschäfte machen: Sie haben noch nie in Ihrem Leben mit Siemens gesprochen. Denn Werner von Siemens (1816–1892), der das Unternehmen Siemens im Jahr 1847 gegründet hat, ist seit mehr als hundert Jahren tot. Mit ihm können Sie nicht mehr sprechen.

Sie sprechen mit Ihren Ansprechpartnern bei Siemens. Also mit den freundlichen Damen und Herren vom Einkauf. Oder mit den Ingenieuren aus einer Fachabteilung. Oder mit denjenigen, denen Sie ICEs abkaufen. Oder von Vorstand zu Vorstand. Sicher spielen Fakten eine Rolle. Aber auch in großen Unternehmen sitzen letzten Endes Menschen, die beim Mittagessen in der Kantine miteinander sprechen und vielleicht über Sie sagen, dass sie mit Ihnen ganz besonders gerne zusammenarbeiten. Weil Sie möglicherweise so unkompliziert und menschlich sind.

Dass wir mit Menschen sprechen und nicht mit abstrakten Größen wie Unternehmen, setzt sich auch infolge der direkteren Ansprache im Internet durch. Wir erleben beispielsweise einen Abschied vom Imagefilm. Bei Videos im Netz geht es nicht mehr um Hochglanzinszenierungen, sondern um Content sofort. Der Mann oder die Frau vor der Kamera muss authentisch und sympathisch wirken – dann finden wir auch seine Firma sympathisch. Es gibt ein »face to the customer«, ein Gesicht für die öffentliche Kommunikation. Bei mittelständischen Unternehmen ist das oft der Inhaber, oft hemdsärmelig. Er kann den Kunden ansprechen oder auch potenzielle Mitarbeiter. In einem Konzern ist das »face to the customer« der Vorstandschef, doch in der Konzernwelt tritt man noch immer eher steif auf. Und bevor eine Abteilung einen weniger steifen Videostil für die Recruiting-Videos durchsetzen kann, muss das Projekt durch die Konzernmühlen laufen und erstickt möglicherweise am Ende im Gestrüpp aus Zuständigkeiten, Genehmigungen und Eitelkeiten.

Doch auch wenn die Konzerne durch ihre Unbeweglichkeit ein wenig hinterherhinken, ist eines ganz klar: Unternehmen werden lockerer.

Die rote Krawatte bei den Sparkassen

Im Jahr 2012 waren die deutschen Sparkassen eine Weile in den Medien. Thema: Die Mitarbeiter sollten ab sofort rote Krawatten tragen, die Mitarbeiterinnen rote Halstücher. Und natürlich nicht in irgendeinem Rot. Sondern genau im Sparkassenrot HKS 13, der eingetragenen und 2016 vom Bundesgerichtshof (BGH) bestätigten Farbmarke, mit der die Sparkassen schon seit 1972 arbeiten.

Die »Augsburger Allgemeine« brachte am 5. September 2012 ein Foto mit dreizehn neuen Auszubildenden inklusive Sparkassendirektor, alle mit dem roten Textil am Hals.

Dass irgendjemandem aus dieser Truppe die Farbe Rot gar nicht steht, war nicht Gegenstand der Überlegung. Und das gibt es nun einmal: Manchen Leuten steht Grün nicht, anderen steht Blau nicht, und manchen steht eben Rot nicht. Es sieht nicht gut aus, wenn sie es tragen.

Menschen sind Marken
Unternehmen haben eine Corporate Identity (CI), und daraus resultiert oft ein Corporate Design (CD). In heutigen Zeiten sind aber auch Menschen zunehmend Marken. Erlauben Sie Ihren Mitarbeitern ihr persönliches Erscheinungsbild?

Wollen Sie eine Farbe tragen müssen, die Ihnen nicht steht? Die Sie nicht gut aussehen lässt? Vermutlich nicht.

Zeitsprung, einige Jahre später: Im März 2019 verkündet das »Handelsblatt«, die Sparkassen würden sich von der Krawattenpflicht mit der Zeit verabschieden.[3] Vorreiter dabei sei die Hamburger Sparkasse, kurz: »Haspa«, die bereits drei Jahre zuvor den Kleidungsstil »Haspa Business Casual« eingeführt habe. Es ging darum, »ein neues Erscheinungsbild zu zeichnen und uns an unserer Unternehmensphilosophie des menschlichen Bankings neu auszurichten«, zitiert das »Handelsblatt« die Bank. Zahlrei-

---

[3] https://www.handelsblatt.com/finanzen/banken-versicherungen/dresscode-sparkassen-treiben-abschied-von-der-krawattenpflicht-voran/24076712.html?ticket=ST-7832502-PqLpJkpvqa6fLOqtoIFL-ap1

che Sparkassen seien dem Vorbild gefolgt, darunter die Sparkassen Bodensee, Essen, Fulda, Mainz und Würzburg.

Menschliches Banking – also jenseits des Investmentbankings und der Jonglage mit abstrakten Papieren, die Max Mustermann nicht versteht. Klingt gut. Und bringt etwas Simples zutage: Am Ende sind Geschäfte immer menschlich. Weil Menschen miteinander handeln. »Wirtschaft« heißt, dass wir anderen anbieten, was sie brauchen – ob diese Kunden Menschen sind oder eine Rechtsform einer juristischen Person tragen, spielt dabei keine Rolle. Am Ende dienen wir Menschen.

Und ja, ich kenne den Einwand: »Aber im Geschäftskundenmarkt machen wir doch mit Unternehmen Geschäfte, nicht mit Menschen!« Und ich denke: Eben nicht! Auch im Business-to-business-Geschäft (»B2B«) sprechen wir am Ende mit Menschen. Wie bei Siemens. Wenn Sie mit Ihrem Unternehmen beispielsweise die Automobilindustrie beliefern, dann haben Sie in Ihren Kundenunternehmen Menschen aus Fleisch und Blut als Ansprechpartner. Im Einkauf, in der Fachabteilung. Manchmal wechseln Ihre Ansprechpartner, sicher. Aber ob jemand mit Ihnen Geschäfte macht, hängt auch und vor allem davon ab, wie Sie als Mensch agieren oder auch (Vorsicht, Denglisch) performen.

Uniformiert oder individualistisch?

Und dabei geht es um Ihre persönliche Performance, also darum, wie Sie als Mensch wirken. Es geht um die persönliche Performance Ihrer Mitarbeiter, von den Indianern bis zu den Führungskräften. Wenn die alle die Farbe des Unternehmens tragen wie noch immer bei zahlreichen Sparkassen, wirken sie enorm einheitlich.

Letztlich ist es eine Uniform. Uniformen sind prinzipiell nichts Schlechtes: Wir erkennen Polizeibeamte sofort oder die Mitarbeiter bei Mediamarkt. Signalfarben spielen oft eine Rolle – zum Beispiel bei der Deutschen Post beziehungsweise DHL. Auch die Deutsche Bahn hat Uniformen. Aber gerade die Deutsche Bahn legt bei der Auswahl ihrer Schaffner höchsten Wert auf Diversität. Wenn Sie viel Bahn fahren, begegnen Ihnen unter den »Zugbegleitern« die unterschiedlichsten Typen. Der volltätowierte Rocker-Typ. Die elegante Stewardess. Der schmale, intellektuell wirkende Lehrertyp. Die 120-Kilogramm-Mutti. Der rustikale, gemütliche Dicke. Wie bei Rollenfächern im Theater. Der jugendliche Liebhaber, der polternde Alte. Verschiedenste Hautfarben, unterschiedlichste Dialekte. Sogar aus Österreich. Die Deutsche Bahn schafft es, dass die Mitarbeiter trotz der Uniform Individualität zeigen.

Die Frage ist eben, ob Unternehmen Menschen im Backoffice zu einer Uniform verdonnern sollten. Im Frontoffice ist es gut, Mitarbeiter zu erkennen. Oft genügt ein Namensschild. Aber intern? Also im Bürogebäude hinter der Sicherheitsschleuse, wo Besucher am Besucherausweis zu erkennen sind? Hier sind Uniformen ganz sicher unnötig. Vergleichen Sie das einfach mit der Bundeswehr: Die Soldaten tragen Uniformen – übrigens verschiedene Uniformen je nach Anlass und auch Jahreszeit. Die meisten zivilen Angestellten dagegen tragen ihre normale Kleidung. Anzugträger sind seltener – es sei denn, ein Mensch in leitender oder auch politischer Funktion steht vor Ihnen.

Gerade beim Selbstverständnis von Mitarbeitern tut sich derzeit eine ganze Menge. Wie wir später beim Thema Recruiting noch sehen werden, sind heute nicht mehr die potenziellen Mitarbeiter die Bewerber, sondern die Unternehmen sind die Bewerber geworden. Und im Job geht es Mitarbeitern vor allem um Sinn und darum, sich weiterzuentwickeln. Es geht nicht mehr unbedingt darum, dass Mitarbeiter etwas vom Ruhm der Arbeitgebermarke abhaben wollen – sondern wenn der Premium-Arbeitgeber mit dem Mitarbeiter nicht anständig umgeht, dann wechselt der Mitarbeiter eben zu einem anderen Premium-Arbeitgeber.

Und ein entscheidender Punkt, ob sich gute Leute in Ihrem Unternehmen wohlfühlen oder nicht, ist die Kommunikation. Die Sprache. Verdammen Sie Ihre Leute zu einer technokratischen Plastiksprache, über die Ihr Unternehmen eigentlich nie gründlich nachgedacht hat? Unterliegen Sie dem Denkfehler, dass Sie als Steuerberaterkanzlei mit Ihren Mandanten förmlich kommunizieren müssten? Darum geht es. Ich denke: Zahlreiche Menschen heute wollen das Formelle nicht mehr. Sie wollen keine Schizophrenie mehr spüren zwischen Arbeitsplatz und Privatleben. Den Begriff »Work-Life-Balance« empfinden viele als unsinnig, weil sie auch in ihrer Arbeitszeit leben. »Work« und »Life« schließen einander nicht aus, sondern »Work« ist ein Teil von »Life«. Und die Menschen heute – ob Mitarbeiter oder Kunden – wollen leben. Sie wollen ihr Ding machen, ob als Selbstständige oder auch abhängig beschäftigt. Dazu gehört es, dass sie sich nicht mehr in Markenkorsette pressen lassen, weder durch rote Krawatten und Halstücher noch durch eine förmliche Sprache.

Von Semco bis Gedankentanken

Im Sommer 2019 hatte ich ein Seminar bei einer großen, bekannten Versicherung. Ich kam mit Sakko, Jeans und Hemd an – natürlich ohne Krawatte, denn das Thema Krawatte scheint tatsächlich erledigt zu sein. Förmlich gilt zunehmend als out! Meine Teilnehmerinnen und Teilnehmer kamen sehr zivil an beziehungsweise im Stil »smart casual«. Ein Teilnehmer trug kein Sakko, sondern einfach ein Hemd. Er sagte mir, ich könne mein Sakko gerne ausziehen, wenn es mir hier drin zu heiß sei. Im Haus trage kaum noch jemand ständig Sakko.

Diese Versicherung hat sich im Jahr 2019 ein Videostudio eingerichtet. Greenscreen, Kamera, Scheinwerfer – alles in einem dafür freigeräumten Büro. Man sehe es nicht mehr ein, Unmengen von Geld an Agenturen zu bezahlen, die sterile Hochglanz-Imagevideos produzieren, durch die das Unternehmen am Ende distanziert wirkt. Und das kann ich gut verstehen. Briefings formulieren, Meetings machen, Konzepte hin- und herschicken – Schluss damit. Content entsteht heute möglichst einfach und schnell. Ohne Etepetete und Chichi. Ohne Getue. Ohne Manierismus. Ohne Attitüde. Die Inhalte müssen knapper sein, klarer und sofort verständlich. Ob ein Absender über sich selbst zwischen den Zeilen mitteilt, dass er intellektuell ist, ist nur noch dessen persönliches Ego-Problem, nicht mehr gesellschaftliche Norm. Es geht nur noch ums Ergebnis, also darum, dass Unternehmensbotschaften sofort funktionieren.

Sogar in der Versicherungsbranche, die seit jeher als steif gilt und deren Texte wie erwähnt oft schlimmer sind als Briefe vom Finanzamt, setzt sich also die Tendenz zum Individuellen durch. Weg vom Perfektionismus, weg vom Geleckten. Hin zu mehr »Quick and dirty«, zu mehr »Besser erledigt als perfekt«. Was nicht heißt, dass die Videos schlampig gemacht wären – da gibt es Skripte und ordentlich sprechende Mitarbeiter. Und auch ohne Krawatte gelingt es den Leuten, kluge Dinge zu äußern.

Was wegfällt bei dieser Entwicklung, ist letztlich die Angeberei. Die Selbstbeweihräucherung. Unternehmensaussagen drehen sich immer weniger um das Unternehmen selbst und darum, wie toll es ist, sondern sie zielen auf den Sinn ab, den beispielsweise ein Produkt für einen Kunden hat. Oder eben ein Arbeitsplatz für einen attraktiven Bewerber.

Ein Unternehmer, der diesen Gedanken schon früh umgesetzt hat, ist der Brasilianer Ricardo Semler (* 1958), der Chef von Semco. Als junger Mann trat er das Erbe seines Vaters an, und dazu gehörte es, das Unternehmen zu leiten. Als erste Amtshandlung, beschreibt es Semler in seinem berühmten Buch »Das Semco-System«, hat er ordnerweise Vorschriften abgeschafft. Er schreibt: »Diese Regelwerke verhindern Flexibilität und sind reiner Selbstzweck. Bei Semco hüten wir uns vor fixen Formeln und versuchen, unseren Geist offen zu halten.« Und: »Wir haben absolutes Vertrauen in unsere Mitarbeiter. (...) Wenn wir Angst davor haben, Menschen selbst darüber entscheiden zu lassen, in welcher Klasse sie fliegen wollen oder wie viele Sterne ihr Hotel haben muss, sollten wir sie eigentlich nicht losschicken, damit sie Geschäfte in unserem Namen machen, nicht wahr?«[4] Versuchen Sie, das Buch zu bekommen – auf Deutsch ist es vergriffen, aber auf Englisch ist es unter dem Titel »Maverick! The Success Story Behind the World's Most Unusual Workplace« zu haben.

Aber ganz so »unusual« ist diese Arbeitsweise inzwischen gar nicht mehr. Zahlreiche agile Unternehmen arbeiten so. Mein Lieblingsbeispiel in Deutschland ist die Gedankentanken GmbH, die mein Freund und langjähriger Sparringspartner Stefan Frädrich gegründet hat. Es geht um Weiterbildung im Internet, skalierbar (Seite 140ff.) und im Grunde ohne Postwege. Lernbare Inhalte zahlreicher Experten und Autoren, darunter auch meine Inhalte zum Thema »klarer Ausdruck«, sind zum Teil kostenlos im Internet verfügbar und mit Workbooks als Onlinekurse zu kaufen.

Natürlich sind alle per du. Die Leute arbeiten, wann sie wollen – wie bei Semco. Immer wieder gibt es Strategieworkshops, beispielsweise auf Mallorca – und alle Mitarbeiter sind dabei, nicht nur die Chefs. Die Sprache ist einfach, klar und locker und exakt das Gegenteil des steifen Stils, den so viele Menschen in so vielen Konzernen nicht mehr ertragen. Das Motto

---

[4] Semler, Ricardo: Das Semco-System. Heyne, München 1993, S. 18f.

»Bringt dich weiter« gilt auch für Mitarbeiter: Alle haben Zugang zu wichtigen Lerninhalten zur Persönlichkeitsentwicklung. Die Vernetzung zu den Großen der Trainer- und Rednerszene ist eng, und wer bei Gedankentanken anfängt, hat sofort einen unschätzbaren Wissens- und Kontaktpool zur Verfügung. Die Atmosphäre ist ergebnisorientiert, und intern und im Umgang mit Partnern gilt der Grundsatz: »No Jedöns«. Der »Core Value« lautet: »We own it.« Die Mitarbeiter betrachten ihre Projekte als ihre Projekte und wollen Ergebnisse. Für mich ist es kein Wunder, dass Gedankentanken bei der Initiative »Great Place to Work« in der Kategorie der kleinen Unternehmen – mit 50 bis 100 Beschäftigten – Platz eins abgeräumt hat und sich somit in dieser Kategorie »Deutschlands bester Arbeitgeber 2019« nennen darf. »Wir haben lauter A-Mitarbeiter, die miteinander spielen«, sagt Gründer Stefan Frädrich.

Wenn Sie einen Gedankentanken-Kurs machen, kann es sein, dass Sie meinen Namen als Redakteur in einem Workbook finden. Und von wenigen Textstellen abgesehen, die ich nicht bearbeiten darf, weil es Zitate sind, zieht sich die klare Sprache durch, um die es in diesem Buch hier geht. Klartext finden Sie auch in Stefan Frädrichs Büchern. Es gibt so gut wie keine Passivsätze. Denn eines ist infolge der Digitalisierung und der Beschleunigung Fakt: Informationen müssen sich sofort erschließen. In Zeiten, in denen der User ungeduldig wird, wenn er drei Sekunden auf eine angeklickte Seite wartet, geht es nur noch ums Wesentliche.

Zielgruppen neu denken

Und es kommt noch etwas dazu: Die Zielgruppen in meinem Umfeld sind immer weniger Unternehmen per se. Die Trainer- und Rednerbranche geht dazu über, den einzelnen Menschen als Zielgruppe zu beschreiben und außerdem eher von Interessentengruppe zu sprechen. Sehen Sie den Perspektivenwechsel? Es geht nicht um uns Anbieter und um die Frage, wen wir als »Ziel« verstehen. Sondern es geht um die Menschen und darum, ob sie eine bestimmte Leistung brauchen. Zeitgemäße Unternehmen bieten also nicht mehr ihre Produkte an, vereinfacht gesagt. Sondern sie schauen, wo es Menschen gibt, die Fragen oder Probleme haben, die diese Unternehmen beantworten oder lösen können.

Eine Zielgruppe für mich könnten Unternehmen mit kruder Sprache sein. Aber stellen Sie sich vor, ich schreibe einen Akquisebrief an ein Unternehmen, das mich mit seiner Sprache nervt. Klar kann man das machen, und zu Beginn meiner Selbstständigkeit 2004/2005 habe ich mit dieser Form von Guerilla-Marketing auch meine ersten Aufträge gewonnen. Die Quote dabei war gar nicht so schlecht! Aber wenn ich heute ein großes Unternehmen an-

Menschliche Sprache als Ziel
Zahlreiche Menschen in Unternehmen sehnen sich nach einer menschlichen Sprache – vor allem in Konzernen. Sollen diese Leute gern im Unternehmen arbeiten, brauchen diese Unternehmen einen menschlicheren Stil.

sprechen will, dessen Sprache ich für optimierungsfähig halte, dann muss ich den CEO direkt und sofort überzeugen. Er muss kapieren, was ich meine. Einfacher ist: Jemand wird auf mich aufmerksam, der unter der Sprache seines Unternehmens leidet, beispielsweise ein IT-Chef. Und der ist eben Interessierter, nicht »Zielgruppe«. Glauben Sie mir, es gibt keine Unternehmen. Es gibt nur die Menschen darin. Nur um die geht es.

Entsprechend sind meine Zielgruppe Menschen, die in Unternehmen oder anderen Organisationen arbeiten und deren Sprache satthaben. Leute, deren Arbeit sich verzögert, weil Informationen nicht klar sind. Weil E-Mails unverständlich sind, Executive Summarys schlecht strukturiert, Präsentationen nervtötend oder Berichte kryptisch. Diesen Menschen helfe ich dann. Der Nutzen ist enorm: Das Unternehmen kommuniziert nicht nur einfacher, sondern auch schneller und mehr im Sinne seiner Werte.

Ich schreibe flapsig von »Unternehmen«, aber ich meine natürlich auch Behörden, Vereine, Verbände, Stiftungen und auch die Politik in ihren vielfältigen Organisationsformen. Die Menschen dort leiden unter förmlicher und distanzierter Sprache, und alle sprechen privat anders als im Job. Mein Eindruck ist: Viele wollen eine andere Sprache. Viele sind im mittleren Management eingekastelt und haben kaum Bewegungsfreiheit. Und erzählt man ihnen von Unternehmern wie Semco oder Gedankentanken, bekommen sie feuchte Augen.

Problem förmliche Sprache

In den »Fragmenten« des Philosophen und Dichters Novalis (1772–1801) finden sich einige spannende Überlegungen zur Sprache. Unter anderem stammt von ihm der berühmte Satz: »Sprache ist Ausdruck des Geistes.« Novalis ist hier ein brauchbarer Zeuge, denn sogar in seinen romantischen Gedichten schrieb er durchweg Klartext, zum Beispiel:

Es färbte sich die Wiese grün
Und um die Hecken sah ich blühn,
Tagtäglich sah ich neue Kräuter,
Mild war die Luft, der Himmel heiter.
Ich wußte nicht, wie mir geschah,
Und wie das wurde, was ich sah.

Novalis schrieb nicht: »Die Wiese nahm eine grüne Farbe an«, oder: »Die Außentemperaturen näherten sich dem für Mai typischen Durchschnitt«. Sondern er schrieb: »Mild war die Luft, der Himmel heiter.« Fast keine Silbe lässt sich kürzen – nur die Silbe »tag« in »tagtäglich«.

Mit seiner Sprache zeigt Novalis, dass sich auch Emotionales mit klaren Worten sagen lässt – entgegen dem gängigen Vorurteil, für Emotionales und eine Bindung zum Menschen bräuchten wir weitschweifige Worte. Es ist eben ein Irrtum, dass klare Sprache per se schroff und unemotional ist. Für meine Begriffe ist es genau andersherum: Eine ausufernde Sprache macht das Verständnis schwer und befremdet die Menschen. Eine Liebeserklärung wie »Meine Gefühle zu dir sind von tiefer Zuneigung geprägt« würde förmlich wirken und eben genau *nicht* emotional. Der einfache Satz »Ich liebe dich« dagegen transportiert das Emotionale. Und dass dieser Satz durch Film und Fernsehen zum Klischee geworden ist, schadet ihm und seiner emotionalen Wucht interessanterweise gar nicht. Diese einfache Erkenntnis will ich am Ende bei meinem Seminarpublikum verankern: Eine einfache Sprache erzeugt Nähe und wirkt damit menschlicher als jede aufgeblasene Formulierung – ob sie juristisch, wissenschaftlich oder auch durch Managementphrasen aufgeblasen ist.

Und dann sagt Novalis also: »Sprache ist Ausdruck des Geistes.« Es ist tatsächlich so: Wir alle geben in unseren Worten unseren Geist wieder. Gesprochen und geschrieben. Daran gemessen sprechen verknotete Nebensatzkonstruktionen für einen verknoteten Geist. Bürokratische Texte – sofern freiwillig so formuliert – weisen auf Bürokraten hin. Und wenn jemand ständig vom Hundertsten ins Tausendste kommt, zeugt das von Schwierigkeiten beim Unterscheiden von Wichtigem und Unwichtigem.

Analog dazu schreibt Novalis in seinen »Fragmenten« übrigens auch: »Der echte Ausdruck macht die klare Idee.« An seinen Worten gemessen, steht also der Ausdruck »Mild war die Luft, der Himmel heiter« für eine klare Idee. Wie in einer guten Reportage, deren Beschreibungen Bilder im Kopf des Lesers erzeugen. Eine klare Vorstellung vom Geschehen.

Und noch einen Literaten will ich bemühen, und zwar Charles Reade (1814–1884). Auf ihn geht wohl folgendes Zitat zurück: »Achte auf deine Gedanken, denn sie werden Worte, achte auf deine Worte, denn sie werden Handlungen, achte auf deine Handlungen, denn sie werden Gewohnheiten, achte auf deine Gewohnheiten, denn sie werden dein Charakter, achte auf deinen Charakter, denn er wird dein Schicksal.«[5]

Demzufolge werden wir mit der Zeit Bürokraten, wenn wir eine bürokratische Sprache verwenden. Förmliche Sprache wirkt sich aus. Sie strahlt einen Charakter aus, eine Unternehmensidentität, die alles andere als freundlich und menschlich ist und vielleicht sogar das Gegenteil dessen, was im Unternehmensleitbild steht (Seiten 29 und 179ff.). Schreibt eine Versicherung einen bürokratischen Brief, so ist zu erwarten, dass diese Versicherung sich auch bürokratisch verhalten wird. Deshalb trennen Versicherungen die Sprache ihres Marketings von der Sprache im Umgang mit Kunden. Gegenüber Neukunden verhält man sich locker, und ist der Kunde gewonnen, konfrontiert man ihn mit bürokratischem Stil. Diese Diskrepanz zwischen der Marketingsprache und der Alltagsprache des Unternehmens dürfte auf zahlreiche Kunden mindestens ambivalent wirken, wenn nicht schizophren.

---

[5] https://www.juedische-allgemeine.de/religion/wer-die-quelle-kennt/

Woher die förmliche Sprache kommt

Woher kommt die förmliche Sprache? Ich sehe hier bei uns in Europa mehrere Ursachen dafür:

- Einmal spielt das alte **Denken in Obrigkeit und Untertan** eine Rolle. Diese Unterscheidung kommt in der bürokratischen Sprache zum Ausdruck. Die Obrigkeit will sich vom gemeinen Volk abgrenzen und nutzt dazu eine exaltierte Sprache. Bei der katholischen Kirche war das bis 1970 das Lateinische – es ging also um Abgrenzung beziehungsweise darum, dass das gemeine Volk nicht versteht. Trotz des heutigen demokratischen Selbstverständnisses moderner Gemeinwesen ist die Sprache vor allem bei Behörden und Gerichten durchsetzt von obrigkeitsstaatlichen Phrasen und Wendungen.

- **Der formelle Stil der Obrigkeit – ob Kirche oder Staat – färbt ab** auf zivile Berufe. Gerichte und Staatsanwaltschaften färben mit ihrem Stil auf die gesamte Juristenausbildung ab und damit auf Rechtsanwälte. Finanzamt und Zollbehörden färben mit ihrer Sprache ab auf Steuerberater. Der oft offiziöse Ton von Anwalts- und Steuerberaterbriefen (Seiten 101ff. und 137ff.) ignoriert dabei den Umstand, dass oft normale Bürger die Kunden sind, und wirkt damit distanzierend im Sinne des früheren obrigkeitlichen Kommunikationsstils.

- Dann ist im deutschsprachigen Raum das **Bildungsbürgertum** eine der Hauptursachen für die unnötig komplizierte Sprache. Als Volk von Dichtern, Denkern und Ingenieuren will man eben durch die Sprache zeigen, dass man etwas Besseres ist. Was in heutiger Zeit aber kaum noch verfängt, weil Anwender von Produkten und Informationen eben schnell einfachere Alternativen finden.

- Der **Deutschunterricht** schließlich ist geprägt von Lehrern, von denen viele etwas Philologisches studiert haben. Alle Deutschlehrer dürften die fatale Unterscheidung zwischen »elaborierter« und »restringierter« Sprache kennen. Und weil niemand »restringiert« sein will, also »beschränkt«, bemüht sich die Kaste der Deutschlehrer eben um eine Sprache, die intellektuell wirken soll. Statt funktionaler Sprache stehen im Deutschunterricht Fehlerfreiheit und Intellektualität im Fokus. Das Weltbild dahinter überträgt sich auf Schülerinnen und Schüler, selbst wenn diese später nicht Germanistik studieren sollten. Es bleibt in den Köpfen hängen und sorgt am Arbeitsplatz mit hoher Wahrscheinlichkeit irgendwann für Ärger, weil Wichtigtuerei nicht gefragt ist.

- Ein ganz entscheidender Grund für exaltierte Sprache ist auch einfach **Angst**. Angst davor, Fehler zu machen und nicht klug zu wirken. Angst dürfte auch der Hauptgrund für die übertriebene Präzision sein, die an vielen Unternehmensformulierungen auffällt.

»Moooment«, denken Sie jetzt vielleicht. »Kann Präzision übertrieben sein?« Ja, kann sie. Wenn jemand von der »Durchführung der Planung der Betriebsversammlung« spricht, ist das übertrieben präzise. Es genügt zu sagen, dass wir die Betriebsversammlung planen.

Vielleicht fragen Sie sich auch: »Was ist gegen Fehlerfreiheit zu sagen?« Prinzipiell gar nichts – natürlich sollten Texte fehlerfrei sein. Aber das Ganze sollte verhältnismäßig sein. Hundertprozentige Fehlerfreiheit bedarf eines unfassbaren Aufwandes, und so ist kaum ein betriebsinterner Text, mit dem ich es zu tun bekomme, fehlerlos. Im Gegenteil: Konzepte und auch Präsentationen für Meetings sind in aller Regel voller Fehler. Der Punkt ist nur: Es ist egal. Denn alle Beteiligten wissen, was gemeint ist.

Sogar im Kundenkontakt machen Unternehmen immer wieder Fehler. Vielleicht nicht in ihren unfassbar aufwändig gestalteten Marketingunterlagen und in ihren mehrfach korrigierten Standardbriefen, die daher zwar fehlerlos sind, aber immer noch an inhaltlicher Unklarheit und dem erwähnten bürokratischen Stil leiden.

In der individuellen Kommunikation dagegen sind Tipp- und Rechtschreibfehler häufig. Als ich für mein Oldsmobile von 1977 nach einer Windschutzscheibe gesucht habe, schickte mir ein Unternehmen ein Angebot mit der Bezeichnung »WIUNDSCHUTZSCHEIBE«. Da war also ein »U« zu viel. Na und? Es ist völlig egal. Und es heißt auch nichts. Es bedeutet nicht, dass dieses Unternehmen schlampig arbeitet. Da hat sich einfach nur jemand vertippt. Fertig.

Anders ist das zum Beispiel bei Rechnungsadressen: Wenn da nicht alles stimmt, besteht die Gefahr, dass das Finanzamt die Umsatzsteuer bei einer Steuerprüfung zurückfordert. Ist in einer Rechnungsadresse ein »U« zu viel, kann es je nach Höhe des Rechnungsbetrags durchaus Sinn haben, auf einer Korrektur zu bestehen.

Das ist auch der Grund, warum ich in Hotels oft früher auschecke als üblich: Es braucht manchmal drei Anläufe, bis die Rezeption meine Adresse richtig zu Papier gebracht hat. Sogar in Hotels, in deren Datenbank ich eingetragen bin. Das Elend ist immer dasselbe: Am Abend fragt mich die Rezeption nach meiner Rechnungsadresse, und ich sage, das ist die Adresse auf dem Meldeschein. Aber das sei doch die Privatadresse, heißt es dann. Ich antworte, in meinem Fall sei die Privatadresse auch meine Rechnungsadresse. Ich schreibe überdeutlich, sodass niemand irgendwelche Buchstaben verwechseln kann. Doch am nächsten Morgen ist ein anderer Mensch an der Rezeption, und das Gedöns beginnt erneut – welche Adresse denn nun meine Rechnungsadresse sei.

Und dann schaffen sie es nicht, über Nacht eine sauber geschriebene Adresse korrekt auf eine Rechnung zu übertragen. Na gut, die Adresse ist außergewöhnlich. Aber ich kann auch nichts dafür, dass in meinem Straßennamen eine Abkürzung in einer Klammer steht. Das ist eben so. Die Straße lautet »Langenberg (Forsth.)«, siehe im »Hessischen Staatsanzeiger« Nr. 39/1983 auf Seite 1918. Und sie schreibt sich korrekt mit einem Punkt hinter »Forsth« und eben auch mit diesen Klammern.

Zu kompliziert? Offenbar. Obwohl auch Punkte und Klammern Zeichen sind, die ein verständiger Mensch übertragen können müsste. Auch Computersysteme scheitern oft daran, was mir zeigt, dass die IT mit einem begrenzten Zeichensatz arbeitet. Und wo wir gerade bei der Korrektheit sind: Natürlich ist nicht der »Straßenname« kurios, sondern die »Wohnplatzbezeichnung«. Ja, so heißt das. Wo ist jetzt die Grenze? Formuliere ich korrekt, wenn ich »Straßenname« schreibe statt »Wohnplatzbezeichnung«? Darf ich »Ampel« statt »Lichtzeichenanlage« sagen? Ist die Abkürzung »LZA« für »Lichtzeichenanlage« korrekt? Oder ist sie falsch, weil auch das »Logistik-Zentrum Allgäu« gemeint sein könnte?

Wissen Sie, was ich am meisten mag? Besserwisser, die selbst nicht schreiben können. Im Seminar arbeite ich oft live an Texten, das heißt, ich bearbeite Texte in Microsoft Word, und der Beamer projiziert alles an die Wand. Natürlich gibt es immer wieder Leute, die mich auf Fehler hinweisen, wenn ich mich vertippe. Kein Problem. Aber einmal saß ein Diplom-Kaufmann im Seminar und wies mich zurecht, als müsste ich fremde Texte auf Anhieb fehlerlos druckreif umschreiben. Auf der Visitenkarte des Mannes stand »Dipl. Kfm.«. Ohne Strich. Also falsch.

Auch ein Bindestrich ist ein Zeichen. Gerade Anhänger der MINT-Berufe (Mathematik, Informatik, Naturwissenschaften, Technik) sollten die Bedeutung einzelner Zeichen würdigen, finde ich. Für mich sind die Relationen verschoben, wenn ein Diplom-Kaufmann einen Fehler auf seiner Visitenkarte nicht erkennt, aber ein fehlendes »n« in einer nicht öffentlichen Übung moniert. Der Fokus liegt eben oft auf Nebensachen, während wir wichtige Dinge gerne übersehen oder vernachlässigen.

Korrektheit ist kein Selbstzweck

Also: Korrektheit ist kein Selbstzweck, ganz entgegen dem, was wir in der Schule gelernt haben. Korrektheit steht immer im Verhältnis zur Sache. Wenn der Diplom-Kaufmann damit leben kann, seinen Titel falsch zu schreiben, dann bitte. Ich würde das anders machen.

Zugleich leben wir mit zahlreichen Fehlern. Wenn ich bei jeder Formulierung im Seminar erst die Fehler ansprechen würde, kämen wir inhaltlich nicht zum Arbeiten. Erst einmal geht es darum, den Inhalt einer Botschaft zu erkennen und den Aufbau zu prüfen. Dann schauen wir nach der Wortwahl. Und erst danach kommt das Korrektorat. Wir arbeiten vom Großen ins Kleine: Erst betrachten wir das Wichtige, dann das weniger Wichtige.

Insofern sage ich nicht, es sei egal, wenn wir Fehler machen. Ich sage nur: Lassen Sie uns keine schlechten Texte korrigieren, sondern gute. Dass »Korrekt« gleich »Gut« ist, ist ja eben einer der klassischen Denkfehler. Ein Text ist erst dann gut, wenn er funktioniert, also in einer klaren Sprache eine klare »Idee« transportiert, wie Novalis sagte. Und natürlich muss inhaltlich stimmen, was dasteht. Erst wenn alles das gegeben ist, kümmern wir uns um die sprachliche Korrektheit. Sofern sie wichtig ist.

Warum förmliche Sprache nicht nötig ist

Die förmliche Sprache entspringt vor allem einer Konvention. Wir haben uns daran gewöhnt. Für viele Unternehmen gehört die förmliche Sprache zu den »gewachsenen Strukturen«, was vornehmer klingt als der Satz »Das haben wir schon immer so gemacht«, aber das Gleiche bedeutet. Oft ist förmliche Sprache auch branchentypisch – zumindest hält das als Ausrede dafür her.

Doch welches Unternehmen hat sich eigentlich jemals bewusst für eine förmliche Sprache entschieden? Vermutlich keins. Es gab also nie eine Diskussion, keine Vergleiche verschiedener Sprachstile, keine Abwägung von Vor- und Nachteilen förmlicher Sprache und vermutlich noch nicht einmal eine Einsicht, dass die Sprache eben förmlich ist, obwohl es anders geht. Die meisten Menschen in Unternehmen verwenden die förmliche Sprache, ohne sich darüber im Klaren zu sein oder darüber nachzudenken. Sie nehmen sie hin und halten sie für normal.

Darum ist die Überschrift dieses Kapitels vielleicht auch etwas merkwürdig. Warum förmliche Sprache nicht nötig ist? Die Frage stellt sich gar nicht, wenn wir vom Ergebnis her denken. Bis auf ganz wenige Ausnahmen dürfte keine Folge der förmlichen Sprache ein gewünschtes Ergebnis sein. Es besteht keinerlei Notwendigkeit für ein Unternehmen, sich für den förmlichen Stil zu entscheiden.

Oder lassen Sie es mich mit einer Erkenntnis im Zusammenhang mit der Digitalisierung vergleichen: Unternehmen wissen oft nicht, was sie im Zuge der Digitalisierung umstellen sollen und was nicht. Eine gedankliche Hilfe ist die Überlegung: Angenommen, Sie würden das Unternehmen heute erst gründen, mit all den technischen Möglichkeiten, die wir heute haben – wie würden Sie Ihr Unternehmen aufstellen? Und dann gehen Sie die Abteilungen durch und fragen sich: Würden Sie als neues Medienunternehmen eine Druckerei einrichten? Würde es in Ihrem Start-up einen Empfangstresen geben? Würden Sie als werdende Hotelkette eigene Häuser bauen? Oder stellen Sie ein Unternehmen in diesen Zeiten völlig anders auf? Vermutlich werden Sie auf viele Dinge stoßen, die Sie heute anders machen würden als vor der derzeitigen Digitalisierung. Und exakt so bauen Sie Ihr bestehendes Unternehmen dann eben um.

Die Analogie zur Sprache ist einfach: Stellen Sie sich vor, Sie würden Ihr Unternehmen soeben neu gründen. Und die Entscheidung stünde an, für welche Sprache sich Ihr Unternehmen entscheidet. Welche Sprache würden Sie wählen? Würden Sie tatsächlich eine förmliche Sprache wählen, obwohl sie negative Nebeneffekte hat wie jenen, die Leute emotional von Ihnen zu entfernen? Vermutlich würden Sie das nicht tun.

Oder überlegen Sie, welches Ziel eine förmliche Sprache für Ihr Unternehmen haben sollte. Was sollte der Zweck sein? Der einzige Zweck, der mir einfällt, ist genau der Effekt, den die förmliche Sprache eben hat: Wenn Sie die Menschen nicht mögen, wenn Sie sich über sie erheben und sie bevormunden wollen, dann ist die Wahl der förmlichen Sprache der richtige Schritt. Ansonsten ist förmliche Sprache in keiner Weise nötig.

> ***Zielorientiert kommunizieren***
> **Stellen Sie sich vor, Sie gründen Ihr Unternehmen neu. Jetzt geht es an die Wahl des richtigen Sprachstils. Und der einzige Maßstab sind Ihre Unternehmensziele. Wozu sollten Sie sich für eine förmliche Sprache entscheiden?**

Worum geht es im Business?

Bei der Frage, wie Ihr Unternehmen kommunizieren soll, geht es am Ende nur um den Zweck. Kommunikation dient einem Ziel. Wir wollen etwas erreichen und formulieren im Hinblick darauf einen Text – ob schriftlich oder mündlich. Es geht nur darum, was Sie erreichen wollen. Das heißt: Erst überlegen Sie, was Ihr Ziel ist. Dann bringen Sie Ihre Gedanken in eine Reihenfolge. Dann formulieren Sie und sagen genau das, was Sie meinen – nichts anderes. Bei der Wahl des Sprachstils schauen Sie, dass der Stil Sie Ihrem Ziel näherbringt. So einfach ist das. So gelingt professionelle Businesskommunikation. Da labern Sie nicht rum.

Stellen Sie sich vor, Sie wollen beim Chef einen neuen Bürostuhl beantragen, weil der alte hinüber ist. Worum geht es da? Geht es in dem

Antrag darum, dass Sie beweisen, dass Sie studiert haben? Nein. Geht es darum, dass Ihr Chef Sie für den Literaturnobelpreis vorschlägt? Auch nicht. Geht es darum, dass Sie ihm einen aus der Sicht eines Deutschlehrers vollendeten Text vorlegen? Nein!

Es geht einfach nur darum, dass Sie einen neuen Bürostuhl beantragen, weil der alte am Ende ist. Sofern es um einen formlosen Antrag geht, überlegen Sie, welche Punkte rein müssen. Dabei fallen möglicherweise Aspekte raus, die zwar Sie interessieren, nicht aber Ihren Chef. Zum Beispiel, dass Sie zu Hause sowieso einen viel besseren Stuhl haben, den Ihnen mal Ihre Kinder zum Geburtstag Ihres Meerschweinchens geschenkt haben, oder dass Sie sich eingehend mit Ergonomie befasst haben. Im Business geht es eben nicht ums selbstgefällige Ausufern, sondern viel eher darum, das Unwesentliche wegzulassen (Seite 50).

Oder stellen Sie sich vor, ein Kunde wünscht ein Angebot, ebenfalls formlos. Oder der Kunde wünscht eine Präsentation, bei der Sie zugegen sind – die klassische Situation mit Laptop und Powerpoint. Worum geht es da? Auch in diesen Situationen geht es nicht darum, dass Sie literarisch hochwertige Texte abgeben. Es zählt nicht eine übertrieben bürokratische Sprache voller Verschachtelungen, die Ihre Zuhörer und Leser erst entschlüsseln müssen. Sondern es geht auch hier darum, dass Sie – im Sinne von Novalis – »klare Ideen« bringen. Und die sind nun einmal an einer klaren Sprache zu erkennen.

Meine Beobachtung in Unternehmen übrigens ist: Sowohl die Chefetage als auch die Arbeiter am Fließband reden Klartext. Das Geschwurbel scheint eine Sache des mittleren Managements und des Innendienstes zu sein. Ich kenne kaum Vertriebsleute, die im Auto und im Hotel leben und sich unklar ausdrücken. Wer sein Ohr am Kunden hat, spricht in aller Regel klar und einfach, jedenfalls ist das meine Wahrnehmung. Sicher gibt es auch Vertriebsleute, die den Nutzen ihrer Produkte besser auf den Punkt bringen könnten. Aber zum Verschachteln und zum Literarischen neigt der klassische Vertriebler tendenziell weniger als Menschen mit Bürostuhl und Hochschulabschluss, deren Hintergrund das Bildungsbürgertum ist.

Und genau das ist das Schöne am Kundenkontakt: Er zwingt uns zu einer funktionalen Sprache, die gleichzeitig noch für ein angenehmes und menschliches Miteinander sorgt.

Wie förmliche Sprache Unternehmen lähmt

Dafür, dass förmliche Sprache Unternehmen tatsächlich lähmt, gibt es Unmengen von Beispielen. Alleine in meinen Seminaren begegnen mir immer wieder die verrücktesten Phänomene.

Das Kurioseste war ein Teilnehmer, der sagte, er könne seinem Chef doch kein halbleeres Blatt Papier vorlegen. Ich habe ihn gefragt, warum nicht. Der Teilnehmer antwortete: Sein Chef könnte ihn für faul halten. Wir haben dann darüber diskutiert, was sich wohl der Chef wünscht – ein bis auf den letzten Zentimeter vollgeschriebenes Blatt Papier oder die wesentlichen Punkte knackig zusammengefasst. Und klar kam heraus, so sahen das zumindest alle anderen Teilnehmer und ich: Ein Chef freut sich über jede Zeile, die er nicht lesen muss. Gerade High-Performer unter den Executives, die zahlreiche Prozesse im Blick haben müssen, wollen keine literarischen Ergüsse lesen, wenn sie eine Zusammenfassung wünschen.

Im Umkehrschluss heißt das: Jeder zu lange Text lähmt das Unternehmen. Und zu lang sind förmliche Texte automatisch. Jeder Passivsatz, jede Nebensatzkonstruktion bedeutet für das Gehirn Hochleistungssport. Und das nicht etwa zu einem Zeitpunkt, an dem es ums Training des Gehirns geht, sondern zu einem Zeitpunkt, an dem es um Performance geht. Die ausufernden Texte, die dieser Teilnehmer offenbar bisher abgegeben hat, dürften seinen Chef zum Durchdrehen gebracht haben.

Und es kommen noch weitere Faktoren hinzu:

- Förmliche Sprache schreckt Kunden ab und erschwert den Kauf. Nicht nur weil förmliche Sprache meistens überkompliziert ist und der Kunde die Sprache erst dechiffrieren muss. Sondern auch weil eine förmliche Sprache kein Vertrauen schafft – einer der wichtigsten Werte, die für Unternehmen zählen.

- Förmliche Sprache zieht Abläufe in die Länge, und zwar in jedem Unternehmensbereich. Nicht nur weil auch Kolleginnen und Kollegen die förmliche Sprache erst verstehen müssen. Auch das Formulieren selbst dauert viel länger. Wenn die Mitarbeiter jetzt noch das Gefühl haben, sie müssten verschwurbelt formulieren – dann gute Nacht.

Menschliche Werte, förmliche Sprache?

Das Thema »Vertrauen« ist für so gut wie jedes Unternehmen elementar und auch überlebenswichtig. Dass Kunden einem Unternehmen vertrauen, gilt nicht nur bei Krankenhäusern, Banken und Versicherungen. Es gilt auch, wenn ein Forschungsinstitut einer Universität ein Ministerium als Kunden hat. Denn an jeder Stelle dieser Institute und Behörden sitzen Menschen. Die Sprache mag noch so wissenschaftlich und präzise sein – ist sie vor lauter bürokratischen Floskeln reine Schaumschlägerei, könnte ein aufmerksamer Kunde sein Vertrauen in den jeweiligen Anbieter verlieren. Typisch für dieses Phänomen sind Agenturen, die beim Pitch aufwändige Powerpoint-Präsentationen mit nichtssagenden Inhalten zeigen und auch auf der Tonspur sehr wortgewaltig und wortgewandt nichts sagen. Oder die eben mit hübschen und kreativen Ideen ankommen, aber den Kern des Auftrages nicht erfassen. Und so ist förmliche Sprache eben oft nur heiße Luft. Ob als juristisches Kauderwelsch, Management-Bullshit oder auch bemühte Originalität.

Wie Unternehmen wirken wollen

Können Sie mir auch nur ein Unternehmen nennen, das distanziert und fremd wirken will? Kompliziert und umständlich? Technokratisch? Unnahbar? Bürokratisch? Ich kenne kein einziges.

Und ich kenne viele Unternehmen. Darunter zum Beispiel einen Hightech-Profi mit mehreren tausend Mitarbeitern. Anwendungsbereiche sind – ich will das mal allgemein halten – technologische Großprojekte. Wir reden hier also nicht über einen Kindergarten, sondern über einen hoch attraktiven Arbeitgeber, wenn es um MINT-Berufe geht. Das Unternehmen ist voll bis oben hin mit Ingenieuren, und das sind richtig gute Leute. Manchmal wünscht sich das Unternehmen, dass die Fachinformationen gegenüber Kunden klarer sind, und dann komme ich ins Spiel.

Selbst dieses Unternehmen, von dem das Klischee sagen würde, es sei – typisch für Ingenieure und Juristen – rein sachlich und nüchtern, spricht in seinem Leitbild von Offenheit und Freude, wenn es ums Arbeiten geht. Ich glaube, ich kenne in meinem Kundenkreis keine komplexeren technischen Aufgaben als die, um die sich dieses Unternehmen kümmert. Jetzt hat aber auch dieses Unternehmen einen Preis abgesahnt in Sachen Arbeitgeberattraktivität. Als High-tech-Schmiede kämpft es wie alle anderen um Ingenieure, die sich bewerben. Vor dem Hintergrund des Fachkräftemangels ist es vermutlich keinem Unternehmen möglich, ohne eine menschliche Sprache erfolgreich zu sein. Überhaupt, wenn es um Menschen geht. Und es geht im Leben eben immer um Menschen.

Leitbilder und ihre Funktion für die Sprache

Und nicht nur das Vertrauen spielt eine Rolle, sondern auch alle anderen Unternehmenswerte. Bei Leitbildern oder auch Markenidentitäten, die unter anderem aus einem Markenkern und Markenwerten bestehen, ist die Marketingtheorie kompromisslos: Ein Unternehmen ist wie eine Marke zu betrachten, und eine Marke ist wie eine Persönlichkeit. Sie hat eine Identität. Was also wären beispielsweise die Haupteigenschaften der »Bild«-Zeitung, wenn sie ein Mensch wäre? Was würde im Kern ihre Identität ausmachen? Und welche Werte würde sie vertreten? Oder was ist Ikea für ein Mensch? Wie ist der drauf? Hier geht es um Markenkern und -werte.

Nehmen wir das Beispiel BMW: Der Markenkern lautet »Freude«, wie wir wissen (»Freude am Fahren«). Dazu verweist die Autorin Anne Bracklow auf die Markenwerte »dynamisch, ästhetisch und innovativ«.[6] Das Weissman Institut benennt im Jahr 2017 die BMW-Markenwerte »dynamisch«, »herausfordernd« und »kultiviert«, während die Aspekte »ästhetisch« und »innovativ« zu den »Markenfacetten« gehören.[7]

Sind Sie damit einverstanden, dass die Sprache eines Unternehmens, das sich selbst als dynamisch bezeichnet, nicht statisch sein darf? Dass also überlange und überkomplexe Satzkonstruktionen voller bürokrati-

---

[6] Anne Bracklow: Markenarchitektur in der Konsumwelt: Branding zur Distinktion. Deutscher Universitäts-Verlag/G.W.V. Fachverlage GmbH, 2004, Seite 166.
[7] Georg Picard und Michael Pellny: Der Weg zur starken Marke – Markenstrategie im Familienunternehmen. Präsentation beim Unternehmerkongress Nürnberg, 23. Januar 2017.

scher Wendungen die Dynamik stören? Oder dass eine hölzerne und förmliche Sprache nicht ästhetisch ist und damit einen Markenwert sabotiert? Oder dass antiquierte Formulierungen dem Markenwert »innovativ« widersprechen würden, und dass auch deswegen das ganze alte Erbe des hoheitlichen Kanzleistils aus der Zeit Ludwigs III. nicht zu BMW passt? Auch eine »kultivierte« Unternehmenssprache sollte rücksichtsvoll und achtsam sein – unkultiviert wäre es, ohne Sinn für die Empfängerperspektive zu kommunizieren.

Ich nehme BMW hier als Beispiel, weil die drei Markenwerte nach Anne Bracklow so prägnant und so bedeutungsklar sind. Daran wird deutlich, warum eine bürokratische Sprache dem Selbstbild eines Unternehmens in aller Regel zuwiderläuft. Natürlich ist die Sprache des Unternehmens BMW nicht bürokratisch oder hölzern. Soweit ich das überblicke, ist die Sprache bei BMW sehr klar.

Ihre Unternehmenssprache

Wie steht es um die Sprache Ihres Unternehmens? Entspricht der Stil Ihrer Briefe, E-Mails, Broschüren und Texte auf der Website Ihren Werten? Wie menschlich ist Ihre Sprache – beziehungsweise wie technokratisch oder bürokratisch? Es lohnt sich, die Sprache zu analysieren und beispielsweise ein Stylebook zu erarbeiten.

Es geht auch nicht um BMW. Nehmen Sie einfach die Unternehmenswerte irgendeines beliebigen Unternehmens. Kein Unternehmen will störrisch wirken, langatmig, umständlich, langweilig, kompliziert oder verknotet. Das Selbstbild von Unternehmen müsste sich direkt auf die Unternehmenssprache auswirken, aber das tut es meist nicht. Die Regel ist der bürokratische Stil.

Wenn Sie nun erkennen, dass Ihr Unternehmen Handlungsbedarf hat, dann haben Sie möglicherweise einen entscheidenden Schritt getan. Viele Chefs sind sich ihrer Unternehmenssprache und deren Folgen gar nicht bewusst. Viele halten den bürokratisch-technokratischen Stil für normal. Zugleich aber wollen sie ihre Unternehmen öffnen für die Digitalisierung, für den unmittelbaren Zugriff aller auf viel mehr Informationen als früher – und im Vergleich zu den hippen Youtubern und Instagramern wirken sie dann aber viel zu behäbig. Eine Lösung könnte ein Stylebook sein.

Ein Stylebook für Ihr Unternehmen

In meiner Tätigkeit als »Klartext-Experte« buchen mich Unternehmen hin und wieder auch dafür, konkrete Formulierungen zu finden. Wir drehen dabei die Perspektive um – ob bei Stellenanzeigen (Seite 41) oder auch in der Kundenkommunikation (Seite 187) – und formulieren alle Texte aus Sicht der Empfänger. Also beispielsweise aus Sicht von Bewerbern oder Kunden.

Oft geht es dabei um scheinbar einfache Dinge: Will ein Unternehmen sich bei einem Fehler beispielsweise »entschuldigen« oder »um Entschuldigung bitten«? Auch wenn es umständlicher klingt, ist hier die Version »um Entschuldigung bitten« angebracht, denn wir entschuldigen uns nun einmal nicht selbst. Bei einem Täter-Opfer-Verhältnis ist es am Opfer, dem Täter zu verzeihen oder eben nicht.

Oder: Wann ist das Wort »leider« angebracht? Stellen Sie sich vor, ein Kunde bittet darum, dass wir die monatlichen Raten für ein Vierteljahr aussetzen. Die Antwort des Unternehmens aber ist, dass das nicht geht. Die Begründung ist der Vertrag, der die monatlichen Raten regelt. Dann kann ich keinem Unternehmen empfehlen, »leider« zu schreiben. Wir lehnen die Bitte ab, aber daran gibt es nichts zu bedauern. Unterläuft dem Unternehmen aber ein Fehler – man übersieht zum Beispiel eine E-Mail –, dann ist das Wort »leider« angebracht: »Leider haben wir Ihre E-Mail vom 24. Januar übersehen.«

Und dann stirbt jemand. Stellen Sie sich vor, Sie sind im Massengeschäft, weil Sie beispielsweise einen Haufen Kredite verwalten. Jetzt stirbt ein Kreditnehmer während der Kreditlaufzeit. Ihr Unternehmen schickt einen Standardbrief an die Erben. Wie finden Sie da einen angemessenen Ton? Schreiben Sie: »Der Tod von Herrn Schuldner tut uns sehr leid«? Nein, weil es nicht stimmt. Oder: »Wir bedauern den Tod von Herrn Schuldner?« Schon eher. Oder: »Wir bedauern den Tod von Herrn Schuldner sehr?« Das könnte schon wieder befremdlich wirken. Manche Unternehmen drücken dem Adressaten in solchen Fällen ihr »tiefstes Beileid« aus. Das wiederum dürften viele Menschen als distanzlos und übergriffig empfinden – und andere sind vielleicht gar nicht so unglücklich darüber, dass Herr Schuldner endlich in der Hölle schmort.

Alle diese Dinge lassen sich in einem Stylebook definieren. Wir schauen uns die Werte Ihres Unternehmens an und entwickeln daraus eine Sprache, die diesen Werten gerecht wird. Dabei können die verschiedensten Dinge herauskommen: Sie entscheiden sich dazu, das Wort »man« zuzulassen. Oder Sie beschließen, es möglichst zu vermeiden, aber nicht stur.

Stellen Sie sich mal vor, wie viel Zeit Sie im Unternehmen gewinnen, wenn Ihre Mitarbeiter nicht bei jeder E-Mail darüber diskutieren, ob sie »man« schreiben dürfen! Wenn es keine Debatten mehr darüber gibt, ob das Unternehmen in einem Brief »Euro«, »EUR« oder »€« schreibt!

Und überlegen Sie, wie Ihr Unternehmen wirkt, wenn wir den Wortschatz entrümpeln und von antiquierten Wendungen befreien. Viele Leute schreiben nach wie vor gerne das Wort »hierbei«, obwohl sie es kaum sprechen würden – das Wort »dabei« ist definitiv zeitgemäßer. Und was ist mit Modernismen wie »Sinn machen«? Verwenden Sie im Unternehmen diese falsch aus dem Englischen übersetzte Wendung, oder sagen Sie »Sinn haben« oder »Sinn ergeben«, wie man es im Deutschunterricht weltweit lernt und wie es nach wie vor korrekt ist?

Oder wie unterwürfig oder überheblich verhält sich Ihr Unternehmen? Bitten Sie »höflichst« oder »vielmals« um Entschuldigung und gehen in Sack und Asche? Oder »fordern« Sie Ihren Kunden zu etwas »auf«, ohne ihn vorher darum gebeten zu haben? Eskalieren Sie zu rasch und erheben Sie sich somit über Ihren Kunden?

Wie umständlich und unnötig schwer verständlich sind Ihre Formulierungen? Beantworten Sie »Ihr Schreiben vom 26. Mai« oder »Ihren Brief« oder »Ihre E-Mail«? Verstehen Sie das »Anliegen« Ihres Kunden, der dieses Wort gar nicht verwendet hat, oder verstehen Sie seine »Bitte« oder seinen »Wunsch«? Ist in Ihrer Branche etwas »nicht unüblich« oder »üblich«? Schreiben Sie »aus diesem Grunde« oder »darum«?

Und wie gut nehmen Sie die Perspektive Ihrer Kommunikationspartner ein? Schreiben Sie: »Hier senden wir Ihnen unsere Unterlagen« oder »Hier erhalten Sie Ihre Unterlagen«?

Bei der Arbeit an einem Stylebook stöbern wir alle diese Dinge auf. Sie merken möglicherweise plötzlich, dass Sie über Ihr Unternehmen bisher unfreiwillig Äußerungen getan haben, die Sie gar nicht vertreten – zum Beispiel, dass es Phrasen nachplappert, die gar keinen Sinn haben. Oder dass die Sprache Ihrer Kundenkommunikation Ihren Werten zuwiderläuft. Vielleicht stellen Sie auch fest, dass der Sprachstil Ihrer Website nicht dem Sprachstil Ihrer Kundenkommunikation entspricht und die Leute insofern einen Bruch empfinden. In all diesen Fällen überlegen wir, welche Sprache Ihr Unternehmen und seinen Stil am besten repräsentiert. Mit höchster Wahrscheinlichkeit jedenfalls werden Sie erkennen, dass die Sprache Ihres Unternehmens bisher unnötig kompliziert war.

Wörter und Begriffe definieren

Was mich sehr freut, ist, dass immer wieder auch Politiker nach meiner Expertise fragen. Da geht es dann oft nicht nur um eine einfachere Sprache, sondern auch um Definitionen und Schlagworte. Oder es geht darum, juristische, ökonomische oder technische Dinge so zu erklären, dass sie jeder versteht. Oft sind Beispiele und Modelle zu finden, durch die die Menschen nachvollziehen können, wie etwas funktioniert oder abläuft.

Für Unternehmen ist das auch sehr spannend: Stellen Sie sich vor, Sie müssen nicht mehr jedes Mal neu über die Erklärung bestimmter Lösungen und Prozesse nachdenken, sondern finden in Ihrem Stylebook eine Liste, aus der Sie sich einfach bedienen. Wollen Sie Kunden gegenüber tatsächlich weiterhin von »Gebinden« sprechen? Denken Sie, Ihr Kunde versteht Sie, wenn Sie ihm etwas von der »KW 25« schreiben? Möglicherweise brauchen Sie für derartige Insidervokabeln künftig andere Begriffe – zumal viele digitale Kalender die Kalenderwochen gar nicht anzeigen.

Der Nutzen einer einfacheren und menschlicheren Sprache ist simpel:

- Ihr Unternehmen macht nicht mehr ungewollt den Eindruck, der Umgang mit ihm sei kompliziert und umständlich.
- Ihr Unternehmen wirkt jetzt so, wie es tatsächlich wirken soll: menschlich, freundlich, wertschätzend und zuvorkommend. Es macht den Leuten das Leben leicht, nicht schwer.
- Alle Beteiligten verstehen schneller, was Sie meinen.
- Ihr Unternehmen kommt zeitgemäß rüber und veranstaltet kein antiquiertes Theater mehr.
- Ihr Unternehmen spart Unmengen von Zeit und Papier.

Gesucht: Kunden und Mitarbeiter

Überlegen wir einmal, was derzeit die größten Engpässe bei Unternehmen sind. Sicher – wo welcher Engpass liegt, unterscheidet sich von Branche zu Branche und auch von Unternehmen zu Unternehmen. Aber eines können wir sicher sagen: Unternehmen suchen Kunden. Und sie suchen Personal.

Was die Kunden angeht, erleben viele Branchen und Unternehmen im Zuge der Digitalisierung eine Katastrophe. Die Entwicklung ist nicht neu und war absehbar, aber übers Internet läuft einfach eine Menge Geschäft, das vor einigen Jahren noch nicht übers Internet lief. Nehmen wir den klassischen Zeitungsverlag: So gut wie alle Gebrauchtwagen-, Kontakt-, Stellen- und Immobilienanzeigen sind ins Netz abgewandert. Die verkauften Auflagen der allermeisten Zeitungen sinken stetig. Das liegt sicher zum einen am Niedergang der journalistischen Kompetenz vieler Journalisten und daran, dass Medien uns heute weniger informieren, als vielmehr belehren und erziehen wollen.[8] Zum anderen aber ist natürlich auch ein Grund, dass Papier heute unnötig ist. Weshalb sollen wir auf bedrucktes Papier warten, das wir morgen erst bekommen, wenn wir im Internet heute schon erfahren, was heute passiert ist?

Oder nehmen wir die Pharmazie: Wir können heute verschreibungspflichtige Medikamente übers Internet beziehen, ohne einen Arzt zu besuchen – mal ungeachtet von der Frage, inwieweit das legal oder sinnvoll ist. Der klassische Buchladen hat als reine Verkaufsstation von Büchern ausgedient. Plattenläden sind etwas für Nostalgiker: Der Mainstream kauft Musik heute in Form einzelner Titel ohne Album. Der Download über iTunes braucht nur wenige Sekunden. Wir ärgern uns nicht mehr, weil Sonntag ist und wir erst am Dienstag wieder Zeit haben, um in den Plattenladen zu gehen und dort eine LP oder CD zu bestellen.

Sogar Autoteile bestellen wir im Netz. Wenn ich für meinen Oldsmobile einen neuen Kühler brauche, bestelle ich den in den USA bei Rockauto

---

[8] Thilo Baum und Frank Eckert: Sind die Medien noch zu retten? Das Handwerk der öffentlichen Kommunikation. Midas, Zürich 2017.

(rockauto.com). Rockauto ist so eine Art Metasuchmaschine und sucht bei einer Unmenge von Partnern in Nordamerika, wo dieser Kühler liegt. Dann kauft Rockauto bei einem der Partner den Kühler und lässt ihn direkt an mich nach Deutschland schicken. Wähle ich FedEx als Lieferdienst aus, bringt mir FedEx wenige Tage später den Kühler an die Haustür. FedEx hat die Zollformalitäten übernommen und die Einfuhrabgaben für mich ausgelegt. Zwei Wochen später kommt die Rechnung von FedEx für den Zoll. Ich habe damit im Grunde überhaupt keinen Aufwand.

Was das Geschäft angeht, also das Geldverdienen durch Produkte, ist der Markt dank Internet heute so transparent, dass sich viele Unternehmen etwas einfallen lassen müssen. Es ist nicht mehr damit getan, eine Website zu betreiben mit Navigationspunkten wie »Unser Angebot« und »Wir über uns«. Die Kundenkommunikation hat sich massiv verändert – sie geht weg von der Absenderorientierung und bewegt sich hin zur Empfängerorientierung. Die Leute suchen den Markennamen Ihres Unternehmens möglicherweise gar nicht. Sie geben ihre Probleme oder auch Fragen bei Google ein. Und übrigens auch bei Youtube, das ebenfalls als Suchmaschine dient. Praktisch ist es dann, wenn Ihr Produktvideo exakt so heißt wie die Frage, die der Nutzer stellt.

Überlegen Sie mal: Welche Rolle spielt bei einer solchen Suche eine übertrieben umständliche Sprache, wie sie viele Unternehmen noch immer pflegen? Welche Rolle spielt es, dass wir uns mit unseren Wortgirlanden selbst gefallen? Gar keine! Der bürokratische Kanzleistil hat spätestens mit der Digitalisierung ausgedient, weil er den Zugang des Kunden zum Unternehmen erschwert.

Wenn Sie mit Ihrem Unternehmen also Neugeschäft generieren wollen, sind Sie gut beraten, die Mechanismen des Internets kennenzulernen und zu nutzen. Das Prinzip ist: Wenn der Kunde sein Problem eintippt, muss Ihre Lösung erscheinen. Ihre Lösung muss nicht in allererster Linie erscheinen, wenn jemand den Produktnamen oder Ihren Firmennamen bei Google eingibt, weil die Leute nach etwas anderem suchen. Der Kunde wählt vielleicht eine Formulierung wie: »Studio Greenscreen Beleuchtung«. Ich habe ein Greenscreen-Studio und tolle Leuchten dafür. Diese Lampen habe ich aber nicht gefunden, indem ich ihre Typenbezeichnung oder den Hersteller eingetippt habe. Ich wusste bis zum Kauf nichts von diesen Scheinwerfern, und den Namen des Herstellers hatte ich noch nie gehört. Auch jetzt fällt mir nicht ein, wie die Leuchten heißen. Ebenso wenig erinnere ich mich daran, wie der Hersteller heißt. Weil es völlig egal ist. Mich interessiert der Name nicht, mich interessiert nur die Lösung.

Und genau das fällt vielen Unternehmen schwer: zu akzeptieren, dass ihre Marken- und Produktnamen in vielerlei Hinsicht völlig irrelevant sind. Aber es geht eben nicht mehr um Anbieter. Es geht um Nachfrager.

Dass die Botschaft, die Sie kommunizieren wollen, möglicherweise gar nicht die Botschaft ist, auf die es ankommt, sehen wir im Detail gleich. Zunächst ist es erst einmal wichtig zu verstehen, dass dieser neue Zugang zu Informationen im Zuge der Digitalisierung beide Engpässe betrifft – das Geschäft mit Produkten und Kunden und auch das Recruiting.

Auch bei der Personalgewinnung hat der bürokratische und absenderorientierte Zugang ausgedient. Auch hier spielt es keine Rolle mehr, ob wir uns mit unseren verschwurbelten Formulierungen intellektuell vorkommen oder der Menschheit zeigen, dass wir so offiziös kommunizieren können wie ein Finanzamt. Niemand will in einem Unternehmen arbeiten, das so tickt! Trotzdem ist die Sprache beispielsweise von Stellenanzeigen störrisch und spröde. Im Grunde ist es nicht zu verstehen: Sprechen wir vom Jahr 2019, so ist die Arbeitslosigkeit unter Fachkräften so gering, dass der Arbeitsmarkt völlig verschoben ist. Es ist Unternehmen kaum möglich, gute Leute zu finden. Warum verwenden Unternehmen vor diesem Hintergrund in Stellenausschreibungen und auf ihrer Website eine Sprache, die zwischen den Zeilen eigentlich nur sagt, dass der Arbeitsplatz dort geprägt ist von überkomplizierten Prozessen und einem bürokratischen Umgangston?

Wenn nun Kunden und Mitarbeiter begehrt sind, brauchen Unternehmen eine Sprache, die diese Menschen gewinnt und nicht abschreckt.

Warum die Botschaft oft nicht die Botschaft ist

Eine der wichtigsten Erkenntnisse in meiner Laufbahn als Sprachmensch war die Reaktion eines Ressortleiters bei der »B.Z.« auf meine ersten Texte, die ich als freier Mitarbeiter während des Studiums geschrieben habe. Gelinde gesagt, hat er mir die Texte um die Ohren gehauen. Und das war gut so. Ich erinnere mich nicht mehr exakt an den Wortlaut, aber sinngemäß hat er gesagt: »Es interessiert niemanden, was Sie in der Uni hören! Es ist völlig unmaßgeblich, was Sie zum Thema Semiotik lernen! Wir machen hier Kulturjournalismus für Leute ohne Hochschulabschluss! Erklären Sie mal dem Busfahrer da draußen, warum er diese Ausstellung besuchen soll! Nicht irgendeinem Uni-Professor!«

An diesem Tag habe ich eines verstanden: Es geht nicht darum, was ich zu sagen habe. Es geht nur darum, was ankommt. Es ist nicht wichtig, was ich denke. Es ist wichtig, was Sache ist.

Ohne dieses Erlebnis, denke ich manchmal, wäre ich heute kein Buchautor, Trainer und Speaker, sondern ein arroganter Taxifahrer. Zum Glück habe ich diese Arroganz abgelegt! Ich weiß, zur Arroganz gehören immer zwei, und ich will natürlich nicht ausschließen, dass ich auf jemanden arrogant wirken könnte. Aber die Ichbezogenheit, also dass ich meine Gedanken für so überaus wichtig nehme, dass ich sie über das Denken anderer stelle – diese unter Geisteswissenschaftlern häufig anzutreffende Verirrung ist inzwischen zum Glück vorbei. Ich versuche, die Perspektive meiner Empfänger einzunehmen, beispielsweise meiner Zuhörer bei einem Vortrag. In Seminaren denke ich mich in die Fachthemen meiner Kunden ein.

Und dieser Perspektivenwechsel ist dabei der Punkt. Was Sie für die Botschaft halten, ist nicht erst seit der Digitalisierung möglicherweise gar nicht die Botschaft. Sondern auch in alten Zeiten ging es immer darum, die Bedeutung der Sache zu kommunizieren, nicht nur die Sache selbst.

Also. Sie wollen einen Ceranfeld-Reiniger verkaufen und haben bisher Ihre bunten Reinigerflaschen als Produkt mit Markennamen kommuniziert. Das dürfen Sie auch weiterhin tun, aber etwas Entscheidendes muss dazukommen. Denn der Kunde sucht Ihre Produkte nicht, solange sie ihm niemand explizit empfiehlt. Er kennt sie nämlich nicht, solange Sie nicht Coca-Cola oder Apple heißen. Der Kunde sucht möglicherweise nicht nach

Ihrer Lösung, wie Sie sie formulieren, sondern er sucht nach seinem Problem, und das in seinen Worten. Also meistens laienhaft.

Der Titel Ihres Youtube-Videos heißt also nicht etwa: »Der Ceran-Reiniger von SIDOL«, sondern »Ceranfeld reinigen« oder »Flecken auf dem Ceranfeld entfernen«. Sie holen den Kunden bei seiner Frage ab und nehmen sich selbst zurück.

»Der Kunde will keinen Bohrer, sondern ein Loch in der Wand«

Meine Seminare beginnen übrigens meistens mit diesem Gedanken. Ich frage meine Teilnehmer nach ihren Botschaften und frage dann nach der Bedeutung dieser Botschaften aus Sicht ihrer Empfänger. Die meisten Unternehmen kommunizieren nach wie vor die »Sache« – also das, was sie für »topic« halten. Was die Sache aber heißt – also die »Bedeutung« – verraten viele Unternehmen nicht.

Von Obi-Gründer Manfred Maus (* 1935) habe ich einmal den Spruch gehört: »Der Kunde will keinen Bohrer, sondern ein Loch in der Wand.« Bei irgendeiner Veranstaltung saß ich im Publikum seines Vortrags. Er hat den Unterschied zwischen Sache und Bedeutung wirklich schön auf den Punkt gebracht, finde ich. Die Sache ist das Produkt, die Bedeutung der Nutzen. Kein Zahnarzt bekommt Kunden, wenn er mit dem wirbt, was er tut – so wertvoll so ein Zahnmedizinstudium auch ist. Es ist off-topic, was er tut. Wichtig ist die Bedeutung dessen, was ein Zahnarzt tut. Damit geht er in die Werbung. Nicht mit der Sache. Sondern mit der Bedeutung.

Oder stellen Sie sich vor, die Tuberkulose bricht aus. Wie würde ein klassisch gebildeter und rein sachorientierter Wissenschaftler reagieren? Die Naturwissenschaftler mögen mir das Klischee verzeihen: Er wird die Bevölkerung in die Stadthalle einladen und schön heizen, damit sich niemand erkältet. Die Menschen begrüßen und umarmen einander, sprechen miteinander und setzen sich irgendwann zum Vortrag hin. Es wird leiser, man beugt sich zum Nachbarn und flüstert. Der Vortrag ist powerpointunterstützt: Die erste Folie zeigt die Überschrift »Die Tuberkulose«. Folie zwei: Mykobakterien unter dem Mikroskop. Folie drei: Robert Koch entdeckt 1882 den Erreger. Folie vier: Nobelpreis 1905. Folie fünf: Epidemiologie historisch mit Zahlenstrahl. Folie sechs: Epidemiologie global,

Weltkarte. Folie sieben: Symptome. Folie acht: Behandlung. Folie neun: Impfstoff. Und immer so weiter. Alles irrelevant! Die Bevölkerung muss lernen, wie man sich die Hände wäscht und richtig niest, um Übertragungen zu vermeiden. Sie braucht keinen wissenschaftlichen Fachvortrag. Es geht wie bei Manfred Maus und seinem Bohrer nicht in erster Linie um die Sache, sondern um die Bedeutung.

Erinnert Sie die Abfolge dieser fiktiven Tuberkulose-Präsentation übrigens an etwas? Genauso funktionieren die üblichen, langweiligen Firmenpräsentationen. Folie eins: Logo. Folie zwei: Landkarte, Standorte mit Fähnchen. Folie drei: Mitarbeiterzahl. Folie vier: Gründer und Gründungsjahr. Folie fünf: historischer Zahlenstrahl, Umsatzentwicklung. Und so weiter. Viele Unternehmen reden tatsächlich andauernd nur von sich selbst.

Ich will nicht sagen, dass Informationen zum Unternehmen völlig uninteressant sind, aber ich würde die Bedeutung aus Empfängersicht voranstellen. Also: Erst die Lösung präsentieren und dann erläutern, wer die Lösung wie umsetzt. Ich würde heute keine ausufernden Einleitungen mehr machen, weil die Zuhörer bei einer Präsentation schon nach zehn langweiligen Sekunden gedanklich mit den Fingern auf die Tischplatte trommeln. Menschen wollen heute sofort wissen: »Where is the beef?« Im Business ist keine Zeit für Opern und Erzählstunden.

Wenn Sie also irgendeine Art von Kommunikation beginnen, fangen Sie mit der Bedeutung an. Was jemand von Ihnen erst mal wissen will, sind zwei Dinge – und zwar in dieser Reihenfolge:

1. Was ist der Nutzen dieser Kommunikation für mich?
2. Warum sind Sie als Absender dafür kompetent?

Und dann erst geht es um die Sache.

Konvergentes und divergentes Denken

Die Fähigkeit, in Bedeutungen zu denken, ist übrigens eng verwandt mit dem »divergenten Denken« nach Joy Paul Guilford (1897–1987). Im Unterschied zum »konvergenten Denken«, welches im Grunde nur auf simplen Entsprechungen basiert, bedeutet »divergentes Denken«, in Möglichkeiten und Ideen zu denken – »divergent« heißt »auseinanderstrebend«. Das kreative Denken ist fast komplett divergentes Denken.

Machen wir es konkret: Was kann man mit einem Apfel machen? Die konvergente Antwort lautet: »essen«. Das ist die Funktion eines Apfels, so wie es die Funktion eines Stuhles ist, dass man sich draufsetzt. Divergent gedacht geht mehr: Wir können Apfelmus machen, Apfelsaft, Apfelkuchen. Und natürlich können wir den Apfel auch einfach essen.

Das konvergente Denken ist auch ein Denken in Regeln. Wer konvergent denkt, hakt ab. Ist von zehn Aufgaben eine falsch beantwortet, meldet der Konvergenzdenker einen »Fehler«. Viele Konvergenzdenker sind stolz darauf, wie Spürhunde Fehler zu finden, und übersehen dabei, dass 90 Prozent der Antworten richtig sind. Ein »Fehler« ist in diesem Sinne eine Abweichung der Realität von einem Weltbild. Ein konvergentes, wenngleich komplexes System ist das Recht – es geht darin nur um Abweichungen der Wirklichkeit von Vorgaben oder eben um Übereinstimmungen. Der Fokus des konvergenten Denkens ist, alles richtig zu machen.

Das divergente Denken interessiert sich nicht für Regeln und dafür, alles richtig zu machen. Wer divergent denkt, überlegt eher, was das Richtige ist. Mein Lieblingsbeispiel dazu ist Helmut Schmidt (1918–2015), der bei der Flutkatastrophe 1962 als Hamburger Innensenator die NATO angefordert hatte. Schmidt hat damit klar seine Kompetenz überschritten und nach konvergentem Denken einen Fehler gemacht – das Handeln widersprach den Regeln. Nach divergentem Denken hat er genau richtig gehandelt, weil er mit seiner Entscheidung unzähligen Menschen das Leben gerettet hat. Wir können also oft richtig und falsch zugleich handeln.

Warum ziehe ich diesen Bogen? Weil das konvergente und das divergente Denken verwandt sind mit der Kommunikation von Sache und Bedeutung. Ich meine: Wer konvergent denkt, kommuniziert eher die Sache und übersieht die Bedeutung. Konvergent zu denken, ist nichts Schlechtes: Wir brauchen Menschen und Systeme, die Abläufe regeln. Aber wer in Funktionen denkt, hat eben oft keinen Sinn für das Denken in Möglichkeiten oder Ergebnissen. Zugleich fällt es vielen divergent denkenden Kreativen schwer, einfachste konvergent gedachte Notwendigkeiten zu erfüllen. Im Extremfall ist die Botschaft eines Kreativen originell, aber substanzlos, und er verschludert seine Umsatzsteuervoranmeldung.

Stellenanzeigen für Top-Leute

Und jetzt überlegen Sie mal, wie Sie kreative Divergenzdenker für Ihr Unternehmen gewinnen. Gelingt das mit klassischen Stellenanzeigen? Das will ich bezweifeln. Und zwar deshalb, weil klassische Stellenanzeigen im Grunde nur konvergent konzipierte Checklisten sind. Welcher divergent denkende Mensch möchte schon einer Checkliste entsprechen?

Sicher bewerben sich auch Top-Leute auf klassische Stellenanzeigen. Aber meine Kunden melden mir zurück, dass sie mehr und bessere Bewerbungen bekommen, nachdem wir im Workshop das Prinzip der Stellenanzeigen überarbeitet haben. Dabei stellen wir vor allem den Nutzen für den Bewerber nach oben. Wenn ich bei »Stepstone« so rumklicke, finde ich Abfolgen wie diese:

1. Kurzbeschreibung des Unternehmens
2. Ihr Aufgabengebiet
3. Ihr Profil
4. Das bieten wir Ihnen
5. Sind Sie interessiert?

Oder:

1. Wen suchen wir?
2. Kurzbeschreibung des Unternehmens
3. Was sind Ihre Aufgaben?
4. Was Sie mitbringen
5. Was bieten wir?
6. Kontakt

Diese Abfolgen sind üblich. Kaum ein Unternehmen stellt den Nutzen für den Bewerber nach vorne – selbst in Zeiten des Fachkräftemangels nicht.

Dann versetzen wir uns in die Lage eines Bewerbers und überlegen, welche Fragen er hat. Gute Leute wollen nicht nur lesen, dass sie »gute Arbeitsbedingungen in einem technologisch hochmodernen Umfeld« erwarten, sondern sie wollen wissen, mit wie vielen Leuten sie im Team arbeiten werden und wie dort das Miteinander ist. Gute Leute wollen nicht nur lesen, dass sie »produktbezogene Weiterbildungen« bekommen, sondern insgesamt mehr Weiterentwicklungsmöglichkeiten sehen.

Außerdem befreien wir Stellenanzeigen von förmlicher Sprache, damit das Unternehmen angenehmer wirkt. Dabei lösen wir absurde Formulierungen auf wie »Sie verfügen über ein erfolgreich abgeschlossenes Studium der Fachrichtung Informatik« und sprechen normal: »Sie sind Informatiker (m/w/d)«. Denn was soll das mit dem »erfolgreich abgeschlossenen Studium«? Wer es nicht abgeschlossen hat, ist kein Informatiker. Und was sollte ein erfolglos abgeschlossenes Studium sein? Hier wenden wir die Sprachregeln an und prüfen zum Beispiel Adjektive (Seite 81ff.).

Über die Gedankentanken GmbH in Köln hatte ich ja bereits einige Takte geschrieben. Was mich an diesem Unternehmen besonders fasziniert, ist die Mitarbeitergewinnung. Allein von Januar bis August 2019 sind 3245 Bewerbungen bei Gedankentanken eingetroffen – im Sommer 2019 waren 45 Stellen zu besetzen. »Wir können uns also unser Personal aus dem besten Prozent unserer Bewerber aussuchen«, kommentiert das Geschäftsführer Alexander Müller in einem Interview, das ich im Jahr 2019 mit beiden Geschäftsführern für »Training aktuell« geführt habe.[9]

Was macht Gedankentanken anders? Einmal vermittelt das Unternehmen klare Werte, die es attraktiv machen. »Dream it, own it, grow it«, lautet ein Prinzip. Gedankentanken-Geschäftsführer Stefan Frädrich erläutert das im Interview: »Hat ein Mitarbeiter ein Projekt, dann besitzt er es und arbeitet eigenverantwortlich. Das steht über formellen Dingen wie Hierarchien und Prozessen. Stell dir ein Unternehmen vor mit lauter Selbstständigen, die alle für ihr Thema brennen. Nur dass diese Menschen angestellt sind. Das heißt: Die Aufgaben, die jemand übernimmt, haben Priorität wie für einen Selbstständigen.« Alexander Müller ergänzt: »Unsere Projekte haben ganz klare Prioritäten, nicht nur auf Quartals- oder Abteilungsebene, sondern auch für jeden Mitarbeiter. Jede Handlung ist dahingehend messbar, ob sie auf das große Warum einzahlt. Also auf unseren Unternehmenszweck, die Selbstverwirklichung. Es ist ein holistisches System, das transparent ist. Und das zieht Leute an, die Bock ha-

---

[9] »Training aktuell«, Oktober 2019, Seite 10ff.

ben auf diese transparente Zahlenorientierung und auch auf das große Warum.«

Eine Gedankentanken-Stellenausschreibung ist so aufgebaut:

1. Who you are
2. What you'll do

Unter »Who you are« steht, beispielsweise in einer Stellenanzeige für einen »Customer Happiness Specialist (m/w/d)«:

> *First and foremost, you're like us: a positive monster. We're not just giving you a job, we're inviting you into our community. That's why it's important for you to fit into our team. We already assume you're a qualified professional and you're passionate about what you do. You love taking responsibility and are good at balancing priorities. You're happy to go on a journey that takes you out of your comfort zone. You love to challenge the status quo and are constantly coming up with big ideas. You will sometimes need to find quick solutions. And most importantly, you're an inspiring human being who likes to be surrounded by them.*
>
> *Ask yourself honestly: Does this sound like you? If so, read on.*

Sehen Sie, was diesen Zugang unterscheidet von »Sie verfügen über ein erfolgreich abgeschlossenes Studium der Fachrichtung Informatik«? »We already assume you're a qualified professional«, heißt es da.

Gedankentanken ist alles andere als förmlich – es geht weniger um Qualifikationen als vielmehr um Kompetenzen. Das Unternehmen ist das Gegenteil von langweilig, die Sprache ist einfach – und das macht das Unternehmen als Arbeitgeber attraktiv. Andere Unternehmen formulieren unnötig umständlich: »abgeschlossene Ausbildung als Koch« (also ist man Koch oder Köchin); »erfolgreich abgeschlossenes Hochschulstudium der Fachrichtung Jura« (also ist man eben Jurist oder Juristin); »Im Zuge unserer Expansionsstrategie suchen wir zum nächstmöglichen Zeitpunkt ...« statt: »Wir expandieren! Wann fangen Sie bei uns an?«.

Ich meine, sprechen Sie auch privat so? »Im Zuge meiner Schulbildungsstrategie suche ich zum nächstmöglichen Zeitpunkt einen Bus, der mich in die Schule bringt«? Genau dieser Sprachstil schreckt gute Leute ab. Oder wollen Unternehmen möglicherweise nur Mitarbeiter, die förmlich und kompliziert denken? Kaum zu glauben. Aber aus welchem Grund sonst sollte ein Unternehmen so eine umständliche Sprache wählen?

Und lassen Sie mich noch einmal zu Gedankentanken kommen: In dem erwähnten Interview erklären die beiden Geschäftsführer den Sinn ihrer Reisen, beispielsweise ins Silicon Valley. Sie sprechen davon, »dass das Denken in Deutschland doch noch sehr in einer selbstreferenziellen Blase steckt. Wir neigen dazu, nicht über den Tellerrand zu schauen. Also müssen wir dorthin gehen, wo Start-ups erfolgreich sind und wo die Zukunft geschrieben wird.« Und: »Dort verstehen die Leute Teamführung anders, Schnelligkeit, Agilität, und sie experimentieren auch mehr. Das Denken ist mutiger und größer. (...) In unserer deutschen Kultur sind wir traditionell anders gestrickt, wir wollen die Dinge richtig machen. In Amerika oder auch China fragen die Leute eher: Was ist im Augenblick das Richtige?« Es ist exakt das Gleiche wie bei Joy Paul Guilford und seinem divergenten Denken. Gedankentanken zieht Divergenzdenker an.

Qualifikationen, Kompetenzen und ein guter Deal

Natürlich: Ich möchte das klassische Denken in Qualifikationen gar nicht schlechtreden. Aber ich will dazu anregen, sogar in typischen Konvergenzberufen eine gewinnende Sprache zu verwenden. Gedankentanken ist ein kreatives Start-up, bei dem Kompetenz im Vordergrund steht. Im Krankenhaus geht es zwar auch um Kompetenz, aber ohne Qualifikation darf niemand als Arzt tätig sein. In vielen Jobs zählt zuerst Qualifikation.

Doch am Ende geht es im Recruiting einfach nur um einen Deal. Um einen Deal zwischen einem Anbieter einer Leistung und einem Abnehmer. Der »Verkäufer« der Leistung ist der künftige Mitarbeiter. Aber ist er ein »Bewerber«? Ich denke, heute ist eher der Arbeitgeber der »Bewerber«. Soll ein Arbeitsplatz attraktiv sein, dann muss man ihn eben wie ein Produkt attraktiv machen! Wie man dabei die Zielgruppensicht außer Acht lassen kann, ist für mich kaum zu verstehen.

Wie Sie Ihre Botschaft planen

Stellen wir uns vor, Sie haben Ihre Botschaft in die Empfängerperspektive übersetzt. Sie kennen also die Bedeutung, die für den Adressaten Ihrer Nachricht relevant ist. Wie geht es jetzt weiter? Es geht jetzt erst mal darum, die Botschaft richtig zu planen. Förmlich wird ein Aufbau oft, wenn er klassisch wissenschaftlich ist. Besser ist es oft, die Botschaft im Sinne des Empfängers sinnvoll zu strukturieren.

Der Inhalt dieses Kapitels ist ein Element des Seminars, das Teilnehmer später als äußerst wertvoll bezeichnen. Vor allem Ingenieure und Naturwissenschaftler sagen mir immer wieder, dass sie umgedacht haben. Vor dem Seminar haben sie Informationen wie wissenschaftliche Studien aufgebaut – das heißt, sie haben beispielsweise einen Bericht über ein Projekt mit der Ausgangslage begonnen. Nach dem Seminar nun beginnen sie den Bericht mit dem Ergebnis, mit der entscheidenden Erkenntnis.

Lassen Sie mich von einer E-Mail berichten, die wir in einem Seminar besprochen haben – es geht im weitesten Sinne um Straßenbau. Die Presse fragt die Straßenverkehrsbehörde, wie lange die Baustelle an einer bestimmten Brücke inklusive Umleitung noch besteht. Die Straßenverkehrsbehörde leitet die Anfrage an den Generalunternehmer weiter. Der Generalunternehmer ordnet seine Gedanken in seiner E-Mail folgendermaßen, wobei ich die Fakten etwas verfremde:

1. Die Brücke wurde 1954 gebaut.
2. Es handelt sich um eine Balkenbrücke.
3. Das bedeutet, Brückenträger und Stützen sind durch ein Lager getrennt.
4. Derzeit verläuft über diese Brücke die L1234. Darunter verlaufen ein Fahrrad- und Fußweg sowie ein Flüsschen mit diesem und jenem Namen. Die Flächen unter der Brücke sind landwirtschaftliche Flächen.
5. Die Straße, die über die Brücke führt, ist zweistreifig und für Fahrzeuge mit einem zulässigen Gesamtgewicht bis 7,5 Tonnen zugelassen. Die zulässige Höchstgeschwindigkeit beträgt 50 km/h.

6. Bei einer Untersuchung hat man Schäden an der Brücke festgestellt,
   die auf Verschleiß zurückgehen.
7. Seit einem bestimmten Zeitpunkt wird an der Brücke gearbeitet.
8. Die Arbeiten werden voraussichtlich noch länger als ein Jahr dauern.
9. Für die Übergangszeit ist eine Behelfsbrücke technisch möglich.

Verstehen Sie, womit wir es hier zu tun haben? Hier denkt jemand wie in
der Uni, wie bei einem wissenschaftlichen Aufbau. Der Generalunternehmer will sein Publikum chronologisch durch eine Problemlösung führen
und erzählt alles, was ihm dazu einfällt. Doch die Öffentlichkeit – hier die
Presse – will zuallererst erfahren, wie lange der Verkehr noch behindert ist.
Statt das einfach zu sagen, holt der Generalunternehmer weit aus und
zwingt uns, über völlig unwichtige Details nachzudenken. Und das nervt
die Leute. Der Generalunternehmer unterscheidet nicht zwischen der Sache und der Bedeutung. Sondern er spult seine Details ab und kommt erst
nach langer Zeit irgendwann zum Punkt.

Besser wäre es, das Wichtige aus Empfängersicht nach vorne zu holen:

1. Die Arbeiten werden voraussichtlich noch länger als ein Jahr dauern.
2. Für die Übergangszeit ist eine Behelfsbrücke technisch möglich.

Wenn dann noch Interesse an Hintergrundinformationen besteht, kann
der Generalunternehmer gerne ins Detail gehen:

3. Bei einer Untersuchung hat man Schäden an der Brücke festgestellt,
   die auf Verschleiß zurückgehen.
4. Seit einem bestimmten Zeitpunkt wird an der Brücke gearbeitet.
5. Fahrzeuge bis 7,5 Tonnen zulässigem Gesamtgewicht dürfen die
   Brücke befahren.

Diese zwei beziehungsweise fünf Punkte genügen für eine Antwort völlig!
Sie sehen möglicherweise, dass wir hier im Wesentlichen von hinten anfangen und die ursprüngliche Reihenfolge fast eins zu eins umdrehen. Das
ist im Grunde der Unterschied zwischen wissenschaftlicher und journa-
listischer Kommunikation: In der Wissenschaft beginnen wir beim Aus-

gangspunkt, im Journalismus mit der entscheidenden Bedeutung für den Empfänger unserer Nachricht. Eine Schlagzeile in der Lokalpresse würde also niemals lauten, dass die Brücke 1954 gebaut wurde, was der Generalunternehmer als ersten Punkt genannt hat. Sondern die Schlagzeile hätte das weitere Jahr Baustelle zum Thema. Ein guter Journalist würde dann noch den Bauträger anrufen und fragen, was finanziell zum Thema »Behelfsbrücke« zu sagen ist, und würde auch das noch thematisieren. Aber dass unter der Brücke Landwirtschaftsflächen sind – weg damit.

Zunächst will ich einräumen, dass natürlich auch in der Wissenschaft viele Texte klar strukturiert sind. Sicher haben Sie schon einmal zu Beginn einer Studie das »Abstract« gelesen – das ist sozusagen die Executive Summary, die einen Überblick gibt und sich nicht um die Tiefen der Details kümmert. Dieses »big picture« ist oft die Bedeutung eines solchen Textes. Und die Bedeutung wollen wir eben als Erstes erfahren, bevor es an die Einzelheiten geht. Wir wollen sofort wissen, wie es geht. Wir wollen niemandem die wesentlichen Informationen aus der Nase ziehen müssen.

Zugleich aber fängt ein klassischer wissenschaftlicher Aufbau eben bei Adam und Eva an, und dieses Denken sitzt vielen Universitätsabsolventen fest im Kopf. Das macht einen Text eben förmlich. Die gleiche Herangehensweise findet sich bei vielen Juristen – deren Texte breiten oft auch erst sämtliche Voraussetzungen und die komplette Vergangenheit aus, bevor sie zum Punkt kommen. Zum Glück machen das wenigstens Gerichte anders: Bei der Urteilsverkündung kommt zuerst die Entscheidung und dann die Begründung. Stellen Sie sich mal vor, ein Strafrichter würde erst zweieinhalb Stunden lang die Begründung für sein Urteil verlesen und quasi als Spannungshöhepunkt das Urteil verkünden – diese Art der Folter müsste sich im Grunde noch einmal strafmildernd auswirken.

Mein Ansatz unterscheidet sich außerdem fundamental von dem Prinzip »Einleitung – Hauptteil – Schluss«, wie es uns die Schule beigebracht hat. Das Prinzip »Einleitung – Hauptteil – Schluss« entspricht den Anforderungen an die schönen Künste, aber nicht unbedingt den Anforderungen an eine funktionierende Businesskommunikation – wobei es natürlich Ausnahmen gibt.

Beim Film heißt die Einleitung »Exposition«: Das Drehbuch etabliert die Figuren und ihre Motive. Dann kommt die erste unvorhergesehene

Wendung (»Plot Point 1«), und die »Konfrontation« beginnt – also die Auseinandersetzung zwischen einander widersprechenden Motiven im einfachsten Falle zweier Figuren. »Plot Point 2« löst den Konflikt zugunsten des Helden oder des Antihelden, und als dritter Teil folgt die »Auflösung«.[10] Siegt der Held, handelt es sich um eine Komödie oder um ein Drama; siegt der Antiheld, ist es meist eine Tragödie oder ein Melodram.

Diese Drei-Akt-Struktur geht letztlich auf das altgriechische Theater zurück. Und auch wenn zahlreiche Dramen Fünfakter sind, findet sich die »Plot-Point«-Struktur in den Werken William Shakespeares (1564–1616), Gotthold Ephraim Lessings (1729–1781), Johann Wolfgang von Goethes (1749–1832) und Friedrich Schillers (1759–1805).

Wir können also mithilfe einer klassischen Dramaturgie sehr spannend erzählen. Eine gute Rede ist ähnlich aufgebaut. Entscheidend dabei ist allerdings, dass die »Exposition« nicht so ausufert wie in der Dramatik. Wir müssen nicht erst alle Beteiligten und Interessen vorstellen, bevor wir zum Punkt kommen. Und darum rate ich Ihnen zunächst einmal von einer »Einleitung« ab. Sie können sicher die Relevanz fürs Publikum darstellen und erklären, weshalb Sie der oder die Richtige für diesen Vortrag sind, wie auf Seite 39 dargestellt. Aber das sollte es dann auch gewesen sein, und Sie kommen sofort zum Thema.

Stellen Sie sich einen Banküberfall vor – als journalistische Story. Zwei maskierte junge Männer mit Pistolen überfallen eine Bank. Der Ablauf ist einfach: Rein in die Bank, Schuss in die Decke, mit 5000 Euro Beute raus, Flucht über die Kanalisation, niemand verletzt, Polizei zu spät.

Und jetzt stellen Sie sich vor, Sie lesen darüber tags darauf in der Zeitung eine Einleitung wie diese (von mir erfunden):

Der Montag in Berlin begann wie viele andere Sommertage auch. Schon früh am Morgen versprach der Tag, heiß zu werden. Es war Ferienzeit – viele Berliner standen später auf als sonst, und der türkische Gemüsehändler an der Ecke Marienstraße/Ritterstraße hob seine Gemüsekästen auf die blauen Metallständer.

---

[10] Syd Field: Das Handbuch zum Drehbuch. Zweitausendeins, Frankfurt am Main 1991.

Manche Medien arbeiten mit solchen Texteinstiegen, ich weiß – vor allem der »Spiegel«. Aber journalistisches Handwerk ist das in meinen Augen nicht. Wenn ich so etwas lese, dann frage ich mich, was das Geschwafel soll. Ich will wissen: Wer hat die Bank überfallen? Sind die Täter gefasst? Ist jemandem etwas passiert? Wie hoch ist die Beute? Ich will nicht erst wissen, wie das Wetter war. Möglicherweise geht es Ihnen ja genauso.

Bitte vergessen Sie also die absurde Regel, Sie müssten eine Einleitung formulieren. Das müssen Sie nicht. Wir schauen später nach einem Teaser (Seite 68) und einer Überschrift (Seite 70), aber wir werden keine Einleitung schreiben, die wir unseren Hauptgedanken voranstellen. Sondern es geht gleich zur Sache. Es geht hier um die naheliegenden Fragen, die Ihr Thema aufwirft. Der Banküberfall wirft klare Fragen auf. Und so wirft auch Ihr Thema klare Fragen auf. Und das spielen wir jetzt einmal exemplarisch durch. Erst nehmen wir das Thema »Banküberfall« und dann ein fiktives Businessthema – ich habe dazu ein Szenario aus der Pharmaindustrie ersonnen.

Was gehört dazu?

Zum Thema »Banküberfall« gehören die Antworten auf folgende Fragen:

- Wer hat wann wo welche Bank überfallen?
- Wie hoch ist die Beute?
- Wie sieht es mit den Betroffenen aus, also den Kunden und den Mitarbeitern der Bank?
- Was unternimmt die Polizei?
- Sind die Täter gefasst oder auf der Flucht?

Das sind sozusagen die Pflichtangaben bei einem Banküberfall, die Musthaves. Je nach Verlauf können weitere Aspekte dazukommen. Aber erst einmal war es das. Stellen Sie sich einen Bericht über einen Banküberfall vor, der kein Wort über die Beute verliert – wir wären der Ansicht, dass etwas fehlt. Auch wollen wir wissen, wie es den Menschen in der Bank ergangen ist. Lesen oder hören wir dazu nichts, würde etwas fehlen.

Vor diesem Hintergrund lesen und hören wir übrigens immer wieder den Satz: »Verletzt wurde niemand.« Man könnte jetzt argumentieren, dass wir diese Information rauslassen, weil sie eine Null-Aussage sei. Aber sie ist keine Null-Aussage, sondern beantwortet eine der naheliegenden Fragen. Die Information muss rein.

Und so machen Sie das mit Ihrem Text auch. Notieren Sie alle naheliegenden Fragen, und zwar aus Sicht Ihres Empfängers. Ich nehme dazu in aller Regel Karteikarten oder Post-its. Ich beginne erst zu schreiben, wenn alle Aspekte vorliegen und richtig geordnet sind. Bei diesem Buch hier habe ich das übrigens auch so gemacht: Erst habe ich das Inhaltsverzeichnis gebaut, und zwar komplett. Dabei wusste ich, welche Gedanken in welchem Kapitel auftauchen werden, welche Beispiele, welche Geschichten. Und dann habe ich die Kapitel einfach nur noch ausgefüllt. So habe ich dieses Buch in weniger als sechs Wochen geschrieben, und zwar nicht als Fulltime-Job, sondern neben dem Tagesgeschäft und meinen Seminarreisen. Die Kalkulation ist: Wenn ich jeden Tag fünf Seiten schreibe, habe ich in sechs Wochen zweihundert Seiten zusammen. Diese Arbeitsweise empfehle ich auch Ihnen, und zwar ganz unabhängig davon, wie lang Ihr Text werden soll und ob Sie ihn sprechen oder schreiben wollen (Seite 67).

Was gehört nicht dazu?

Jetzt gibt es bei jedem Geschehen Nebenaspekte. Bei unserem Banküberfall zum Beispiel gab es so viel Lärm unten in der Bank, dass der Klavierunterricht eine Etage höher ausfiel. Frau Klavierlehrerin und ihre Schülerin sitzen beim Tee, statt Chopin zu üben. Übrigens trinken beide einen ganz vorzüglichen und seltenen Tee aus Peru. Diesen Tee hat die Klavierlehrerin bei ihrer Südamerikareise von einem Schamanen geschenkt bekommen. Der Schamane ist durch diesen Tee 120 Jahre alt und topfit.

Sie merken schon: Ich komme vom Hundertsten ins Tausendste. Ich verliere den roten Faden. Das hat alles nichts mehr mit unserem Thema zu tun, dem Banküberfall.

Vermutlich hat jedes Geschehen auf der Welt auch irrelevante Folgen. Wir stehen im Stau, der Bus kommt zu spät, der Hund bellt, die Theatervorstellung fällt aus – was auch immer. Von jedem Geschehen aus können die gedanklichen Folgen in mehrere Richtungen abzweigen. Sie lassen sich wie bei einer Mind-Map als Netz aus Kausalketten darstellen. Aber alle Fäden zu verfolgen und im Text zu würdigen, wäre uferlos. Die Kunst ist also, nur das Geschehen zu verfolgen, um das es geht.

Wer gerne und oft abschweift, hat hier eine Aufgabe. Die Aufgabe ist:

1. Mit Karteikarten oder Post-its alle Aspekte zum Thema finden, vor allem die Antworten auf die naheliegenden Fragen.
2. Alle Punkte rigoros durchgehen. Welche sind zu streichen?
3. Diese Punkte dann auch tatsächlich streichen.
4. Dann baut man eine Reihenfolge und hält sich auch wirklich daran.

Ein Thema einzugrenzen, bedeutet immer auch, es abzugrenzen. Indem wir definieren, was wir sagen wollen, definieren wir zugleich immer auch, was wir nicht sagen wollen.

Und gerade wenn jemand zum Abschweifen neigt, ist die strikte Übung immer wieder, die wesentlichen Punkte von den unwesentlichen zu unterscheiden. Und beim Schreiben oder Sprechen geht es dann vor allem darum, sich nicht ablenken zu lassen.

Wie bei allem, was wir tun, sollte auch beim Formulieren gelten: Entweder wir machen etwas, oder wir machen es nicht. Und wenn wir es machen, machen wir es richtig. Machen wir es nicht, machen wir es gar nicht.

Das heißt: Wenn etwas zu sagen ist, dann sagen Sie es – und zwar richtig. Wenn etwas nicht zu sagen ist, dann lassen Sie es weg – und zwar ebenfalls richtig.

__Tipp für Abschweifer__

Kommen Sie immer wieder vom Hundertsten ins Tausendste? Dann sollten Sie üben, Ihre Gedanken zu priorisieren und zu strukturieren. Überlegen Sie genau, worum es geht und worum es nicht geht. Dann werfen Sie raus, worum es nicht geht, und bringen die Topics in eine sinnvolle Reihenfolge. Traineren Sie das immer wieder!

Wie fangen Sie an, und wie hören Sie auf?

Im Idealfall haben Sie jetzt eine Liste mit Topics. Diese Liste ist noch nicht geordnet. Bevor wir sie ordnen, noch ein Gedanke: Es mag sein, dass Sie einzelne Punkte zusammenfassen oder auch mal einen Ihrer Punkte in zwei oder drei Aspekte aufteilen. Dieses Feintuning ist vermutlich nötig. Aber wenn Sie Ihre finale Sammlung anschauen, dann gilt ein einfaches Prinzip: Aus jedem Gedanken wird ein Absatz (in einem langen Text) oder auch nur ein Satz (in einem kurzen Text). Unseren Banküberfall beispielsweise können wir in der Zeitung mit fünf Absätzen als Bericht verfassen – oder eben als Meldung in der Meldungsspalte mit fünf Sätzen.

Verstehen Sie, wie simpel das Prinzip ist? Wenn Sie eine Rede planen zum Thema »Kanarienvögel während der Mauser«, dann haben Sie eine bestimmte Anzahl von Topics. Diese Topics bringen Sie in jeder Rede jeder Länge. Es gelingt Ihnen, Ihre Rede in dreißig, sechzig oder auch neunzig Minuten zu halten. Die Aspekte sind dann nur unterschiedlich lang. Sicher kann es sein, dass Sie je nach Kontext auch mal ganze Aspekte streichen. Aber vom Prinzip her können Sie so mit jedem Text jeder Länge arbeiten – egal ob Sie ihn später schreiben oder sprechen.

Wenn Sie wirklich sicher sind, dass Sie nichts vergessen haben und keine überflüssigen Schwafelpunkte in Ihrer Sammlung haben, haben Sie also eine finale Sammlung. Die ist zwar noch ungeordnet, aber jetzt wissen Sie schon mal, wie lang Ihr Text wird. Wie gesagt: Aus jedem Aspekt wird ein Absatz. Bei Zeitungen rechnet man in Zeilen, und so eine Zeile ist ungefähr 30 bis 33 Zeichen lang. Ein normaler Absatz in der Zeitung hat 8 bis 10 Zeilen. Wenn Sie Ihren Banküberfall also in fünf Aspekte gliedern und jeden Aspekt gleich gewichten, werden die Absätze in etwa gleich lang, und Sie haben 40 bis 50 Zeilen à 30 bis 33 Zeichen Länge. Sie sollten also mit 1200 bis 1650 Zeichen klarkommen. Jede Redaktion kennt ihr Layout, und so genügt es, wenn Sie »45 Zeilen« ankündigen. Ich weiß auch, dass Abonnementzeitungen Banküberfälle auf 80 Zeilen ausbreiten, aber ich habe mein Handwerk nun einmal beim Boulevard gelernt. Auch in der Businesskommunikation geht es meist um kurze Formen.

Jetzt geht es ans Ordnen. Und dazu gibt es einen Trick. Dieser Trick ist wichtig.

Als Erstes legen Sie den ersten Punkt fest. Und dann legen Sie nicht den zweiten Punkt fest, sondern den letzten.

Sie entscheiden also erst, womit Sie anfangen. Dann entscheiden Sie, womit Sie aufhören. Wie endet Ihr Text? Und erst wenn Anfang und Ende definiert sind, füllen Sie die Mitte.

Der Anfang

An den Anfang gehört das Wichtigste für Leser und Hörer. Sie erinnern sich an die Brückenbaustelle. Am Anfang steht nicht irgendein Nebenaspekt, sondern die wesentliche Information. Beim Thema »Banküberfall« ist das nicht die Beute, sondern es ist der Banküberfall selbst. Also der Aspekt »Wer hat wann wo welche Bank überfallen?«. Dieser Aspekt gehört an den Anfang.

Das Prinzip lautet hier, den Rahmen herzustellen. Worum geht es? Wir wollen erst wissen, worum es geht, bevor wir Details hören. Kennen Sie Menschen, die einfach drauflosplappern, und Sie wissen gar nicht, worüber sie sprechen? Erst mit der Zeit erschließt sich, worum es geht. Dieser Rahmen mag zwar im Kopf desjenigen klar sein, der erzählt, aber er hat es eben versäumt, seine Zuhörer vorher ins Boot zu holen.

Der Anfang besteht also nicht aus einer Einleitung, sondern er besteht aus dem Hauptaspekt. Eine Presseanfrage wie im Beispiel »Brückenbaustelle« beantworten Sie nicht, indem Sie schreiben:

Sehr geehrte Damen und Herren,

am Mittwoch haben Sie eine Medienanfrage zur Baustelle an der Brücke bekommen und diese Anfrage an mich weitergeleitet. Sie haben mich in diesem Zusammenhang gebeten, diese Anfrage beantworten, damit Sie sie an die Presse weiterleiten können.

»Zusammenhang«? Der Empfänger weiß, was er bekommen hat und worum er bittet! Weg mit dem Geschwafel, zumindest sollte es deutlich kürzer sein. Sie können auch gleich zur Sache kommen:

Sehr geehrte Damen und Herren,

*die Baustelle an der Brücke wird nach unserer Einschätzung
noch mindestens ein Jahr dauern.*

Oder meinetwegen:

Sehr geehrte Damen und Herren,

vielen Dank für Ihre Anfrage.

*Die Baustelle an der Brücke wird nach unserer Einschätzung
noch mindestens ein Jahr dauern.*

Das wirkt ungewöhnlich? Mag sein. Aber was ist denn schlimm daran, mit der Tür ins Haus zu fallen? Die meisten Menschen im Businessumfeld werden es Ihnen danken – und Sie sammeln Pluspunkte bei Ihrem Chef, weil Sie seine Zeit schonen.

Klar sind wir es gewohnt, Einleitungen zu lesen wie folgende:

Sehr geehrte Damen und Herren,

*im Folgenden werde ich zu Ihrer Anfrage vom 9. Dezember 2019
Stellung nehmen.*

Oder, noch förmlicher:

Sehr geehrte Frau Kundin,

*bezugnehmend auf Ihre Anfrage vom 9. Dezember 2019 ist Fol-
gendes zu sagen:*

Aber das sind im Grunde nur Gewohnheiten, Konventionen. Probieren Sie es aus! Kommen Sie gleich zur Sache. Natürlich stellen Sie vorher den

Rahmen her, damit Ihr Empfänger weiß, worüber Sie sprechen – zum Beispiel in der Betreffzeile Ihrer E-Mail oder Ihres Briefes.

Das Ende

Wenn klar ist, womit Sie Ihre Botschaft beginnen, überlegen Sie, womit Sie aufhören. Sie haben ja Ihre Karteikarten vor sich liegen und können sie beliebig herumschieben. Also: Wie sollten Sie Ihren Text beenden?

Ein guter Schluss ist zum Beispiel ein Call-to-action, also der Aufruf, etwas zu tun. Beim Thema »Banküberfall« ist der Call-to-action der Fahndungsaufruf. Haben Sie die Täter irgendwo gesehen? Bitte sagen Sie der Polizei Bescheid. Bei unserer Brückenbaustelle kann ein Call-to-action das Angebot sein, sich bei Fragen an den Absender zu wenden. Also ganz einfach. Das Prinzip gilt vor allem im Marketing: Zahlreiche Newsletter haben keinen Call-to-action am Schluss (Seite 185). Das ist schade, denn dann weiß der Empfänger nicht, was er nun tun soll.

Dass Sie sich über das Ende Gedanken machen, ist übrigens noch aus einem anderen Grund wichtig: Der letzte Satz bleibt. Erinnern Sie sich an die erste Szene eines Kinofilms oder eher an die letzte? Auch bei einer Rede ist der letzte Satz oft der wichtigste. Darum ist es entscheidend, wie Sie Ihre Botschaft beenden. Sicher können Sie am Ende auch den Gedanken vom Anfang noch einmal aufnehmen und »den Bogen schließen« – Geisteswissenschaftler finden das ganz töfte. Ich finde es oft bemüht.

Die Frage auch am Ende ist einzig: Was ist der Punkt? Was soll der Empfänger jetzt tun? Bei einer Überzeugungsrede können Sie am Ende noch einmal die Bedeutung des Ganzen benennen und zeigen, was daraus folgt. Von einer klassischen Zusammenfassung aller Ihrer Punkte will ich Ihnen deutlich abraten – dafür ist im Businesskontext keine Zeit, und Ihre Zuhörer haben bereits verstanden, was Sie gesagt haben.

Wie ordnen Sie Ihre Inhalte?

Nachdem der Anfang und das Ende feststehen, ist es ein Leichtes, die Mitte zu füllen. Wenn Sie fünf Aspekte haben, sind zwei schon definiert, und wie die restlichen drei organisch aufeinander folgen, ergibt sich meistens von selbst. Oft gibt es mehrere Möglichkeiten, die alle in Ordnung sind. Beim Thema »Banküberfall« zum Beispiel Variante 1:

1. Zwei mit Pistolen bewaffnete Männer haben die Bank überfallen.
2. Die Täter haben 5000 Euro erbeutet.
3. Einige Kunden und Mitarbeiter stehen unter Schock, niemand ist verletzt.
4. Die Polizei kam zu spät.
5. Die Täter sind auf der Flucht – Fahndungsaufruf.

Oder Variante 2:

1. Zwei mit Pistolen bewaffnete Männer haben die Bank überfallen.
2. Einige Kunden und Mitarbeiter stehen unter Schock, niemand ist verletzt.
3. Die Täter haben 5000 Euro erbeutet.
4. Die Polizei kam zu spät.
5. Täter sind auf der Flucht – Fahndungsaufruf.

Beide Varianten sind handwerklich in Ordnung. Welche wir wählen, ist Geschmackssache. Es hängt von der Beute und der Verfassung der Betroffenen ab. Was wichtiger ist, kommt früher.

Natürlich: Berichten wir live, beispielsweise als Radiosender, und die Täter schießen sich soeben den Weg frei, dann kommt der Fluchtaspekt an erster Stelle. Wobei wir es dann aber nicht mehr mit dem Thema

»Banküberfall« zu tun haben, sondern mit dem Thema »Gefahr in der Innenstadt«. Wenn wir beim Thema bleiben, sind die Varianten 1 und 2 für einen Bericht in der Zeitung am Folgetag wunderbar.

Und sicherlich: Wenn die Täter sich in der Bank verschanzen und einen Fluchtwagen fordern, dann brauchen wir ebenfalls einen anderen Aufbau. Nur dann haben wir es eben auch nicht mehr mit einem Banküberfall zu tun, sondern mit einer Geiselnahme. Auch eine Boulevardzeitung würde hier deutlich mehr Platz zur Verfügung stellen als nur 45 Zeilen.

Was ich damit sagen will: In Seminaren höre ich immer wieder Einwände, die von anderen Prämissen ausgehen (»Aber wenn …«). Ich habe nichts gegen Einwände, wenn etwas nicht stimmt. Aber wenn wir bei einem Gedankenspiel eine Prämisse voraussetzen, dann geht es eben um diese Prämisse – und die heißt hier »Banküberfall«. Natürlich ändern sich Ergebnisse, wenn wir Prämissen ändern. Aber dann reden wir auch über etwas anderes. Es ist fast immer so im Leben, dass andere Voraussetzungen andere Folgen haben. Es widerlegt aber nicht, dass in einem bestimmten Text unter einer bestimmten Prämisse eine bestimmte Abfolge von Gedanken handwerklich richtig ist.

Sollten Sie also dazu neigen, durch Veränderungen im Setting handwerkliche Entscheidungen zu hinterfragen, sollten Sie sich möglicherweise noch einmal mit dem Thema »big picture« befassen. Worüber reden wir, und worüber reden wir nicht? Wenn jemand den Rahmen ändert, haben wir natürlich eine andere Situation.

Lassen Sie mich noch eine dritte Variante vorstellen:

1. Zwei mit Pistolen bewaffnete Männer haben die Bank überfallen.
2. Die Polizei kam zu spät.
3. Einige Kunden und Mitarbeiter stehen unter Schock, niemand ist verletzt.
4. Die Täter haben 5000 Euro erbeutet.
5. Die Täter sind auf der Flucht – Fahndungsaufruf.

Variante 3 holpert in meinen Augen, weil wir erst wissen wollen, was direkt infolge des Banküberfalls geschehen ist. Dass die Polizei kommt, ist klar; dass sie zu spät kommt, ist erst dann relevant, wenn wir wissen, wie es den

Betroffenen geht. Hier haben wir es nicht mit einer Geschmacksfrage zu tun, sondern Variante 3 ist handwerklich falsch.

Die Reihenfolge ist linear

Wichtig ist also, eine Botschaft so aufzubauen, dass sie sich dem Empfänger sofort erschließt. Das Prinzip dabei ist schrittweise linear. Leser oder Hörer wollen Schritt für Schritt erfahren, worum es geht. Es ist nie sinnvoll oder handwerklich erforderlich, dass Punkt 3 vor Punkt 2 kommt. Sondern es geht strikt darum, Botschaften so aufzubauen, wie ein Leser oder Hörer sie »rezipiert« – so nennen Medienwissenschaftler das Aufnehmen von Inhalten (Hörer und Leser nennen sie »Rezipienten«).

Wenn ich mit Kunden an Texten arbeite, lese ich Texte natürlich von Anfang an, das heißt, ich vollziehe die Perspektive des Lesers nach. Ich weiß auch, dass manche Leute Texte scannen oder querlesen und sie so auch erfassen. Aber in der Regel lesen Menschen Texte linear. Und sie hören sie auch linear, also erst Punkt 1, dann Punkt 2, dann Punkt 3. Wenn ich im dritten Absatz über etwas stolpere, was ich nicht auf Anhieb verstehe, höre ich vom Kunden oft: »Warten Sie ab, das kommt gleich.« Ich will aber nicht abwarten. Ich weiß natürlich auch, dass sich dieser Gedanke bald erschließen wird. Und vielleicht weiß ich sogar, wie er sich erschließt, weil meine Mutmaßung in diesem Punkt zutrifft. Aber das ist völlig egal! Damit ein Text konsistent und plausibel ist, müssen sich Gedanken sofort erschließen, sodass man ohne Fragen im Kopf weiterliest oder weiterhört.

Eine besondere Textgattung ist ja das Kochrezept. Kochrezepte sind mustergültig strukturierte Ratgebertexte. Ratgeber zeigen, wie etwas geht. Ratgeber gibt es zum Beispiel als Buchgenre (momentan lesen Sie einen Ratgeber), im klassischen Journalismus (Tipps zu Autos, zu Tieren, zur Gesundheit, zu Haus und Garten und zu vielem mehr) und natürlich im Onlinemarketing (Tipps zur Suchmaschinenoptimierung, zu Youtube-Videos, zum Podcasten, zur Selbstvermarktung und so weiter).

Das Kochrezept ist für das Genre »Ratgeber« im Grunde die Blaupause: Das Foto zeigt das Ergebnis. Dann kommt eine Einkaufsliste und danach Schritt für Schritt der Prozess. Dass die Reihenfolge bei einem Kochrezept stimmt, ist elementar, und das versteht auch jeder sofort: Wenn der Teig geht, können Sie in der Zwischenzeit den Belag vorbereiten. Es wäre Unsinn, den Belag vorzubereiten und anschließend den Teig zu kneten. Und es ist natürlich Quatsch, die Zwiebeln zuerst zu schneiden und dann zu schälen. Das klingt selbstverständlich, und trotzdem steht in vielen Rezepten: »Die Zwiebeln schälen und schneiden.« Und eben nicht umgekehrt.

Bei Texten gibt es also durchaus handwerklich gebotene Abfolgen von Gedanken. Bei Ratgebertexten mag sich das am deutlichsten zeigen, aber es gilt auch für Sachbücher, politische Reden, E-Mails an die Kollegen, Berichte an ein Ministerium und natürlich auch für fiktionale Formate. Wenn die Handlung bei einem »Tatort« am Sonntagabend nicht richtig aufgebaut ist, funktioniert die gesamte Spannungsentwicklung nicht. Sicher lassen sich manche Szenen tauschen, was dann Geschmackssache ist, aber die Grundstruktur kann handwerklich richtig oder falsch sein.

Für Ihre Arbeit mit Inhalten ist es übrigens auch wichtig, das Handwerk vom Geschmack zu trennen. Was handwerklich geboten ist, hängt von Ihrer Zielgruppe und dem erwünschten Ergebnis Ihrer Botschaft ab. Es mag da mehrere Möglichkeiten geben, doch am Ende sollten Sie sich auf eine dieser Möglichkeiten einigen. Ob Sie beim Thema »Banküberfall« die Beute vor den Betroffenen bringen oder andersherum, ist eine Geschmacksfrage, sofern keiner der beiden Aspekte besonders aufsehenerregend ist. Beide Abfolgen sind möglich. Also entscheiden Sie sich einfach für eine Version! In vielen Fällen ist es reine Zeitverschwendung, sich über Geschmacksfragen zu streiten. Leser und Hörer vermissen die verworfene Version am Ende ohnehin nicht.

Lassen Sie Texte im Skizzenstadium freigeben

Bevor wir zu dem angekündigten Pharma-Beispiel kommen, noch ein Tipp zum Thema Textaufbau: Sofern Sie Ihre Texte freigeben lassen müssen, lassen Sie sie im Skizzenstadium freigeben und nicht als vollständigen Text. Vielleicht widerstrebt es Ihnen, Ihrem Chef eine Skizze hinzulegen, weil Sie keine halben Sachen mögen. Aber glauben Sie mir: Eine Abfolge von Stichworten erfasst Ihr Chef schneller, und ihm wird dabei auch sofort klar, worum es geht. Diskutieren Sie mit ihm die Argumentation und finalisieren Sie eine Reihenfolge. Dann erst schreiben Sie.

So vorzugehen, hat einige Vorteile:

- Sie besprechen zuerst die Grobstruktur. Damit sind die Aussagen und Ihre Argumentation am besten diskutiert. Sie verlieren dabei nicht den Blick fürs große Ganze, indem Sie über Details debattieren oder über Kommafehler.
- Sie sparen Unmengen Zeit, weil Sie den Text nur einmal schreiben und nicht mehrmals.
- Es schleichen sich keine Fehler ein, indem Sie später Absätze umheben.

Ist Ihr Text fertig, legen Sie ihn Ihrem Chef natürlich noch einmal vor. Ab jetzt aber sollten Sie nicht mehr über die Grobstruktur diskutieren, sondern nur noch über die Formulierungen innerhalb Ihrer einzelnen Absätze. Ich weiß: Natürlich kommt es vor allem bei komplexeren Themen immer wieder mal vor, dass man doch noch mal etwas umstellt – aber schauen Sie halt, dass das die Ausnahme bleibt.

Wenn Sie den ausformulierten Text vorlegen, liest Ihr Chef etwas, was er zuvor in exakt der Reihenfolge freigegeben hat. Daher müsste es jetzt nur noch Änderungen in der Feinstruktur geben. Wenn Sie so arbeiten, setzen Sie das erwähnte Prinzip »Vom Großen ins Kleine« am besten um.

Eine Bitte an die Chefs

Sie lassen sich hin und wieder Texte von Mitarbeitern zur Freigabe vorlegen? Dann akzeptieren Sie im ersten Schritt reine Gedankenabfolgen – also Stichwörter. Die Stichwörter bezeichnen, worum es in welchem Absatz gehen wird. Im zweiten Schritt erst formulieren Ihre Mitarbeiter die Absätze aus. Damit wird Ihr Unternehmen Zeit und Geld sparen: Sie befassen sich nur zwei Mal kurz mit dem Thema und haben keine doppelte Arbeit.

Wir haben definiert, was dazugehört und was nicht dazugehört. Sie wissen, wie Sie Ihre Botschaft beginnen und wie sie endet. Die Topics dazwischen haben Sie geordnet. Lassen Sie uns jetzt an dem Pharma-Beispiel sehen, wie unterschiedlich sich solche Abfolgen ausgestalten lassen.

»Alk-Ex«: Das gleiche Thema für verschiedene Zielgruppen

Stellen Sie sich ein Medikament vor, das den Alkoholgehalt im Körper innerhalb weniger Sekunden auf null senkt – »Alk-Ex«. Sie trinken also auf der »Wiesn« drei Maß, werfen eine Pille ein und fahren anschließend im Auto nüchtern nach Hause.

Der vorhergehende Absatz ist bereits eine Art Teaser. In zwei Sätzen bringt er einen Zusammenhang auf den Punkt. Das ist auch wichtig, damit Sie sofort wissen, worum es geht. Inhaltlich besteht der Absatz aus der Information über das Produkt, aus seiner Wirkung und einem Beispiel dafür.

Als nächstes stellen Sie sich bitte vor, Sie würden beim Hersteller von »Alk-Ex« arbeiten und müssten verschiedene Interessengruppen darüber informieren. Viele Settings sind denkbar. Nehmen wir vier:

- Sie halten einen Vortrag vor Apothekern und wollen sie dazu bringen, »Alk-Ex« bevorzugt zu verkaufen. Oder Sie schicken ihnen ein Mailing.

- Sie formulieren eine Pressemitteilung zu »Alk-Ex« für die Publikumspresse, also für reichweitenstarke Medien, die sich nicht an ein Fachpublikum richten.

- Sie formulieren eine Pressemitteilung für die Wirtschaftspresse.

- Sie formulieren eine Pressemitteilung für die medizinische und pharmazeutische Fachpresse.

Theoretisch könnten Sie jetzt für jeden der vier Texte einen Textaufbau nach dem »Banküberfall«-Prinzip machen. Dabei würden Sie jedes Mal neu überlegen, was rein muss und was nicht rein muss. Aus meiner Sicht ist das viel zu umständlich und zu langatmig.

Alternativ dazu können Sie das Thema generell skizzieren. Das heißt, Sie sammeln alles, was dazugehören könnte. Auch wenn Sie es später streichen – vielleicht streichen Sie ja bei der Zielgruppe »Apotheker« etwas, was Sie bei der Zielgruppe »Wirtschaftspresse« drinlassen. In jedem

Fall dürfte schon jetzt klar sein, dass sich die verschiedenen Zielgruppen für verschiedene Dinge interessieren.

Also – mein Vorschlag: Wir sammeln erst einmal alles, was uns zum Produkt »Alk-Ex« einfällt – zu seiner Wirkung, seiner Marktpositionierung und auch zur Bedeutung des Produktes fürs Unternehmen. Was also spielt alles eine Rolle? Die folgenden Punkte sind erst einmal nur eine Sammlung – noch ist alles ungeordnet:

- Das neue Produkt heißt »Alk-Ex«.

- »Alk-Ex« reduziert den Alkohol im Körper in Sekunden auf null.

- Das Unternehmen hat 100 Millionen Euro in die Forschung investiert. Zur Forschung gibt es einige fachliche Hintergrundinformationen.

- Das Unternehmen erwartet 300 Millionen Euro Jahresumsatz.

- Bei fünf Prozent der Nutzer tritt eine Nebenwirkung auf: Drei Tage lang wachsen jeweils um Mitternacht dicke schwarze Haare auf den Handrücken, die Fingernägel werden zu Krallen, die Eckzähne wachsen sich zu Hauern aus, sämtliche Muskeln schwellen an, die Augen verdrehen sich, und der Nutzer irrt eine Stunde lang durch die Nacht, wobei er wirr herumbrüllt und Angst vor Kreuzen und Knoblauch hat.

- Die Packungsgröße umfasst sechs Tabletten.

- Die Zielgruppe sind nicht einsame Trinker, sondern Gruppen – Junggesellenabschiede, Firmenfeiern, Familienfeiern.

- Die Packung kostet 60 Euro.

- Für die Apotheken stehen Flyer, Plakate und Aufsteller bereit. Sie können alles über einen Coupon bestellen.

- Die Apotheker kaufen die Packung für 40 Euro ein.

Lassen Sie es uns dabei erst einmal bewenden – wie erwähnt, können wir zu jedem Thema noch beliebig viele weitere Punkte sammeln. Diese zehn Punkte sind identisch mit den zehn Punkten, die wir beispielhaft im Seminar besprechen. Diese Punkte bilden sozusagen die Gesamtheit aller inhaltlichen Aspekte.

Nachdem wir die wesentlichen Fakten auf diese Weise gesammelt haben, geht es also wie beim »Banküberfall« um die Frage: Was gehört nicht dazu? Und hier wird es jetzt interessant: Es hängt von der Zielgruppe ab, welche Inhalte dazugehören und welche nicht.

Die Apotheker interessieren sich natürlich für ihre Marge, also für die Differenz zwischen Einkaufs- und Verkaufspreis. Eine Information wie den erwarteten Jahresumsatz können wir hier aber streichen, ebenso wie die Information über die Forschungsausgaben. Wir können die Apotheker darüber natürlich informieren, aber nötig ist es nicht.

Die Wirtschaftspresse dagegen sollte möglichst nichts von der Marge erfahren, die die Apotheker einstecken – dabei handelt es sich nun wirklich um eine interne Geschichte. Auch die Nebenwirkung ist für die Wirtschaftspresse möglicherweise nicht relevant, solange es keinen Skandal gibt, wohl aber für die Publikumspresse und für die Mediziner. Die Publikumspresse allerdings vermisst die Informationen zum Umsatz und zur Investition möglicherweise ebenso wenig wie die medizinische Fachpresse.

Die medizinische Fachpresse dürfte sich kaum für die Flyer und Aufsteller interessieren, die die Apotheker beim Hersteller ordern können. Für die Apotheker dagegen ist diese Information enorm wichtig.

Also legen wir jetzt fest, welche Informationen für welche Zielgruppe unabdingbar sind. Das sind die »Must-haves«, noch ungeordnet:

- Die Apotheker brauchen den Produktnamen, die Wirkung, die Nebenwirkung, die Packungsgröße, die Zielgruppe, den Verkaufspreis, die Informationen zur Verkaufsförderung und den Einkaufspreis.

- Die Publikumspresse braucht den Produktnamen, die Wirkung, die Nebenwirkung, die Packungsgröße und den Verkaufspreis. Interessanterweise fällt hier die Zielgruppe raus – denn die Information richtet sich hier ja bereits an die Zielgruppe.

- Die Wirtschaftspresse braucht den Produktnamen, die Wirkung, die Investition, die Umsatzprognose, die Packungsgröße, die Zielgruppe und den Verkaufspreis.

- Die medizinische und pharmazeutische Fachpresse braucht den Produktnamen, die Wirkung, die Nebenwirkung und Hintergrundinformationen zur Forschung sowie den Preis samt Packungsgröße.

Das sind die reinen »Must-haves«. Wie gesagt: Natürlich können Sie auch die Fachpresse mit betriebswirtschaftlichen Daten versorgen. Aber sie sind eben »Nice-to-haves«. Ein »Nice-to-have« vermisst niemand, wenn es keine Erwähnung findet, ein »Must-have« dagegen schon. Wie erwähnt: Taucht beim Thema »Banküberfall« die Beute nicht als Aspekt auf, fehlt etwas. Wobei in der Businesskommunikation dazukommt: Jede Zielgruppe hat andere naheliegende Fragen. Seien wir einfach flexibel: Wenn wir den Ärzten und Pharmazeuten schon Informationen zur Forschung geben, können wir auch die Investitionssumme nennen.

Bevor Sie sich also mit einer Botschaft an ein Publikum richten, überlegen Sie genau, welche Informationen für das jeweilige Publikum »Must-haves« sind und welche »Nice-to-haves« sind. Und erst wenn Sie diese Informationen zusammen haben, geht es ans Ordnen. Wie beim Banküberfall definieren Sie zuerst den ersten und dann den letzten Punkt:

- Die Apotheker wollen zuerst nicht die Zielgruppe oder die Nebenwirkung hören und auch nichts zur Verkaufsförderung. Das bringt nämlich nichts, solange der Rahmen nicht klar ist, das »big picture«. Also wollen die Apotheker erst die Wirkung hören oder das Delta aus Verkaufspreis und Einkaufspreis. Die Aufsteller und Flyer können der letzte Punkt sein, der zugleich einen Call-to-action bedeutet: »Füllen Sie jetzt den Coupon aus und geben Sie ihn ab – Sie erhalten schon nächste Woche eine Komplettausstattung für Ihre Apotheke.« Ob Sie hier mit dem Verdienst oder der Wirkung beginnen, ist eine Geschmacksentscheidung. Mit der Nebenwirkung einzusteigen, wäre jedenfalls handwerklich falsch. Ebenso ist die Nebenwirkung niemals der letzte Punkt, weil die Botschaft damit negativ enden würde.

- Die Publikumspresse braucht zuerst die Wirkung, weil das das Außergewöhnliche und Aufsehenerregende ist. Um auch hier nicht negativ zu enden, sollte auch hier die Nebenwirkung in der Mitte stehen. Denkbar als letzter Punkt sind die Packungsgröße und der Verkaufspreis (der aus Sicht der Öffentlichkeit natürlich nur »Preis« heißt).

- Für die Wirtschaftspresse ist sicher auch die Wirkung der entscheidende Punkt. Enden könnte der Text mit der Umsatzprognose.

- Für die medizinische und pharmazeutische Fachpresse steht auch die Wirkung im Vordergrund und sollte daher der erste Punkt sein. Enden könnten wir hier mit der Nebenwirkung, weil es eher um wissenschaftliche Hintergründe geht als ums Verkaufen. Aber es ist nicht nötig: Wir können immer noch mit Verkaufspreis und Packungsgröße enden.

Sobald Anfang und Ende definiert sind, füllen wir die Mitte. Meine Versionen würden zum Beispiel so aussehen:

- Bei den Apothekern starten wir mit dem Delta aus Verkaufspreis und Einkaufspreis: »Stellen Sie sich vor, Sie verdienen an einer Packung 20 Euro. Sie kaufen das Präparat für 40 Euro ein und verkaufen es für 60 Euro weiter.« Das macht es spannend – die Apotheker haben jetzt die für sie wichtigste Information und wollen wissen, mit welchem Präparat das möglich ist. Diese Frage beantworten wir jetzt mit der Wirkung und schieben den Produktnamen als Erläuterung nach – wobei es übrigens egal ist, ob der Begriff bereits irgendwo auftaucht, beispielsweise auf Aufstellern bei der Konferenz. Dann folgen Packungsgröße und Zielgruppe, dann die Nebenwirkung als vorletzter Punkt und die Verkaufsförderung als Abschluss.

- Unsere Pressemitteilung für die Publikumspresse beginnt mit der Wirkung und liefert auch sofort den Produktnamen nach. Jetzt folgen die Nebenwirkung und schließlich Verkaufspreis und Packungsgröße. Wir beenden den Text mit dem Hinweis, dass das Produkt ab sofort in jede Hand- und Jackentasche gehört.

- Auch bei der Wirtschaftspresse starten wir mit Wirkung und Produktname. Dann kommen die Zielgruppe und die Packungsgröße samt Verkaufspreis und schließlich Investition und die Umsatzprognose.

- Der medizinischen und pharmazeutischen Fachwelt präsentieren wir zuerst die außergewöhnliche Wirkung von »Alk-Ex«, dann Hintergründe zur Forschung und schließlich die Nebenwirkung. Beenden können wir den Text mit Verkaufspreis und Packungsgröße.

Vielleicht sind Sie bei einzelnen Dingen anderer Meinung – meinetwegen. Sicher können wir die Investition auch bei den Medizinern und Pharmazeuten als »Must-have« betrachten – ich habe mich jetzt jedenfalls dagegen entschieden. Das heißt aber nicht, dass Sie den Text nicht anders aufbauen dürfen. Wichtig ist einfach nur, dass er unbedingt plausibel ist.

Der Punkt ist: Sehen Sie, wie viele Möglichkeiten eines plausiblen Textaufbaus es gibt, auch innerhalb einer Zielgruppe? Bei den Apothekern können Sie die Marge auch an den Schluss setzen – wenn es Ihnen über den Text hinweg gelingt, die Spannung aufrechtzuerhalten. Wichtig ist bei jeder Zielgruppe eben, die Informationen in der Reihenfolge zu liefern, in der sie die jeweiligen Menschen als plausibel empfinden und aufnehmen. Und es gibt tatsächlich ein handwerkliches Richtig und Falsch: Wenn wir die »Alk-Ex«-Story mit der Packungsgröße beginnen, dann zur Investition und zur Nebenwirkung kommen, dann die Umsatzprognose nennen, den Einkaufspreis und schließlich den Namen des Produktes, die Verkaufsförderung, die Zielgruppe, die Wirkung und ganz am Ende den Verkaufspreis, dann wäre das einfach Unsinn.

Aus meiner Sicht wird am Beispiel »Alk-Ex« übrigens deutlich, dass es nicht nur ums Schriftliche geht. Es ist egal, ob Sie mit den Apothekern schriftlich oder mündlich kommunizieren – die denkbaren Abfolgen sind auf beiden Kanälen möglich. Sobald Sie eine plausible Reihenfolge haben, und zwar ganz gleich bei welchem Inhalt, können Sie daraus einen Text machen. Und dieser Text kann jede Gestalt haben. Nach diesem Prinzip lassen sich Drehbücher für Spielfilme schreiben, Bildschirmpräsentationen planen, Reden formulieren und Bücher verfassen.

Auch dieses Buch ist so entstanden – siehe bitte folgende Seite.

Wie dieses Buch entstanden ist: Fünf Tipps für Autoren

Dieses Buch zu schreiben und zu produzieren, hat weniger als sechs Wochen gedauert. Wie geht das? Hier sind meine Tipps:

- Bevor ich angefangen habe zu schreiben, habe ich das Inhaltsverzeichnis finalisiert. Beim Schreiben habe ich fast nichts mehr daran geändert. Ich wusste also von Anfang an, welche Argumente, Beispiele und Geschichten wo stehen. Folglich musste ich später nichts umbauen, sondern konnte am Stück durchschreiben. Das Einzige, was noch zu ändern war, waren die Seitenzahlen im Inhaltsverzeichnis. Aber das war marginal, weil die Länge der Kapitel ungefähr feststand.

- Ein technisches Geheimnis ist mein Word-Template, in das ich einfach reinschreibe. Papierformat, Ränder, Schriften, Schriftgrößen, Layout mit Einschüben sind definiert. Ich habe also direkt in die Datei hineingeschrieben, die später zum Druck-PDF wurde.

- Beim Schreiben war ich komplett offline. E-Mail aus, Facebook aus, Handy aus, das Büro vertröstet Festnetz-Anrufer. Die gesamte Energie und Aufmerksamkeit ging also nur in dieses Buch.

- Damit andere Projekte nicht leiden, war die Arbeit am Buch pro Tag begrenzt. Ideal ist es, die ersten vier Stunden des Tages zu nutzen, und zwar möglichst früh. Im besten Fall habe ich um 10 Uhr bereits zehn Seiten geschrieben; da kommen andere erst im Büro an. Gelingt das an jedem Tag, sind in 20 Tagen 200 Seiten fertig. Natürlich gelingt das nicht an jedem Tag, das muss es auch nicht, aber die Kontinuität an sich sollte gegeben sein. Die ist das Prinzip. Es ist auch in Ordnung, an einem Tag nur fünf Seiten zu schreiben. Wichtig ist, dass man es kontinuierlich macht – dann wird ein Buch unweigerlich fertig.

- Ich arbeite mit drei Bildschirmen – jeweils einem für die Übersicht, fürs Inhaltsverzeichnis und für die Textstelle, an der ich gerade schreibe.

Ihr Teaser

Ein »Teaser« ist so etwas wie ein Vorspann oder ein »Lead« – all das sind verschiedene Bezeichnungen für ungefähr die gleiche Sache. Im Journalismus gibt es im Grunde zwei Arten von Vorspännen:

- Ein Vorspann fasst entweder alles zusammen, oder
- ein Vorspann reißt das Thema an und wirft Fragen auf.

Im ersten Fall stellen sich keine Fragen, sondern der Leser oder Hörer ist nach der Lektüre des Vorspanns informiert. Im zweiten Fall wird es spannend. Und das ist dann im eigentlichen Sinne ein »Teaser«.

Nehmen wir jetzt mal den ersten Absatz auf Seite 61, der das Produkt »Alk-Ex« auf den Punkt bringt:

> *Stellen Sie sich ein Medikament vor, das den Alkoholgehalt im*
> *Körper innerhalb weniger Sekunden auf null senkt – »Alk-Ex«.*
> *Sie trinken also auf der »Wiesn« drei Maß, werfen eine Pille ein*
> *und fahren anschließend im Auto nüchtern nach Hause.*

Diese Zusammenfassung ist geeignet als »Elevator Pitch« – wenn Sie also Ihrem Chef im Aufzug begegnen und ihm rasch sagen, was es Neues gibt. In aller Kürze erfahren wir den Produktnamen und die Wirkung. Der Chef wird dann vielleicht noch fragen, ob's läuft, und Sie sagen: Es läuft.

Auf der anderen Seite ist diese Zusammenfassung auch als Teaser geeignet, also als Anreißer. Denn wir wollen nach diesem Teaser wissen: Wie geht das medizinisch? Ab wann ist das Produkt auf dem Markt? Wer ist die Zielgruppe? Wie viel wird das Präparat kosten? Und so weiter.

Einen Teaser zu verfassen, ist kein Hexenwerk. Wenn Sie Ihr Thema kennen, wird es Ihnen nicht schwerfallen, einen Teaser zu schreiben oder auch zu sprechen. Ein Teaser fasst die wesentlichen Punkte zusammen, und zwar die wesentlichen Punkte aus Zielgruppensicht. Treffen Sie im Aufzug einen Apotheker, der Sie vor Ihrem Vortrag fragt, worüber Sie gleich referieren, können Sie das Thema »Alk-Ex« auch mit der Bedeutung für den Apotheker anreißen:

Sie hören gleich von einem Präparat, mit dem Sie pro Packung 20 Euro verdienen. Und das Ding ist ein Renner, weil es einen Massenmarkt bedient. Sie können also, wenn Sie pro Tag 20 Packungen verkaufen, nur mit diesem Produkt 400 Euro pro Tag machen. Bei zwanzig Arbeitstagen im Monat ergeben sich daraus für Sie 8000 Euro zusätzlicher monatlicher Erlös.

Jetzt dürfte Ihr Gegenüber im Aufzug gespannt auf Ihren Vortrag sein. Warum? Weil wir ihm eine Karotte vor die Nase halten. Der Apotheker will jetzt wissen, mit welchem Mittel das geht und was er für seine 8000 Euro zusätzlichen Erlös im Monat tun muss. Die Antwort wird später lauten: Er soll Flyer bestellen und die Produktmerkmale pauken.

Vielleicht merken Sie übrigens, dass ich hier keine förmliche Sprache verwende. Warum ist das so? Es ist ganz einfach: Ich weiß exakt, was zu sagen ist. Ich kenne »Alk-Ex« und weiß genau, welche Bedeutung es für die Apotheker hat. Und nur

Tipp gegen Schreibhemmung

Wer weiß, was zu sagen ist, hat keine Schreibhemmung. Wenn Sie doch unter Schreibhemmung leiden, haben Sie Ihren Inhalt noch nicht klar genug geordnet. Also ordnen Sie Ihren Inhalt und geben Sie dann einfach wieder, worum es geht.

das schreibe ich auf. Genau zu wissen, was Sache ist, hilft schon mal sehr gut gegen den förmlichen Stil. Wer dagegen um Worte ringt, greift viel schneller zu Phrasen und verfällt in standardisierte Formulierungen. Beim Elevator Pitch entsteht dadurch dann der fatale Eindruck, wir hätten nichts zu sagen. Denn hätten wir etwas zu sagen, wozu dann die Floskeln?

Wir kommen später noch zur Sprache, zur Formulierung von Inhalten, aber schon jetzt lässt sich erkennen, dass sich umso weniger bürokratisches Kauderwelsch einschleicht, je klarer wir denken und je sicherer wir mit den exakten Inhalten unserer Botschaft sind. Es gibt beispielsweise keinen Grund, einen Passivsatz zu formulieren, wenn bei jedem Aspekt das handelnde Subjekt klar ist (Seite 85). Außerdem haben wir unseren Text ordentlich aufgebaut und verhaspeln uns daher nicht bei der Reihenfolge – es entstehen also keine Schachtelsätze (Seite 86).

Ihre Überschrift

Erinnern Sie sich an das Begriffspaar »Sache« und »Bedeutung«? Wir hatten gesagt, dass die Sache in aller Regel aus Fakten besteht und die Bedeutung aus einem völlig anderen Inhalt bestehen kann. Wenn die Sache eine Bohrmaschine ist, ist die Bedeutung ein Loch in der Wand.

Die Sache von der Bedeutung zu abstrahieren, ist eine Fähigkeit, die vor allem divergente Denker beherrschen. Es geht um den Perspektivenwechsel und darum, nicht *unsere* Botschaft zu formulieren, sondern die Botschaft *aus Empfängersicht*. Die Sache »Das Auto ist kaputt« kann zum Beispiel die Bedeutung haben: »Wir können nicht zur Oma fahren.«

Wenn Sie eine Überschrift formulieren und sich dabei ans journalistische Handwerk halten, sind Sache und Bedeutung klar zugeordnet. Stellen Sie sich eine Kombination aus Haupt- und Unterüberschrift vor, wie Sie es aus der Zeitung kennen. Oft sind da zwei Überschriften: eine große und darunter eine kleinere. Die große Überschrift heißt »Hauptüberschrift« oder »Hauptzeile«, die kleine Überschrift darunter ist die »Unterüberschrift« oder »Unterzeile«. In Österreich sprechen viele Medien von »Schlagzeile« und »Untertitel«, während eine Schlagzeile in Deutschland meistens den Aufmacher auf Seite eins meint und ein Untertitel eben den Untertitel in einem Film.

Das Prinzip ist jetzt: Die Hauptüberschrift transportiert die Bedeutung, und die Unterüberschrift transportiert die Sache. Den Blickfang bildet also die Bedeutung. »Wir sind Papst«, die bekannte Schlagzeile der »Bild« vom 20. April 2005, transportierte die Bedeutung der Papstwahl, zumindest aus Sicht der »Bild«-Redaktion. Die Sache stand klein dabei, als kleinere Überschrift: »Unser Joseph Ratzinger ist Benedikt XVI.«.

Eine Hauptüberschrift ist also auch gerne ein emotionaler Trigger, während die Unterüberschrift Fakten liefert. Daraus lässt sich ableiten: Eine Hauptüberschrift ist emotional, eine Unterüberschrift rational. Zumindest als Faustregel. Es gibt immer wieder Ausnahmen, sicher.

Eine der wichtigsten Ausnahmen sind suchmaschinenoptimierte Überschriften. Und daher ist es ein Unterschied, ob Sie für Menschen oder Maschinen schreiben. Sicher schreiben Sie am Ende für Menschen – das bringt aber nichts, wenn diese Menschen Ihren Text erst gar nicht finden.

Bei einer redaktionellen Überschriftenkombination steht beispielsweise ein Unternehmensname nicht unbedingt in der Hauptüberschrift, sondern in der Unterüberschrift. Stellt ein Unternehmen eine besonders leichte Legierung aus Stahl und Aluminium her, lautet eine treffende Hauptüberschrift nicht: »Max Mütze GmbH trägt mit neuer Legierung maßgeblich zur Verringerung des Kraftstoffverbrauchs im Luftverkehr bei« – obwohl viele Unternehmen so förmlich schreiben. Doch fachliche Details gehören nach redaktionellem Denken in die Unterüberschrift. Eine Hauptüberschrift könnte lauten: »Stahluminium« – wir legieren lexikalisch, was das Unternehmen vorher physikalisch legiert hat. Als Unterüberschrift könnten wir dann schreiben: »Neue Legierung spart Kerosin«.

Nun kann Google mit einem Begriff wie »Stahluminium« nichts anfangen – beziehungsweise es erkennt darin ein neues, bisher unbekanntes Wort. Vielleicht einen Fehler. Einen Gag erkennt Google nicht, jedenfalls nicht der Algorithmus von Google. Und von daher sind suchmaschinenoptimierte Texte leider immer auch ein wenig spaß- und ironiebefreit.

Google erwartet die wichtigsten Informationen in der Hauptüberschrift, technisch in der »H1«. In HTML, der grundlegenden Sprache des World Wide Web, gibt es mehrere Überschriftenebenen – die hierarchisch höchste ist die »H1«, dann folgen die »H2« und die »H3« und so weiter. Wenn Sie ein Tool verwenden wie »Yoast SEO Premium« – ein Plug-in für Wordpress –, dann kennen Sie es sicher, dass »Yoast« immer wieder meckert, dass Sie Ihre Keywords nicht in der »H1« untergebracht haben. Und das macht es dann eben schwer, für Menschen zu schreiben.

Man könnte jetzt kulturpessimistisch darüber jammern, dass Google-Entwickler kein Sprachgefühl und wenig Ahnung von Journalismus haben, aber das dürfte vermutlich gar nicht einmal stimmen. Das Problem geht wohl auf die Anfangszeiten von HTML zurück – und das gibt es seit 1992. Die Suchmaschine Google ist seit 1997 online. Die Überlegung ist: Eine Maschine soll die Kernbotschaft sofort finden. Und das tut sie am besten in der obersten Überschriftenebene. Etwas zu finden, läuft dabei nicht über Wortspiele und Gags, sondern über die einfachsten Formulierungen. Stellen Sie sich vor, Sie suchen in Gifhorn einen Schlüsseldienst. Welche Keywords zählen hier? Genau: »Gifhorn Schlüsseldienst«. Und nicht: »Ich habe meinen Schlüssel bei meiner Tante in Ulm vergessen.«

Möglichkeiten, Überschriften zu formulieren, gibt es jedenfalls unfassbar viele. Oft sind auch Hauptüberschriften sachlich. Es ist auch nicht nötig, bei jedem Thema eine Knaller-Überschrift zu finden. Eine gute Überschrift fasst zusammen, worum es geht – ob auf der Sachebene oder auch auf der Bedeutungsebene. Und sollen Überschriften auch für Suchmaschinen klug formuliert sein, gibt es eben leider auch mal Kompromisse.

Gehen wir unsere Themen einmal durch und schauen nach möglichen Überschriften. Der Banküberfall ist am einfachsten: Wir nehmen einen interessanten Randaspekt für die Hauptüberschrift und die simple Sache für die Unterüberschrift. Zum Beispiel:

5000 Euro Beute
Zwei maskierte Männer überfallen Cashbank in Steglitz

Nun sucht bei Google niemand nach »5000 Euro Beute«, sondern die Leute suchen nach einem »Banküberfall«. Also brauchen wir für unsere suchmaschinenoptimierte Version das Keyword »Banküberfall« in der Hauptüberschrift:

Banküberfall in Steglitz
Zwei maskierte Männer erbeuten 5000 Euro

Unser Brückenbeispiel könnte so in der Zeitung stehen:

Warten auf die Behelfsbrücke
Die Baustelle an der L1234 dauert mindestens noch ein Jahr

Für Google gehören die Begriffe »Baustelle« und »L1234« in die »H1«:

L1234: Noch ein Jahr Baustelle
Behelfsbrücke möglich, aber bisher nicht beschlossen

Bei »Alk-Ex« wird es jetzt spannend, weil wir es da nicht mehr mit einem nachrichtlichen Thema zu tun haben, sondern mit Marketing. Eine typische Überschrift in der Zeitung könnte so aussehen:

Auto fahren nach drei Maß Bier

»Alk-Ex« neutralisiert Alkohol im Körper in Sekunden

Eine solche journalistische Überschriftenkombination hält sich wie gesagt an das Prinzip, in der Hauptüberschrift irgendeine Form von Bedeutung zu formulieren und in der Unterüberschrift die Sache. Journalistisch gesehen gibt es zahllose Möglichkeiten, irgendwelche Bedeutungen zu finden, darum macht der Job in einer Zeitungsredaktion ja auch so viel Spaß.

Etwas völlig anderes ist es, wenn wir für »Alk-Ex« eine suchmaschinenoptimierte Überschrift finden wollen. Im Internet triggert eine Überschrift wie »Auto fahren nach drei Maß Bier« höchstens diejenigen, die die Internetseite mit dem jeweiligen Text schon vor sich haben. Aber die Wörterkombination »Auto fahren nach drei Maß Bier« dürfte kaum das sein, was die potenzielle Zielgruppe bei Google eingibt. Der Begriff »Alkohol« ist hier zentral, also ist er ein Kandidat für die »H1«. Die Wörter »abbauen« oder »reduzieren« liegen nahe. Soll jemand volltrunken plötzlich Auto fahren, dann lautet sein Hauptbedürfnis möglicherweise: »Alkohol schneller abbauen« oder »sofort nüchtern werden«.

Aus all diesen Überlegungen ergibt sich die Strategie zur Suchmaschinenoptimierung (»search engine optimization«, kurz »SEO«). Alle Keywords, die Menschen auf der Suche nach einer Lösung aller Wahrscheinlichkeit nach eingeben dürften, gehören in den Text, und zwar verteilt über Unterüberschriften wie »H2«, die sich durch den Text ziehen, zudem natürlich in den Fließtext selbst – und die beste Wortkombination ist für die »H1« gedacht. Entscheidend ist dann aber auch hier, dass ein bislang unbekannter Produktname aus Nutzersicht gar nicht in der »H1« stehen müsste, weil niemand einen Suchbegriff eintippt, den er nicht kennt. Zugleich sollte der Begriff in der »H1« schon vorkommen: So erkennt Google bald, dass es sich hier um eine Innovation handelt. Und die suchen die

Leute möglicherweise tatsächlich irgendwann, indem sie den Produktnamen bei Google eingeben.

Eine Möglichkeit einer googleorientierten Überschriftenkombination könnte folgende sein:

In Sekunden Alkohol abbauen

»Alk-Ex« lässt den Körper sofort nüchtern werden

Hier sind die Schlüsselbegriffe »Körper sofort nüchtern«, »sofort nüchtern werden« und »nüchtern werden« in der »h2« mit Absicht exakt so formuliert, wie Menschen danach suchen könnten. Ich formuliere nicht: »›Alk-Ex‹ bewirkt sofortige Ausnüchterung« oder sonst etwas Förmliches, Intellektuelles oder Technokratisches, sondern ich schreibe so simpel, wie die Leute denken. Meinetwegen können Sie die Zeile auch als »H1« nehmen – ich habe für dieses Beispiel keine SEO-Untersuchung gemacht. Eine förmliche Sprache jedenfalls eignet sich nicht, weil niemand in einer förmlichen Sprache Suchbegriffe bei Google formuliert.

Oder Sie setzen die Fragen in die »H1«, die die Leute sich stellen:

Wie werde ich sofort nüchtern?

»Alk-Ex« neutralisiert Alkohol im Körper in Sekunden

Diese Form der Überschrift eignet sich vor allem für Erklärvideos im Netz. Die Kunst dabei ist, exakt die Frage der Zielgruppe zu finden und sie möglichst eins zu eins in der »H1« zu formulieren: »Wie geht private Altersvorsorge?« oder »Welche guten Oldtimer-Versicherungen gibt es?«

Ich will das Thema hier auch gar nicht so sehr vertiefen – es gibt gute SEO-Experten, die Ihnen helfen, Ihre SEO-Strategie auf die Beine zu stellen. Die besten dürften bei Google auf der ersten Ergebnisseite stehen, wenn Sie »Experte für Suchmaschinenoptimierung« oder »SEO-Experte« eingeben. Solange nicht »Anzeige« dabeisteht, dürften diese Leute ihr Handwerk durchaus verstehen, sonst wären sie nicht so weit oben.

An dieser Stelle ist mir nur wichtig, dass uns die Kommunikation mit Computern dazu zwingt, weniger förmlich zu denken. Das ist genau das, worum es in diesem Buch geht: Kommunizieren Unternehmen förmlich, verpassen sie ihre Kunden. Wenn Sie jetzt überlegen, welche Fragen Ihre potenziellen Kunden stellen, werden Sie sich niemals mehr förmlich ausdrücken, sondern normal sprechen. Das gilt selbst dann, wenn Ihre Kunden Unternehmen sind – denn am Ende sind es Menschen, die bei Google und Youtube Fragen eintippen.

> **_Doppelungen sind verboten_**
> **Kombinieren Sie eine Haupt- und eine Unterüberschrift, sind alle Doppelungen verboten. Ein Wort, das in der Hauptüberschrift auftaucht, ist für die Unterüberschrift »verbrannt« und umgekehrt. Das gilt auch für Synonyme: Steht in der Hauptüberschrift »Fleischer« oder »fast«, sind »Schlachter« und »beinahe« für die Unterüberschrift »verbrannt«.**

Überschriften in Newsletter und E-Mail

Beim Thema Überschriften haben Newsletter und E-Mails natürlich eine Sonderfunktion: Wir haben nur die Betreffzeile und nicht Haupt- und Unterüberschrift. Ein Newsletter ist eben erst einmal eine E-Mail.

Mein Tipp an dieser Stelle: Versuchen Sie nicht krampfig, eine Kombination von Sache und Bedeutung herzustellen. Es mag zwar gehen, indem Sie die Headline vor einen Doppelpunkt setzen und nach dem Doppelpunkt die Sache bringen wie in diesem Beispiel:

Betr.: Neues Ausflugsziel: Wichtige Infos zum Betriebsausflug

Aber lassen Sie es nicht in übermäßige Arbeit ausarten. Bewährt haben sich bei Newslettern Nutzenversprechen. In E-Mails ist ein Appell gut, wenn der Empfänger etwas tun soll. Wenn wir jemanden über etwas informieren, gehört je nach Inhalt die Sache oder auch die Bedeutung in die Betreffzeile.

Fünf Regeln für 80 Prozent gute Sprache

Wenn Sie den Gedanken dieses Buches bis hierher gefolgt sind, ist Ihnen möglicherweise etwas aufgefallen: Wir sind zwar bereits auf Seite 76 angelangt, aber wir haben bis auf den Teaser noch gar nicht viel Text formuliert. Bisher haben wir nur Gedanken geordnet und uns überlegt, in welcher Reihenfolge was zu sagen ist.

Den Weg über die Unternehmenswerte, die Stellenanzeigen und die Struktur von Botschaften halte ich dabei für wichtig: Wozu sollte jemand, der diese Zusammenhänge verstanden hat, jetzt noch von der »Durchführung der Feierlichkeiten« sprechen statt vom »Feiern«? Es würde unfreiwillig komisch wirken, mit einiger Wahrscheinlichkeit den Unternehmenswerten widersprechen – und es wäre außerdem unnötig. Sobald wir einen Begriff für etwas haben, der exakt bezeichnet, was wir meinen (»Feiern«), können wir diesen einfachen Begriff doch verwenden! Warum auch nicht?

Nicht mehr zu sagen als nötig, bedeutet übrigens nicht, dass wir in einen Staccatostil verfallen und völlig abgehackt sprechen oder schreiben. Das sehen Sie vermutlich an den Texten hier in diesem Buch. Ich arbeite mit einer relativ reduzierten Sprache, und kaum ein Wort ist überflüssig. Trotzdem ist die Sprache lebendig und wirkt nicht schroff. Es ist wie erwähnt ein Irrtum, dass klare Sprache automatisch unhöflich wäre. Eine klare und reduzierte Sprache bedeutet auch nicht automatisch einen Kasernenhofton, sondern kann durchaus freundlich sein.

Richtig ist natürlich, dass bestimmte Wendungen die Sprache angenehmer machen: Es ist ein Unterschied, ob wir das Wort »bitte« verwenden oder nicht. Sicher wird ein Text unfreundlicher, wenn wir das Wort »bitte« streichen. Auch dass uns etwas »leid tut«, ist eine andere Aussage als dass uns etwas »sehr leid tut«. Wenn wir das Wort »sehr« streichen, bekommt der Satz eine andere Emotionalität. Die Emotionalität ist aber Teil unserer Botschaft, und insofern wäre es kein sprachlicher Eingriff in den Satz, sondern ein inhaltlicher Eingriff. Wir würden nach der Bearbeitung etwas anderes sagen als vorher – und das sollte nicht passieren.

»Klartext« heißt also nicht, dass wir vom Leder ziehen. »Klartext« bedeutet, dass wir klar sagen, was wir sagen wollen. Mein Anspruch im Seminar ist beispielsweise, die Texte der Teilnehmerinnen und Teilnehmer inhaltlich nicht zu verändern, sondern nur sprachlich. Die wichtigsten Kniffe dafür sind die fünf, die ich Ihnen in diesem Kapitel gleich zeigen werde.

Warum fünf Regeln für 80 Prozent gute Sprache? Wir können über viele Sprachregeln sprechen – in meinem Buch »Komm zum Punkt!« sind es zwölf. Die Praxis zeigt aber, dass schon mit fünf Regeln der allergrößte Teil Ihrer Sprache menschlich wird. Ich halte es hier mit dem »Pareto-Prinzip«, das auf den Ökonomen Vilfredo Pareto (1848–1923) zurückgehen soll. Demnach brauchen wir für 80 Prozent Erfolg nur 20 Prozent Aufwand. Um die restlichen 20 Prozent zu erreichen, brauchen wir 80 Prozent Aufwand. Ganz so schlimm ist es bei den Sprachregeln zwar nicht – aber ich will die Regeln schon ein wenig priorisieren. Die ersten fünf Kriterien, um die es in diesem Kapitel geht, entscheiden am stärksten darüber, wie menschlich Ihre Unternehmenssprache ist.

Bevor wir ins Detail gehen, will ich Ihnen zwei Texte zeigen und Sie fragen, welcher von beiden besser ist. Das ist der erste Text (432 Zeichen):

Unser aus mehr als zwanzig renommierten Wissenschaftlern bestehendes internationales Forschungsteam hat mit dem neuen Präparat »Alk-Ex« einen innovativen Meilenstein geschaffen, bei dem erstmals in der Menschheitsgeschichte eine Möglichkeit gefunden wurde, den Alkohol im menschlichen Körper innerhalb weniger Sekunden zu neutralisieren, wodurch auch schwer alkoholisierte Personen innerhalb kürzester Zeit sogar Auto fahren können.

Und das ist der zweite Text (267 Zeichen):

Unsere Wissenschaftler haben »Alk-Ex« entwickelt. Das Präparat neutralisiert in Sekunden Alkohol im Körper. Sogar schwer Betrunkene sind im nächsten Moment nüchtern und können Auto fahren. Unser Forschungsteam besteht aus mehr als zwanzig Fachleuten aus aller Welt.

Und? Welcher der beiden Texte ist besser? Der erste Text besteht aus einem einzigen Satz, der zweite besteht aus vier Sätzen. Im ersten Text steht die Kernbotschaft in einem Nebensatz eines Nebensatzes, im zweiten Text steht sie in einem Hauptsatz. Der erste Text ist umständlich und langatmig, der zweite einfach und kurz.

Natürlich ist der zweite Text besser als der erste. Er ist im Klartext geschrieben – die Dinge sind auf den Punkt formuliert, ohne Drumherum. Ist der zweite Text jetzt so viel unhöflicher als der erste oder schroffer? Nein. Im Gegenteil: Der erste Text wirkt weniger menschlich, er wirkt sogar arrogant, weil er dem Leser mit seiner umständlichen Sprache (»Unser von einem aus mehr als zwanzig …«) absichtlich Fallen stellt und das Verständnis mutwillig erschwert.

Sagen Sie, was Sie meinen!
Überlegen Sie, was ankommen soll, und dann suchen Sie die passenden Wörter dafür. Nehmen Sie nicht irgendwelche Wörter, die nur in die Nähe treffen.

Der zweite Text eröffnet eine Klammer – um die Wissenschaftler geht es zwei Mal, und die beiden Sätze stehen nicht hintereinander. Das ist so auch völlig in Ordnung, weil wir zuerst die wichtigen Informationen transportieren und dann Hintergründe. Im zweiten Text finden sich außerdem kein einziger Nebensatz und kein einziges Passiv.

Sicher: Beide Texte sind korrekt, das heißt, in keinem der Texte finden sich Fehler. Das ist wichtig, weil viele Leute denken, ein Text sei gut, wenn er korrekt ist. Dem ist aber nicht so. Es gibt durchaus schlechte korrekte Texte – und natürlich auch gute falsche Texte – etwa das Wort »unplattbar« bei Fahrradreifen. Für mich orientiert sich die Beurteilung als Gut oder Schlecht an den Ansprüchen der Businesskommunikation, also am Alltag von Berufstätigen, die telefonieren und e-mailen. Gut ist in meinen Augen ein Text, der sich im Beruf ohne großes Gestolper verwenden lässt.

Die Frage, welcher Text *schöner* ist, ist allerdings sehr müßig. Denn auch schlechte Texte kann man schön finden. Vielleicht mögen Sie den episch breiten Stil ja. Sicher, man kann auch den Stil eines Thomas Mann (1875–1955) schön finden. In der Schule galt Thomas Mann als Nonplusultra, als ganz wichtiger deutscher Autor. Ich selbst finde Thomas Manns

Stil fürchterlich, aber das ist ja nur eine Meinung. Was soll beispielsweise diese Sprache aus dem »Zauberberg«? Ich zitiere: »Die Hände in den Seitentaschen seiner Jacke, die braunbeschuhten Füße von sich gestreckt, hielt er die lange, mattgraue Zigarre, die sich noch im ersten Stadium der Konsumtion befand, das heißt: von deren stumpfer Spitze er die Asche noch nicht abgestreift hatte, in der Mitte der Lippen, so daß sie etwas abwärts hing, und genoß nach der starken Mahlzeit ihr Aroma, dessen er nun völlig wieder habhaft geworden war.«

»Seitentaschen seiner Jacke«? In welchen Jackentaschen sonst kann jemand seine Hände haben? »Braunbeschuht«? »Konsumtion«? »Völlig wieder habhaft«? Was für ein aufgeblasenes Zeug, und das alles in einem Satz zusammengestopft! Bei allem Respekt vor schrulligen Philologen, aber mit einer solchen Sprache kann man heute wohl niemandem mehr kommen, der durch Arbeit zur Wertschöpfung beiträgt und für unnötige Rätsel wenig Zeit hat. Ja, zwischen Weihnachten und dem 6. Januar lese ich auch manchmal etwas Fiktionales, und ich mag auch alte Bücher. Aber gute Storys brauchen keine exaltierten Worte. Habe ich den Eindruck, dem Autor gehen Wichtigtuerei und Selbstbeweihräucherung über den Inhalt, lege ich ein Buch auch schnell wieder weg.

Also: Sprache kann gut oder schlecht sein, richtig oder falsch. Es gibt vier Kombinationsmöglichkeiten. Danach ist Thomas Manns Schreibstil also – freundlich formuliert – nicht der beste. Ja, ich weiß, Thomas Mann hat 1929 den Nobelpreis für Literatur bekommen. Aber na und? Mir sagt das nur, wie verknotet viele Menschen damals gedacht haben müssen. Zudem haben die Maßstäbe zahlreicher Literaturpreise eher mit Gesinnung zu tun als mit Textqualität. Und Thomas Mann verstößt nun einmal gegen die einfache Regel: Wenn wir etwas zu sagen haben, sollten wir es einfach sagen – wer eine übertrieben komplizierte Sprache verwendet, steht zunächst einmal im Verdacht, keine Substanz zu liefern.

Wenn Sie sich jetzt vorstellen, in Thomas Manns braunbeschuhtem Zigarrentext oder auch in dem ersten Beispieltext über »Alk-Ex« seien Tippfehler, dann können Sie diese Fehler natürlich korrigieren. Es würde den Texten nicht helfen. Wie schon erwähnt, hat es keinen Sinn, schlechte Texte zu korrigieren – zuerst müssen Texte gut sein. Und gut sind Texte dann, wenn ihr Inhalt ohne Geschwurbel möglichst einfach formuliert ist.

Pardon, wenn Sie Thomas-Mann-Fan sind. Für mich sind seine Texte eine Qual. In manchen Internetforen treiben sich Leute herum, die sich genauso übertrieben kompliziert ausdrücken – und diese Kommentare lese ich einfach nicht. Wenn sich nach drei Zeilen mein Gehirn verknotet, steige ich aus und lese den nächsten Kommentar. Denken Sie, das ist schade, weil mir eine vielleicht interessante Meinung entgeht? Das sehe ich anders. Früher habe ich auch komplizierte Kommentare gelesen, aber mit der Zeit habe ich festgestellt: In den allermeisten Fällen ist nicht nur die Sprache krude, sondern auch die Gedanken sind es. In manchen Fällen mag es ungerecht sein, aber die Wahrscheinlichkeit ist bei wirren Texten eben sehr hoch, dass auch der Inhalt wirr ist. Und das wäge ich ab. Erfahrungsgemäß lohnt es sich nicht, zehn wirre Texte zu lesen in der Hoffnung, dass einer davon interessant sein könnte.

Das Gleiche gilt übrigens auch für Facebook-Posts oder andere Botschaften, die Unternehmen so publizieren. Ist ein Text nicht auf Anhieb plausibel oder lese ich unnötig komplizierte Strukturen, bin ich raus. Erhalte ich vom gleichen Absender immer wieder krude Nachrichten, setze ich ihn auf meine Schwarze Liste. Das mache ich nicht, weil ich böse bin, sondern um meine Zeit zu schonen. Es betrifft Facebook-Freunde, Youtube-Kanäle, Twitter-Bekanntschaften, Xing-Kontakte und viele Newsletter.

Kommen wir jetzt zu den fünf wichtigsten Kriterien für eine förmliche oder menschliche Sprache! Lassen Sie mich diese fünf Kriterien an einem Beispiel durchgehen. Schauen Sie sich bitte folgenden Satz an:

Der Verband beantragt einen Zuschuss.

Dieser Satz ist einfach und klar. Noch ist er nicht verhunzt. An diesem Satz können wir nichts kürzen, ohne den Sinn zu verändern – keine einzige Silbe. Der Satz steht quasi in der Mitte der Zielscheibe. Wenn Sie etwas klar formulieren, sodass es nicht weiter kürzbar ist, dann ist das ein Volltreffer. Es ist wie in der Mathematik: Die Gleichung »x=2« ist auf den Punkt gebracht und damit äußerst prägnant. Der Verband will Geld.

Von diesem Satz gehen wir aus. Wir werden diesen Satz jetzt in fünf Schritten immer komplizierter machen. Und jeder dieser Schritte bedeutet am Ende eine Sprachregel, die Sie anwenden können.

Keine sinnlosen Adjektive

Zuerst machen wir aus dem »Zuschuss« einen »finanziellen Zuschuss«. Das heißt, wir erweitern das Substantiv »Zuschuss« um ein Adjektiv. Adjektive sind Eigenschaftswörter. Adjektive ordnen Substantiven Eigenschaften zu. Ein »starker Kaffee« zum Beispiel präzisiert den Kaffee. Wenn wir das Adjektiv »starker« streichen, verlieren wir eine Information.

Ich will Sie nicht lange mit Deutschunterricht quälen, aber natürlich können auch Verben Eigenschaften haben. Wenn jemand »schnell fährt«, beschreibt das Wort »schnell« den Vorgang. In diesem Fall sprechen wir von einem Adverb. Plural: Adverbien.

Eigenschaftswörter können die Dinge nicht nur beschreiben, indem sie ihnen Eigenschaften zuordnen, sondern sie können die Dinge auch differenzieren. Der »starke« Kaffee beschreibt den Kaffee – und wenn es noch einen schwachen Kaffee gibt, dann differenziert das Adjektiv auch. Bei einer »roten Rose« beschreibt und differenziert das Adjektiv, weil es auch andersfarbige Rosen gibt. »Blüht« der Raps »gelb«, dann unterscheidet das Adverb nicht, weil Raps immer gelb blüht.

Eine andere Funktion haben Eigenschaftswörter nicht. Entweder sie beschreiben oder differenzieren oder beides – das war's. Danach können Sie jedes Adjektiv prüfen. Wie sieht es jetzt bei unserem Verband aus?

Der Verband beantragt einen finanziellen Zuschuss.

Bei der Ursprungsversion hatten wir schon festgehalten, dass sie in der Mitte der Zielscheibe steht und exakt bezeichnet, was geschieht. Ein Verband beantragt eben einen Zuschuss. Ist nun das Adjektiv »finanziell« beschreibend? Nein, weil die Eigenschaft eines Zuschusses ohnehin die ist, finanziell zu sein. Ist es differenzierend? Schwierig, denn selbst wenn es andere als finanzielle Zuschüsse gibt, haben wir den Hinweis aufs Finanzielle in der Ursprungsversion nicht vermisst. Es war klar: Es geht um Geld.

Das Adjektiv »finanziell« ist also weder beschreibend noch differenzierend – und damit ist es hinfällig. Wir brauchen es nicht. Wozu also sollten wir das Wort verwenden? Es hat keinen Sinn. Also ist die erste Regel, sinnlose Adjektive zu streichen, sobald wir sie als sinnlos enttarnt haben.

Lassen Sie uns, bevor wir zum nächsten Punkt kommen, noch ein anderes Beispiel anschauen. Wenn ich Ihnen sage, ich fahre heute Abend in meinem blauen Auto nach Hause, werden Sie vermutlich sofort annehmen, ich hätte mehr als nur ein Auto, und das zweite Auto sei nicht blau. Das tun Sie, weil wir Adjektive auf Anhieb als differenzierend betrachten. In dem Satz »Gib mir noch mal was von dem starken Kaffee« mag das Adjektiv beschreibend gemeint sein, aber es lässt sich auch differenzierend deuten. Die Frage ist dann: Welchen Kaffee gibt es denn noch? Einen schwachen?

Sie können also bei Adjektiven immer die Gegenprobe machen. Der »mit dem Kunden geschlossene Vertrag« ist der »Vertrag mit dem Kunden«, fertig. Ein nicht geschlossener Vertrag – Gegenprobe – ist kein Vertrag. Das Gleiche gilt für Adverbien: Wenn jemand »schnell rast«, ist das Adverb überflüssig, weil wir nicht langsam rasen können. Auch hier machen wir die Gegenprobe.

Die Gegenprobe bei Adjektiven

Machen Sie bei Adjektiven die Gegenprobe! Lesen Sie von einer »permanenten Dauerbelastung«, dann prüfen Sie, ob Dauerbelastungen nicht immer permanent sind. Falls doch, kann das Adjektiv weg.

Dann gibt es noch Adjektivmissbrauch. Viele Adjektive dienen als Krücken, obwohl es klare Substantive gibt. Beispielsweise beim »operativen Eingriff«, der tatsächlich eine »Operation« ist. Auch falsche Bezüge sind häufig: Wenn wir von einem »gesetzlichen Rentenempfänger« hören, ist der »Empfänger einer gesetzlichen Rente« gemeint und kein »gesetzlicher Rentner«, wie es der Ausdruck »gesetzlicher Rentenempfänger« sagt.

Zurück zum Zuschuss: Wenn ein Substantiv sagt, was es sagen soll, hat eine Erweiterung durch ein Adjektiv keinen Sinn. Es sorgt höchstens für eine Redundanz, also für etwas doppelt Gesagtes. In manchen Situationen können Redundanzen sinnvoll sein, damit das Publikum nichts verpasst. Meist aber lässt sich auch ohne Adjektive deutlich sagen, was zu sagen ist. Der Satz »Bitte schnallen Sie sich mit dem roten, neben Ihrem Sitz befindlichen Sicherheitsgurt an« wirft die Frage auf, ob es noch andersfarbige Gurte gibt. In einem einzelnen Satz wird das Adjektiv »rot« glasklar beschreibend und damit sinnvoll: »Bitte schnallen Sie sich an. Der Sicherheitsgurt ist rot und befindet sich direkt neben Ihrem Sitz.«

Keine überflüssigen Silben und Wörter

Der Verband beantragt also nicht einen »Zuschuss«, sondern einen »finanziellen Zuschuss«. Das war der erste Schritt, um aus dem einfachen Satz »Der Verband beantragt einen Zuschuss« ein bürokratisches Monster zu machen. Der Satz steht nicht mehr in der Zielscheibenmitte, sondern auf dem ersten Ring von innen. Fünf Ringe wollen wir schaffen. Also fügen wir zum Wort »Zuschuss« überflüssige Silben dazu:

Der Verband beantragt eine finanzielle Bezuschussung.

Das ist Schritt zwei auf dem Weg zu mehr Bürokratie. Die »finanzielle Bezuschussung« lässt sich zum »Zuschuss« kürzen, ohne dass auch nur die geringste Information verloren geht. Freundlicher als das einfache Wort »Zuschuss« ist die Formulierung »finanzielle Bezuschussung« auch nicht. Wir haben Ring Nummer zwei erreicht auf unserer Zielscheibe.

Überflüssige Vor- und Nachsilben machen Wörter kryptisch. Wie erwähnt, schlagen Fremdsprachler unter dem falschen Buchstaben nach. Unsere fünf Schritte führen nicht nur zur Bürokratie, sondern auch zu maximaler Unklarheit und minimaler Verständlichkeit.

Die Regel lautet: »Überflüssiges raus!« Kaufen Sie ein Haus »an«? Nein, Sie kaufen es. Denken Sie an einen »Operationsprozess«? Dann meinen Sie eine »Operation«, denn diese ist als solche bereits ein Prozess. Eine »Krebserkrankung« ist Krebs. Ein »Gefährdungspotenzial« ist erst ein »Gefahrenpotenzial«, weil eine Gefährdung eine Gefahr ist – und dann ist es ein Risiko, weil das Wort die Aspekte »Gefahr« und »Möglichkeit« definitionsgemäß bündelt. Sechs Buchstaben statt siebzehn! Wir haben das Wort »Gefahrenpotenzial« fast gedrittelt. Wenn wir »Risiko« meinen, sind elf Buchstaben Geschwätz. Heiße Luft.

Der Umkehrschluss zu diesem weiteren Schritt zum förmlichen Stil ist: Prüfen Sie jede Silbe! Stoßen Sie auf übermäßig lange Wörter, könnte es sein, dass Ballast dabei ist. »Anständigkeit«? Unsinn – es ist der »Anstand«. Arbeiten Sie im »Marketingbereich«? Naja, vermutlich arbeiten Sie im »Marketing«. Oder schicken Sie Ihre Kinder morgens in den »Schulbereich«? Nein, Sie schicken sie in die Schule.

Keine Substantive fürs Geschehen

Und es wird noch heftiger. Der dritte Schritt verändert jetzt die Verben. Verben beschreiben Dinge, die jemand tut oder die geschehen. Das Wort »beantragen« ist ein Verb. Ein offiziöses zwar, aber es ist eben sachlich und konkret. Aus diesem Verb machen wir jetzt ein Substantiv. Da so das Verb aus dem Satz verschwindet, fügen wir ein Verb ein, das sich auf das Substantiv bezieht:

Der Verband nimmt die Beantragung einer finanziellen Bezuschussung vor.

Das Verb »vornehmen« sagt alleine nichts – es braucht ein Bezugssubstantiv. Wir »nehmen eine Installation vor« (»wir installieren«). Vielleicht »führen« wir die Installation auch »durch«. Oder wir »nehmen« sogar »die Durchführung der Installation vor«. Merken Sie, wie irre es wird, wenn wir greifbare Tätigkeiten mit Substantiven erklären? Allmählich nähern wir uns dem förmlichen Stil, der die allermeisten Unternehmen befallen hat. Wir sind jetzt auf dem dritten Ring und damit schon sehr weit von der Mitte der Zielscheibe entfernt. Wir sagen inhaltlich zwar noch, dass der Verband einen Zuschuss beantragt, wir sagen es aber möglichst umständlich und verworren und mit vielen unnötigen Wörtern.

Wortarten falsch zu verwenden, ist typisch für bürokratische Sprache. Im Grunde ist es wie bei den Adjektiven: Ein »warnender Hinweis« wird zur »Warnung« – das Adjektiv ist schlicht falsch eingesetzt. Ebenso sind Substantive falsch verwendet, wenn sie Tätigkeiten oder ein Geschehen bezeichnen.

Der sogenannte Nominalstil – also ein Stil, der Verben immer wieder durch Substantive ersetzt – ist ein Hauptelement der förmlichen Sprache. Ich kenne keinen Bürokraten, der Tätigkeiten durchgehend mit Verben formuliert, wie es sein sollte. So gut wie in jedem Behördenbrief findet sich dieses Stilmerkmal, ebenso in so gut wie in jedem Brief einer Versicherung oder Bank. Die Zeiten, dass das beeindruckend gewirkt hat, dürften allerdings vorbei sein. Und ein Satz wie »Ich nehme die Anheiratung einer Frau vor« zeigt, wie unmenschlich förmliche Sprache am Ende wirkt.

Kein Passiv

Wir kommen zum vierten Ring der Zielscheibe, von innen aus betrachtet: zur Frage, ob ein Satz im Aktiv oder im Passiv formuliert ist.

Das Aktiv beschreibt die Perspektive desjenigen, der handelt. Das Passiv beschreibt die Perspektive desjenigen, mit dem etwas geschieht. Einfacher ist das Aktiv. »Thilo Baum trinkt Wasser« ist aktiv formuliert, simpel und klar. Ich bin hier das Subjekt, also der Akteur. Unnötig kompliziert wäre es, das Gleiche im Passiv zu sagen: »Das Wasser wird von Thilo Baum getrunken.« Damit würde das Wasser zum Subjekt des Satzes, obwohl es kein Akteur ist. Es ist ja eben passiv, das Wasser.

Komplizierter ist das Passiv, weil es uns zwingt, das Prädikat unseres Satzes in zwei Teile zu zerlegen: Statt »trinkt« heißt es »wird getrunken«. Diese beiden Teile können weit voneinander entfernt sein, wenn wir zum Beispiel »von Thilo Baum« einfügen. Zudem verschweigt das Passiv oft den Akteur. Wir können sagen: »Das Wasser wird getrunken«, und wir wissen nicht, wer das Wasser denn nun trinkt.

> ***»Wer tut was?«***
> **Wenn Sie einen Passivsatz auflösen wollen, fragen Sie sich: »Wer tut was?« So kommen Sie zum Akteur des Aktivsatzes. Den brauchen Sie, um den Aktivsatz zu bilden.**

Auch das Passiv ist ein Hauptelement der förmlichen Sprache. Hintergrund ist oft, dass es nicht um den Akteur geht – wenn wir beispielsweise sagen, dass etwas »beschlossen wird«. Beim Passiv stellt sich dabei immer die Frage: Wer tut was? Also: Wer beschließt? Die Antwort könnte sein: der Gemeinderat. Sobald wir also wissen, wer das handelnde Subjekt ist, sollten wir es auch benennen. Rein sprachlich wird die Sache viel leichter klar, als wenn der Akteur nicht auftaucht. Ein Satz wie »Der Gemeinderat erhöht die Grundsteuer« nennt Ross und Reiter. Ein Satz wie »Die Grundsteuer wurde erhöht« oder gar nominal »Die Erhöhung der Grundsteuer wurde beschlossen« macht den Zusammenhang viel schwerer erfassbar.

Schauen Sie also, dass Sie möglichst viele Passivsätze ins Aktiv umwandeln. Es wird nicht bei jedem Satz gehen, aber es geht erstaunlich oft.

Wandeln wir also unseren Verbandstext ins Passiv um:

Wir haben vier von fünf Schritten getan: Der »Zuschuss« ist eine »Bezuschussung« geworden, »finanziell« ist er auch noch, das Verb »beantragen« ist in einem Substantiv verschwunden, und alles steht im Passiv.

Keine Hauptaspekte im Nebensatz

Jetzt gehen wir Schritt fünf von fünf. Bisher haben wir einen Hauptsatz, in
dem die Sache mit dem Antrag steht, wenngleich der Hauptsatz dank der
bisherigen vier Schritte schon denkbar kompliziert ist. Wer es förmlich
liebt, ist jetzt schon sehr zufrieden – die Sprache ist störrisch und distanziert und schreckt sowohl Kunden als auch potenzielle Mitarbeiter ab.

Jetzt bilden wir einen neuen Hauptsatz, der völlig unnötig ist, und setzen das bisher Gesagte in einen Nebensatz dazu:

Kennen Sie solche Konstruktionen? Die Bedeutung erschließt sich erst am
Ende des Satzes: »die Beantragung einer finanziellen Bezuschussung ...« –
und jetzt? »... zurückgenommen wird«? Das ist das Problem beim Nebensatz: Das Prädikat kommt in aller Regel erst am Schluss. Doch um leichter
zu verstehen, braucht der Mensch das Prädikat möglichst früh, denn das
Prädikat ist ein Verb und beschreibt das, was geschieht. Also ist die Kombination aus Passiv und Nebensatz ein zuverlässiges Mittel, um Texte sehr
förmlich zu machen und das Verständnis massiv zu erschweren.

Besonders schwer verständlich wird ein Text, wenn Sie Nebensätze
von Nebensätzen bilden und das Ganze verschachteln – wie bei unserem
»Alk-Ex«-Beispiel mit 432 Zeichen auf Seite 77. Alles steht in einem Satz,
aber immer wieder unterbrechen Einschübe die Gedanken, was für Leser
und Hörer einen völlig unnötigen Hindernislauf bedeutet. Stellen Sie sich
vor, jemand reißt Sie die ganze Zeit immer wieder aus dem Verstehen
raus. Sie wollen jemandem ja folgen, aber er macht es Ihnen unnötig

schwer. Kurz bevor Sie einen Aspekt verstanden haben und Ihr Gehirn meldet: »Bitte weiter!«, fällt dem Sender ein Nebenaspekt ein, den er einfügt und durchformuliert. Es gibt keinen roten Faden, und Sie müssen am Ende alles mühsam zusammenpuzzeln. So etwas geschieht, wenn jemand seine Botschaft nicht strukturiert plant. Ist die Gliederung dagegen klar, folgt ein konsistenter Gedanke auf den anderen.

Bilden Sie also einen Satz mit dreißig Wörtern oder lieber drei Sätze mit zehn Wörtern? Wenn Sie dem Grundgedanken »Jeder Gedanke ein Satz« folgen, werden Sie lieber mehrere Sätze bilden. Dass in einem Satz mit dreißig Wörtern nur ein Gedanke steht, ist äußerst unwahrscheinlich. Vermutlich haben wir es eher mit einem Strukturproblem zu tun.

Mehr als drei Mal so viele Zeichen durch förmliche Sprache

Vergleichen wir jetzt mal unsere Ursprungsversion in Sachen Verband mit der fünften Stufe. Zählen wir Zeichen! Die Ursprungsversion lautete:

Der Verband beantragt einen Zuschuss.

Das sind 37 Zeichen. Nach fünf bürokratisierenden Eingriffen hieß es:

Es wird festgehalten, dass seitens des Verbandes die Beantragung einer finanziellen Bezuschussung vorgenommen wird.

Das sind 115 Zeichen. Wir sagen inhaltlich das Gleiche, aber in der maximal förmlichen Version brauchen wir mehr als drei Mal so viel Platz wie bei der einfachen Version. Sagen Sie mir noch einmal: Welchen Sinn sollte es haben, einen einfachen Zusammenhang so derart zu verkomplizieren? Wir können jeden Text aufblasen. Beim Zielscheibenmodell ist nach außen hin keine Grenze gesetzt. Wir können, was wir sagen wollen, theoretisch unendlich kompliziert sagen. Die Kunst aber ist, sich auf der Zielscheibe in die Mitte zu bewegen. An den Punkt, an dem wir nichts kürzen können, ohne den Inhalt zu verändern. Sprache immer komplizierter zu machen, ist leicht. Anspruchsvoll ist es, Sprache einfach zu machen. Und das ist nötig, wenn Ihr Unternehmen nicht weiter förmlich sein soll.

Fünf Regeln für die Perfektion Ihrer Sprache

Wenn Sie die fünf Regeln des vorigen Kapitels konsequent beachten, haben Sie die Sprache Ihres Unternehmens schon mal deutlich entbürokratisiert. Aus meiner Sicht erreichen Sie damit wie gesagt 80 Prozent des gewünschten Ergebnisses.

Was mich immer wieder fasziniert, ist: Wie einfach es im Grunde doch ist, Sprache menschlich zu machen! Es sind fünf Regeln! Der Rest ist im Grunde Feintuning. Nicht ganz unwichtig, sicher, aber eben nicht der große Brocken. Den großen Brocken haben Sie erledigt, wenn Sie die fünf Regeln des vorigen Kapitels in Ihrem Unternehmen durchsetzen.

Übrigens helfe ich Ihnen dabei gerne. Das Thema »Stylebook« hatte ich ja schon erwähnt (Seite 31ff.). Aber wie wäre es mal mit Schulungen für alle Kolleginnen und Kollegen, die schreiben? Oder wollen wir uns mal Ihre E-Mails anschauen, ob intern oder extern? Wie sieht es mit den Präsentationen aus, die Ihre Mitarbeiter in Meetings zeigen? Sind die Inhalte klar strukturiert? Kommen die einzelnen Botschaften in der richtigen Reihenfolge und auf Anhieb verständlich rüber? Was ich mache, ist nicht klassische Rhetorik – das heißt, es geht weniger um Körpersprache oder darum, wie Sie Ihre Hände halten. Sondern es geht darum, ob Ihre Gedanken sinnvoll geordnet sind und ob Sie sie klar vermitteln. Das trainieren wir. Wie gesagt: Ein Teaser und ein Elevator Pitch sind im Kern das Gleiche – nur dass das eine schriftlich ist und das andere mündlich.

Rhetorik oder Schreibschule?

Ein Klartexttraining mit Thilo Baum ist kein Rhetoriktraining und auch keine Schreibschule. Gedanken zu ordnen und zu formulieren, ist fürs Mündliche genauso wichtig wie fürs Schriftliche. Ob Sie einen Schachtelsatz sprechen oder schreiben, ist egal – wir sollten ihn in jedem Fall auflösen.

Konkrete Beispiele dafür, wie Sie in Ihrer Unternehmenssprache »Schluss mit förmlich« machen, finden Sie ab Seite 174. Ab Seite 189 geht es um einen Versicherungsbrief, der sich alleine durch sprachliche Arbeit von zwei Seiten auf eine kürzen lässt. Damit sparen Sie nicht nur Papier, sondern Ihr Unternehmen wirkt auf Ihre Kunden auch menschlicher. Weniger förmlich eben.

Vorher will ich Ihnen noch fünf weitere Tricks zeigen – das Feintuning. Es geht um positive Kommunikation, um Bandwurmsätze sowie um eine konkrete und auch zeitlose Sprache. Außerdem geht es um die Frage, ob wir schreiben sollen, wie wir sprechen.

Negatives auflösen

Immer mehr Unternehmen, mit denen ich zu tun habe, streben eine vollständig positive Sprache an. Sie wollen sämtliche negativen Zwischentöne und Assoziationen vermeiden. Das erschwert zwar manche Formulierungen und ist auch nicht in jedem Fall möglich. Aber es ist ein Ansatz, der sich mit Mitteln der Sprache unterstützen lässt.

Mehrere Ebenen spielen dabei eine Rolle:

- Rechnerisch heben sich doppelte Verneinungen zwar auf: »nicht unklar« ist »klar«. Emotional aber wirkt die doppelte Verneinung wie eine Verstärkung des Negativen und hinterlässt so einen negativen Beigeschmack. Daraus folgt: Wir sollten doppelte Verneinungen und doppelte Negativierungen ausfindig machen und auflösen.

- Doppelte und auch dreifache Verneinungen und Negativierungen aufzulösen, ist fürs menschliche Gehirn oft schwerer als gedacht. Was bedeutet es denn, wenn etwas »nicht unstrittig« ist? Etwas ist strittig. Um das auszurechnen, brauchen wir viel zu viel Zeit.

- Inhaltlich lassen sich viele negative Punkte umdeuten. Wollen Sie beispielsweise die negative Assoziation nicht wecken, die das Wort »strittig« erzeugt, sagen Sie: »Wir wollen uns einigen.« Zahlreiche negative Dinge lassen sich durch ihren positiven Gegensatz benennen. Entsprechend sind »Probleme« künftig »Aufgaben«. Durch diesen Trick wird Ihre Sprache lösungs- statt problemorientiert.

Schöne Beispiele für eine simple Verwandlung vom Negativen ins Positive begegnen mir immer wieder in Seminaren und bei Kundenprojekten:

- Wenn »ohne eine Kopie Ihres Personalausweises ein Vertrag nicht möglich« ist, dann »brauchen wir für den Vertrag eine Kopie Ihres Personalausweises«. Wir lösen die doppelte Negation aus »nicht« und »ohne« einfach auf.

- Wenn sich eine Zahlung »nicht umgehen« lässt, verrechnen wir auch hier die negativen Aspekte »nicht« und »umgehen« und sagen: »Bitte überweisen Sie den Betrag auf unser Konto.«

Berücksichtigen Sie diese Dinge, und Sie haben einen weiteren Schritt in die Richtung einer menschlichen statt förmlichen Sprache gemacht!

Bandwurmsätze kürzen

Ein ähnliches Thema wie die Nebensätze (Seite 86) sind Bandwurmsätze. Der Unterschied: Ein Bandwurmsatz ist nicht durch Kommas unterbrochen, die Nebensätze einleiten. Es mag mal ein Komma vorkommen, aber danach folgt kein weiteres Prädikat in einem Satz. Ein Bandwurmsatz ist eine ellenlange Abfolge von Gedanken in einem Hauptsatz, die besser in mehreren Hauptsätzen untergebracht wären. Beispiel:

> *An einem für den nahenden Herbst noch einigermaßen warmen Septembervormittag treffen sich bei der Altertümlichen Versicherung in Köln siebzehn Mitarbeiterinnen und Mitarbeiter verschiedener Abteilungen des 1903 gegründeten Unternehmens in einem im Erdgeschoss gelegenen und mit edlem Kastanienholz getäfelten Seminarraum mit Beamer, Flipchart und Metaplanwänden zu einem zweitägigen Seminar mit dem 1970 in Schwäbisch Hall geborenen und dort aufgewachsenen Journalisten und Kommunikationswissenschaftler Thilo Baum zum Thema Klartext in der schriftlichen und mündlichen Kommunikation.*

Wahnsinn, oder? In diesem Hauptsatz stecken viel zu viele Aspekte. Sicher ist das Beispiel übertrieben, das weiß ich auch – aber es zeigt eben deutlich, dass wir für mehrere Aspekte mehrere Sätze brauchen.

Ein konkretes Beispiel aus einem meiner Seminare fand sich in einer internen E-Mail, in der es um die Integrität eines Geschäftspartners geht:

Anhand der ständigen Vertröstungen und der Hinhaltetaktik seitens der Agentur Faul & Langsam wird die Unabdingbarkeit einer schriftlichen Fixierung der wesentlichen Eckpunkte des Vorhabens ab sofort deutlich.

208 Zeichen in einem Satz ohne Komma, jede Menge Substantive – das ist die Sprache, der ich in Unternehmen immer wieder begegne und die sehr förmlich wirkt, obwohl das Unternehmen sich selbst eher als cooles Unternehmen sehen will. Einen solchen Bandwurmsatz zerlegen wir erst einmal in seine einzelnen Informationen:

- Die Agentur Faul & Langsam vertröstet uns und hält uns hin.
- Wir sollten Vereinbarungen ab sofort fixieren.

Daraus machen wir dann einen einfachen Hauptsatz mit Nebensatz:

Weil uns die Agentur Faul & Langsam immer wieder hinhält, sollten wir Vereinbarungen fixieren.

Ergebnis: 94 Zeichen – wir haben den Bandwurmsatz mehr als halbiert. Leser und Hörer dieses Satzes erfassen jetzt sofort, was Sache ist. Die Anmutung bleibt: Der Vorwurf gegenüber der Agentur und der damit verbundene Ärger drang aus dem Originalsatz und kommt auch aus der gekürzten Fassung deutlich heraus. Die »Vertröstungen« haben wir gestrichen, weil sie Teil des Hinhaltens sind, und wenn wir Vereinbarungen bisher nicht fixiert haben und das jetzt tun, tun wir das natürlich »ab sofort«. Ab wann sonst? Entsprechend können wir das »ab sofort« streichen. Als Redundanz können Sie es gerne drinlassen, aber nötig ist es nicht.

Konkret statt abstrakt formulieren

Der nächste Tipp lautet: Formulieren Sie konkret statt abstrakt. Förmliche Sprache ist sehr abstrakt, weil ihre Verfechter das Abstrakte lieben. Wenn Sie das Modell der Zielscheibe nehmen, ist das Konkrete in der Mitte, und je weiter Sie nach außen kommen, desto abstrakter wird eine Aussage.

In der Unternehmenskommunikation scheitert das Verständnis oft an vagen Aussagen. Vieles ist nicht deutlich genug. Dahinter steckt die Sorge, »zu direkt« zu sein. Dabei ist das Direkte an sich nicht schlecht. Und in Zeiten, in denen Unternehmen und auch die Menschen darin nahbarer werden, wirken unnötige Abstraktionen oft deplatziert und skurril. Etwas abstrakt statt konkret zu formulieren, galt einmal als elegant, weil es angeblich gebildet wirkte.

Stellen Sie sich vor, Sie warten auf Material. Die Agentur Faul & Langsam hat Ihnen versprochen, eine Grafik zu liefern, eine Roadmap für Ihr Onlinemarketing und zwei Videos. Zugesagt war all das bis Sonntagabend. Sie kommen am Montag ins Büro und finden keine E-Mail von der Agentur. Kann ja mal vorkommen, denken Sie sich – mal abwarten. Doch auch um 10 Uhr haben Sie noch keine Meldung. Jetzt schreiben Sie selbst eine E-Mail an die Agentur oder rufen dort an. Was schreiben oder sagen Sie? Darauf kommt es jetzt an. Variante 1:

Es wäre toll, wenn ihr uns die Dateien bald schicken könntet.

Auf diese Bitte hin könnte es sein, dass gar nichts geschieht. Ja, es »wäre« toll. Konjunktiv. Also brennt offenbar nichts an. Der phlegmatische Prokrastinierer am anderen Ende wird sagen: »Ich kümmere mich.« Und Sie werden auch am Dienstagmorgen noch kein Material haben. Variante 2:

Ich war davon ausgegangen, dass ich heute früh die Dateien in meiner E-Mail habe.

Oh, jemand ist enttäuscht! Das tut uns aber leid. Das Gegenüber in der Agentur sagt jetzt vermutlich auch: »Tut mir leid, ich kümmere mich.« Und möglicherweise haben Sie auch in diesem Fall selbst am Dienstagmorgen noch keine Dateien im Postfach. Denn Sie wissen nicht, was in der Agentur los ist. Laufen da möglicherweise verschiedene Projekte parallel, und Sie sind nicht wichtig? Beherrscht vielleicht jemand einfach sein Handwerk nicht? Oder haben Sie es mit Leuten zu tun, die glauben, sie hätten alle Zeit der Welt, und dann verschnarchen sie ihre Aufgaben? Was sie wiederum nicht zugeben können? Sind vielleicht noch nicht alle Komponenten fertig? Ist vielleicht noch gar nichts fertig? Es kann alle möglichen Gründe haben, dass die Agentur nicht liefert.

Ich kenne einen Fall, da sollte ein Autor für ein Firmenjubiläum ein Buch zusammenstellen. Vorlauf ein Jahr. Der Autor war eine Empfehlung. Die Chefs lieferten Material ohne Ende: alte Fotos, umständlich digitalisiert und bearbeitet in druckfähiger Größe; Kontakte zu alten Partnern für Interviews samt Anregungen für die Interviews; die Historie des Unternehmens; Hinweise zum Corporate Design und so weiter. Allein das Briefing des Autors kostete die Firmenchefs unfassbar viel Zeit und Energie. Schon dafür gingen sehr viele E-Mails hin und her. Nachdem der Autor das Material hatte, gab er das Signal, er fange jetzt an.

Ein Vierteljahr später hakte einer der Chefs nach. Der Autor meldete, er sei dran. Läuft. Ein weiteres Vierteljahr später wollten die Chefs mal den Stand der Dinge sehen – es war ja noch Zeit. Eilig setzte sich der Autor hin, der bis dahin noch überhaupt keinen Finger krumm gemacht hatte, und schrieb ein Vorwort und einen Text über die Firmengeschichte, skribbelte ein Layout und passte die zwei Texte darin ein. Das schickte er rüber.

Die Chefs schauten sich das an und dachten: Weit ist er noch nicht. An dieser Stelle hätten sie für meine Begriffe bereits Alarm schlagen und den Autor abschießen müssen. Aber sie vertrauten ihm, zumal er ja sagte, er mache jetzt alles fertig. Außerdem war er eine Empfehlung.

Natürlich wissen Sie genau, was der Stand der Dinge ein weiteres Vierteljahr später war, drei Monate vor dem Firmenjubiläum, zu dem alle Gäste ein Exemplar des Buches erhalten sollten: Der Stand des Projektes war derselbe wie zuvor. Die Chefs fragten den Autor: Wie sieht's aus? Die Druckerei braucht die Druckdaten des Buches an dem und dem Tag. So langsam sollte also alles mal fertig sein. Eine inhaltliche Freigabe und ein Korrektorat waren vor dem Druck noch geplant. Erst jetzt kapierte der Autor, dass er das Projekt niemals mehr schaffen würde. Die Firmenchefs waren mehr als enttäuscht. Das Jubiläumsfest war zwar sehr schön, aber es gab eben kein Buch. Zum Glück hatten die Chefs das Buch nicht öffentlich angekündigt, sondern als Überraschung geplant.

Wie kommt so etwas? Der Autor hat keine Ahnung von Projektmanagement, sicher, er hat seine Arbeit nicht im Griff. Das ist der eine Aspekt. Auch die Empfehlung war sicher keine gute. Aber der haben die Chefs nun mal vertraut. Also haben sie in den entscheidenden Momenten nicht die wichtigen Fragen gestellt. Vielleicht wollten sie nicht insistieren oder ihrem Gegenüber nichts Unschönes unterstellen.

Und so ist das eben! Mitarbeiterinnen und Mitarbeiter in einem soliden und seriösen Unternehmen wollen nun einmal nicht unhöflich sein – und so kommt das eigentliche Thema nicht auf den Tisch.

Zu fragen und zu sagen hätten Sie im Fall der Agentur Faul & Langsam theoretisch allerhand:

- Vereinbart war Sonntagabend. Warum sind keine Dateien da?
- Wann sind die Daten da?
- Ist denn überhaupt schon etwas fertig? Was? Her damit!
- Warum erfahren wir nicht früher von einer Verzögerung?
- So geht man nicht mit Partnern um! Das ist respektlos!
- Wie können wir sicherstellen, dass so etwas nicht mehr passiert?

Und mein Tipp lautet jetzt: Stellen Sie die sachlichen Aspekte daraus als Fragen. Nicht die persönlichen, also formulieren Sie keinen Vorwurf. Fragen Sie einfach sachlich und nüchtern nach dem Grund dafür, dass am Sonntagabend keine Daten da waren. Egal ob per E-Mail oder am Telefon:

*Ihr wolltet die Dateien bis Sonntagabend liefern. Darf ich
fragen, warum das nicht geklappt hat?*

Hier steht die Hauptsache übrigens im Nebensatz – bei heiklen Themen ist das oft sinnvoll, weil es Vorwürfe dämpft. Dann fragen Sie:

Wann kann ich denn definitiv mit den Dateien rechnen?

Falls sich im Telefonat eine ähnliche Katastrophe abzeichnet wie bei dem Buch fürs Firmenjubiläum, fragen Sie:

Was ist denn der Stand der Dinge? Was ist schon fertig?

Ist etwas fertig, sagen Sie:

Schickt mir das doch schon einmal, und zwar bitte jetzt.

Später, wenn die Kuh vom Eis ist, kommen die anderen Themen an die Reihe – Ihre Enttäuschung, möglicherweise auch Vorwürfe, beispielsweise wenn Sie begründen, warum Sie die Zusammenarbeit beenden. Gerade wenn es knallt, sind oft Schuldzuweisungen und Vorwürfe notwendig, und zwar deutlich formuliert, aber ohne persönlichen Angriff. Zum Beispiel:

Eure Agentur hat am 4. September 2019 zugesagt, bis zum Abend des 22. September 2019 (Sonntag) eine Grafik zu liefern, eine Roadmap fürs Onlinemarketing und zwei Videos. Wir brauchten diese Dateien unbedingt am Montag, den 23. September. Heute ist der 26. September, und wir haben die Daten immer noch nicht. Dadurch haben wir nicht nur eine Woche verloren. Sondern weil Sandra ab dem 28. September für drei Wochen im Urlaub ist, können wir das Projekt erst am 21. Oktober wieder anfassen.

Das ist ein Beispiel für einen sachlichen Vorwurf. Es ist oft nicht nötig, sich Sorgen zu machen, ob direkte Sprache automatisch persönlich und angreifend wird. Auch in konkreten Worten können wir Vorwürfe ohne Angriffe klar kommunizieren.

Konkret statt abstrakt – das heißt auch, die Dinge so überdeutlich zu machen, dass sie spürbar werden. Es geht hier nicht um übertriebene Präzision im Sinne einer Verabredung zum Mittagessen um »12.30 Uhr und null Sekunden mitteleuropäischer Sommerzeit«, sondern darum, die Katastrophe und ihre Bedeutung konkret plastisch zu machen. Wenn wir hinter einem Datum in Klammern den Wochentag einfügen, ist das zwar redundant – der 22. September 2019 war nun einmal ein Sonntag –, aber es dient dem besseren Verständnis. Die Tatsache, dass der 22. September ein Sonntag war, bedeutet nämlich, dass wir zu Beginn der Folgewoche mit den Dateien gerechnet haben und die Agentur auch das Wochenende dafür Zeit hatte. Die Episode mit Sandras Urlaub macht deutlich, dass wir nicht nur eine Woche verloren haben, sondern vier. Das ist die Bedeutung des Ganzen im Sinne einer Folge.

Die Bedeutung klar zu machen, ist im Umgang mit Agenturen wie Faul & Langsam wirklich wichtig! Von alleine kommen die Leute dort nicht auf die Idee, dass etwas schiefgegangen ist. Erschreckend viele Leute vermuten keine Eile, wenn wir das nicht überdeutlich kommunizieren.

Auch bei schönen Dingen empfiehlt es sich, konkret statt abstrakt zu formulieren. Denken Sie noch einmal an die Formulierung in der Stellenanzeige: »Im Zuge unserer Expansionsstrategie suchen wir zum nächstmöglichen Zeitpunkt ...«. So würden Sie mit einem Interessenten vermutlich niemals reden. Also wäre konkret: »Wir expandieren! Wann fangen Sie bei uns an?«. Und dass so eine konkrete Sprache auch schriftlich denkbar ist, sehen Sie am Beispiel Gedankentanken. Die Texte auf der Website sind zwar in Englisch, aber sie sind konkret. Da spricht jemand normal mit uns und nicht übertrieben abstrakt.

Zeitlos formulieren statt antiquiert oder trendy

Ein weiterer Tipp für eine menschliche Sprache ist: Befreien Sie sich von sämtlichen Modeerscheinungen und Redensarten. Modeerscheinungen sind Wendungen wie »einmal mehr«, »am Ende des Tages« oder »Sinn machen« (statt »Sinn haben« oder »ergeben«). Verwenden Sie solche Phrasen, entsteht der Eindruck, Sie würden Trends folgen, statt selbst etwas auf die Beine zu stellen, beispielsweise eine authentische Unternehmenskommunikation.

Dabei ist es gleich, aus welcher Epoche ein Trend stammt. Die meisten Redensarten wirken heute oberlehrerhaft und altväterlich. Redensarten sind Sprüche wie »Wollen wir die Kirche doch mal im Dorf lassen« oder »Das Wetter lässt nichts zu wünschen übrig«.

Ich bin übrigens ein Freund alter Spielfilme, vor allem wenn sie einen zeitgeschichtlichen Bezug haben. Und immer wieder stelle ich fest: Manche alten Filme kann man heute noch sehen, andere nicht. Manche alten Filme sind zwar schwarzweiß, aber die Handlung ist genauso straff erzählt wie in einem zeitgenössischen Film, und die Dialoge sind einfach und klar. Ein großartiges Beispiel dafür ist »Nachts, wenn der Teufel kam« von 1957 mit dem jungen Mario Adorf (* 1930) als Mörder.

Kürzlich aber fiel mir der Film »Tadellöser & Wolff« in die Hände, eine Verfilmung des Romans von Walter Kempowski (1929–2007) von 1975. Ich habe den Film begonnen, dann gestoppt, dann bin ich durch die Kapitel gesprungen, um zu sehen, ob das vom Stil her so bleibt, und dann habe ich die DVD ausgeworfen und das Thema beendet. Es tut mir leid, aber das ist nichts für mich. »Heiliger Strohsack!« Wer verwendet eine solche Wendung noch? Alleine schon das Wortspiel, aus dem Adjektiv »tadellos« eine Steigerung namens »Tadellöser« zu machen – meine Güte, ja, das ist wahrscheinlich witzig. »Dem sitzt ja wohl der Schalk im Nacken!«, würde ich sagen, wenn ich den altbackenen Stil dieser Zeit schön fände. Aber ich finde ihn eben nicht schön, sondern bemüht und langweilig.

Andere alte Filme funktionieren auch heute noch, weil sie keine Phrasen und Trends nutzen. Bis auf wenige Schrulligkeiten der 50er Jahre ist »Nachts, wenn der Teufel kam« zeitlos erzählt. Oder schauen Sie sich mal »Wege übers Land« an, eine DDR-Produktion von 1968 mit Manfred Krug (1937–2016) und Armin Mueller-Stahl (* 1930) über das Kriegsende in der sowjetisch besetzten Zone und die Bodenreform. Die Bilder sind ein wenig langatmig – wir haben schneller kapiert, dass da jemand Motorrad fährt –, aber die Dialoge sind bis auf wenige Ausnahmen zeitlos.

Weil wir gerade schon dabei sind, erlauben Sie mir bitte noch meine beiden Top-Tipps: Einmal empfehle ich Ihnen den Krimi »Transit ins Jenseits« von 1976 aus der »Tatort«-Reihe mit Götz George (1938–2016) und Marius Müller-Westernhagen (* 1948), beide als Täter. Also vor »Schimanski«. Und ich empfehle Ihnen »Das Mädchen auf der Treppe«, ein »Tatort« von 1982 mit Götz George als »Schimanski« und mit Jan Fedder (* 1955) als jugendlicher Rotznase. Beide Filme beweisen, dass auch Fernsehunterhaltung sprachlich zeitlos sein kann. Die DVDs gibt es im Handel, herausgegeben von »Das Erste«.

Jetzt reden wir hier über Unternehmenskommunikation, und trotzdem führe ich diese Filme an. Die Frage ist: Wollen Sie mit Ihrem Unternehmen wirken wie ein 50er-Jahre-Schinken? Dann arbeiten Sie mit Redensarten und bemühten Wortspielen. Oder wollen Sie wirken wie ein Trend, der bald vorübergeht? Dann nutzen Sie trendige Vokabeln wie »Sinn machen«. Oder aber soll das Unternehmen als solide Unternehmenspersönlichkeit wirken, die sich unabhängig von Trends und Moden durch die Welt bewegt? Dann verwenden Sie eine zeitlose Sprache ohne altväterliche Marotten und ohne bemüht jugendliche Floskeln.

Nicht wie gesprochen, sondern sprechbar schreiben

Ein wunderbarer Test, um herauszufinden, wie menschlich statt förmlich Ihre Sprache ist, ist die Sprechprobe. Stellen Sie sich einen geschriebenen Satz vor, den Sie gut sprechen können und bei dem Sie sich nicht seltsam vorkommen. Dann ist dieser Satz vermutlich auch für die schriftliche Kommunikation geeignet.

Fühlen Sie sich beim Sprechen unwohl, weil der Satz ein unechtes Gefühl hinterlässt oder viel zu hölzern ist für Ihren Typ, dann wirkt er auch geschrieben in aller Regel eher hölzern.

Damit will ich nicht sagen, dass wir schreiben sollten, wie wir sprechen. Ich meine damit, dass wir sprechbar schreiben. Natürlich ist geschriebene Sprache eher »rund« als die gesprochene Sprache mit ihren vielen Fehlern, Fragmenten und Holperern. Aber wenn Sie wissen wollen, ob ein geschriebener Satz gut ist, dann lesen Sie ihn einfach laut vor. Fühlen Sie sich dabei fremd, dürfte er zu umständlich sein.

> ### *Ihre Unternehmenspersönlichkeit*
> **Eine starke Unternehmensmarke findet ihre eigene Sprache – ohne in irgendeinen Jargon zu verfallen. Wie ein Mensch findet ein Unternehmen seine Sprache. Aus den Regeln folgt nicht, dass wir alle gleich sprechen und schreiben. Wenn Sie die Regeln aber befolgen, finden Sie leichter Ihren Stil.**

Schluss mit den Ausreden!

Jetzt kennen Sie die Regeln, von denen es abhängt, ob Ihre Sprache weiterhin förmlich ist oder menschlich wird. Jetzt gibt es keine Ausreden mehr. Wenn Ihre Unternehmenssprache auch weiterhin förmlich bleibt, dann scheint es eine bewusste Entscheidung zu sein. Richtig?

»Nein, nein«, sagen jetzt viele, »Ihre Regeln, Herr Baum, sind schon ganz plausibel, aber bei uns geht das nicht. Wissen Sie, wir haben so viele juristische Texte. Die Änderungen kriegen Sie bei der Rechtsabteilung nie durch. Außerdem sind es gewachsene Strukturen.« Oder: »Wir sind doch alle Biologen und Biochemiker. Wir sprechen doch unsere Fachsprache.« Und: »Ach wissen Sie, Ärzte sind doch ein ganz spezielles Volk. Die sprechen nun mal Medizinerdeutsch. Wie wollen Sie daran etwas ändern?« Dann komme ich in ein Unternehmen voller Ingenieure und IT-Leute und höre: »Herr Baum! Vielleicht funktionieren Ihre Sprachregeln bei ein paar Bürokräften, aber auch nur, wenn sie nichts Fachliches schreiben müssen. Es ist doch bekannt, dass Ingenieure ganz speziell sind. Und die IT erst!«

Ist klar! Verstehe ich alles. Und ich behaupte: Das spielt alles keine Rolle. Sie können auch als Fachmann oder Fachfrau Klartext reden und Ihre gesamten Inhalte menschlich statt förmlich rüberbringen. Es ist keine Frage der Branche oder Profession. Wir wenden einfach nur die Regeln an, die Sie inzwischen kennen. Und ich werde Ihnen beweisen: Es geht. Und zwar ohne dass wir Inhalte verfälschen oder ungenau werden. Auch dass Wissenschaftstexte »zu populär« werden, brauchen Sie nicht zu befürchten.

»Aber Ihre Regeln kommen doch aus dem Journalismus. Was hat das mit unserer Arbeit zu tun? Bei uns geht es um hoch komplexe Sachverhalte. Der Journalismus ist doch viel oberflächlicher! Die lassen doch ständig relevante Informationen weg und verdrehen alles! So leicht können wir es uns nicht machen!«

Auch klar. Sie können mit einer einfachen Sprache Mist erzählen, und Sie können mit einer komplizierten Sprache Mist erzählen. Entsprechend können Sie auch mit einer einfachen Sprache kluge Dinge sagen und mit einer komplizierten Sprache kluge Dinge sagen. Sie können mit einfachen Worten Inhalte verschweigen oder mit komplizierten Worten. Auch eine

Boulevardzeitung mit ihrer simplen Sprache schreibt ab und zu etwas Kluges. Genauso lesen Sie in Abonnementzeitungen immer mal wieder Verzerrungen. Glauben Sie mir: Der Sprache ist der Inhalt egal. Die Sprache interessiert sich genauso wenig für das, was Sie sagen wollen, wie sich die Mathematik für das interessiert, was Sie ausrechnen wollen. Die Sprache ist nur ein Werkzeugkasten. Der hilft Ihnen bei allem, was Sie formulieren wollen.

Auch wenn ich Sie besuche, müssen Sie keine Sorge haben, dass Ihre Texte hinterher nicht mehr stimmen. Gerade bei Projekten, wenn wir also gemeinsam vor einem Rechner sitzen, ist es ein Pingpong-Spiel. Ich schlage Ihnen Änderungen vor, und Sie sagen mir, ob diese Änderungen in Ordnung sind oder nicht. Ich werde Ihnen sagen, dass ein »geschlossener Vergleich« Unsinn ist, denn ein Vergleich ist kein Vergleich, wenn er nicht geschlossen ist. Es ist dann vielleicht ein Vergleichsangebot oder ein Entwurf. Ich mache also die Gegenprobe beim Adjektiv (Seite 81f.). Dann sagen Sie entweder: »Stimmt«, und wir streichen das Adjektiv, und es vermisst niemand. Oder Sie sagen, Sie wollen das Adjektiv aus Gründen der Redundanz drin lassen, dann lassen wir es eben drin. Alles kein Stress! Wenn Sie mit Ihrer Sprache bei 50 Prozent Klarheit landen, ist schon sehr viel gewonnen. Ein Fanatiker bin ich auch nicht – in diesem Buch steht bestimmt auch der eine oder andere unnötige Passivsatz.

Was ich jedenfalls vermitteln will: Sich auf Branche oder Profession zu berufen, ist meistens eine Ausrede. Alle Menschen jeder Branche und Profession, die kommunizieren, bedienen sich der Sprache. Das Bildungssystem hat uns zwar eingeredet, wir hätten den Umgang mit der Sprache in der Schule gelernt. Aber das ist ein fataler Irrtum, aus dem eine Menge Beratungsresistenz resultiert. Für alles buchen wir Experten! Für Fotos, für Videos, für Website-Programmierung, fürs Schärfen der Kettensägenkette. Nur sprechen und schreiben – das können wir schon, weil Deutsch ja unsere Muttersprache ist und wir die Schule besucht haben.

Dabei ist der Umgang mit Sprache ebenso ein Handwerk wie Fotografie oder Webdesign. Ein Sprachexperte kann Ihnen bei Ihrer Sprache helfen, ganz egal, was Ihr Thema ist. Einem Elektriker ist es ja auch völlig egal, ob er eine Steckdose in einer Rechtsanwaltskanzlei oder in einem Steuerbüro montiert. Er beherrscht einfach sein Handwerk.

Juristensprache kann menschlich sein

Fangen wir mit den Juristen an. Zuerst eine Entwarnung: Auch Juristen schreiben mit Buchstaben. Sie bilden Wörter, also Adjektive, Verben, Substantive und andere Wortarten. Sie verwenden ein Alphabet, das von A bis Z reicht. Und sie bilden Sätze. Diese Sätze sind Haupt- oder Nebensätze, und sie stehen im Aktiv oder im Passiv. Und was Juristen schreiben, kann man vorlesen und daran erkennen, ob es zu umständlich klingt.

Für juristische Texte gelten die gleichen Rechtschreib- und Zeichensetzungsregeln wie für andere Texte. Insofern stellt sich die Frage, weshalb nicht auch die Regeln für klare Sprache für juristische Texte gelten sollen.

Zugleich gibt es natürlich eine juristische Sprache – so wie es auch andere Fachsprachen gibt. Das Interessante ist: Nicht Passivsätze und Nebensatzkonstruktionen sind das Wesensmerkmal der Juristensprache, sondern Fachbegriffe. Daraus folgt, dass wir auch juristische Texte durchaus sprachlich bearbeiten können. Lassen Sie mich mal eine beliebige Definition des Begriffes »Gefährdungshaftung« nehmen:

Verschuldensunabhängige Haftung für Schäden, die durch eine eigentlich erlaubte Tätigkeit hervorgerufen werden. Eine Gefährdungshaftung kann Autofahrer, Betreiber gefährlicher Anlagen oder z.B. auch Hundebesitzer treffen.

Das ist doch erst mal gut gesagt – man versucht, die Bedeutung des Wortes »Gefährdungshaftung« zu erklären und dabei möglichst wenige weitere Fachbegriffe ins Spiel zu bringen. Das ist das »Juristendeutsch«, das wir angeblich nicht anfassen dürfen. Wir tun es aber doch:

*Verschuldensunabhängige Haftung für Schäden, die durch eine **eigentlich** erlaubte Tätigkeit hervorgerufen werden. Eine Gefährdungshaftung kann Autofahrer, Betreiber gefährlicher Anlagen oder z.B. auch Hundebesitzer treffen.*

Warum »eigentlich«? Ein Auto zu fahren, ist nicht »eigentlich« erlaubt, sondern es *ist* erlaubt, wenn das Auto zugelassen ist und der Fahrer eine

Fahrerlaubnis hat. Wir streichen das Wort »eigentlich«, weil es überflüssig ist und verwirrt. Denn natürlich machen wir die Gegenprobe (und der Leser intuitiv auch), um herauszufinden, ob es denn auch »uneigentlich« erlaubte Tätigkeiten gibt. Die neue Version lautet:

> *Verschuldensunabhängige Haftung für Schäden, die durch eine erlaubte Tätigkeit hervorgerufen werden. Eine Gefährdungshaftung kann Autofahrer, Betreiber gefährlicher Anlagen oder z.B. auch Hundebesitzer treffen.*

Was kommt als nächstes? Das »hervorgerufen werden«:

> *Verschuldensunabhängige Haftung für Schäden, die durch eine erlaubte Tätigkeit **hervorgerufen werden**. Eine Gefährdungshaftung kann Autofahrer, Betreiber gefährlicher Anlagen oder z.B. auch Hundebesitzer treffen.*

Ein Passivsatz! Was tun wir, wenn wir einem Passivsatz begegnen? Wir fragen: »Wer tut was?« (Seite 85). Natürlich wissen wir nicht, welcher Mensch diese Schäden hervorruft, aber diese Information brauchen wir auch nicht. Wir machen die Schäden zum Subjekt des Nebensatzes:

> *Verschuldensunabhängige Haftung für Schäden, **die durch eine erlaubte Tätigkeit entstehen**. Eine Gefährdungshaftung kann Autofahrer, Betreiber gefährlicher Anlagen oder z.B. auch Hundebesitzer treffen.*

Der Nebensatz lässt sich problemlos auflösen:

> *Verschuldensunabhängige Haftung für Schäden durch eine erlaubte Tätigkeit. Eine Gefährdungshaftung kann Autofahrer, Betreiber gefährlicher Anlagen oder z.B. auch Hundebesitzer treffen.*

Als nächstes betrachten wir das Adjektiv »verschuldensunabhängig«:

***Verschuldensunabhängige** Haftung für Schäden durch eine er-
laubte Tätigkeit. Eine Gefährdungshaftung kann Autofahrer,
Betreiber gefährlicher Anlagen oder z.B. auch Hundebesitzer
treffen.*

Was ist »verschuldensunabhängig«? Etwas hängt nicht von einem Verschulden ab. So ist das auch bei der Gefährdungshaftung: Wir müssen
etwas nicht verschulden, um für die Folgen zu haften. Der Aspekt ist wichtig, aber ein Adjektiv eignet sich nicht dafür, ihn deutlich zu machen. Bringen wir den Gedanken also in einem eigenen Satz:

*Haftung für Schäden durch eine erlaubte Tätigkeit. Eine Gefähr-
dungshaftung kann Autofahrer, Betreiber gefährlicher Anlagen
oder z.B. auch Hundebesitzer treffen. Die Gefährdungshaftung
setzt kein Verschulden voraus.*

So haben wir das Adjektivungetüm »verschuldensunabhängig« aufgelöst
beziehungsweise erklärt. Jetzt geht es um den zweiten Satz und um die
»Betreiber gefährlicher Anlagen«:

*Haftung für Schäden durch eine erlaubte Tätigkeit. Eine Gefähr-
dungshaftung kann Autofahrer, **Betreiber gefährlicher Anlagen** oder z.B. auch Hundebesitzer treffen. Die Gefährdungshaftung setzt kein Verschulden voraus.*

Bei den »Betreibern gefährlicher Anlagen« prüfen wir das Adjektiv per Gegenprobe: Gibt es ungefährliche Anlagen? Ja, die gibt es. Also fassen wir
das Adjektiv nicht an. Selbst wenn es »gefährliche Anlagen« als juristischen Begriff nicht geben sollte, können wir das Adjektiv als beschreibend stehen lassen. Ins Auge fällt mir jetzt noch das »oder z.B. auch«:

*Haftung für Schäden durch eine erlaubte Tätigkeit. Eine Gefähr-
dungshaftung kann Autofahrer, Betreiber gefährlicher Anlagen
oder z.B. auch Hundebesitzer treffen. Die Gefährdungshaftung
setzt kein Verschulden voraus.*

Unschön, finde ich. Die Gefährdungshaftung kann auch Hundebesitzer treffen, ganz einfach. Also schreiben wir das »z.B.« aus und setzen es so, dass es sich auf alle drei Beispiele bezieht und nicht nur auf das dritte. Denn so ist es gemeint. Damit haben wir auch keine Diskussion darüber, ob hier ein »und« oder ein »oder« stehen sollte:

Haftung für Schäden durch eine erlaubte Tätigkeit. Eine Gefährdungshaftung kann zum Beispiel Autofahrer, Betreiber gefährlicher Anlagen und Hundebesitzer treffen. Die Gefährdungshaftung setzt kein Verschulden voraus.

Sehen Sie, wie das Pingpongspiel läuft? Ich wende meine Regeln an, und Sie geben Contra, bevor wir einen wichtigen Fachbegriff zerstören oder etwas Falsches schreiben. Natürlich bleibt das Wort »Verschulden« hier stehen. Sprachlich kürzen, wie ich die »Anständigkeit« zum »Anstand« mache, kann ich es nicht. Denn »Schuld« und »Verschulden« sind nun einmal verschiedene Dinge im Recht. Wir können ja auch nicht das Substantiv »Verantwortung« auf die »Antwort« zusammenstreichen. Nein, die Aufgabe ist schon die, nicht den Inhalt anzufassen, sondern nur die Sprache.

Ich will noch auf eine weitere Definition hinweisen, und zwar im »Gabler Wirtschaftslexikon«.[11] Danach ist die Gefährdungshaftung eine Pflicht – so stand es jedenfalls am 9. September 2019 da:

Schadensersatzpflicht, die kein Verschulden (Verschuldenshaftung) voraussetzt, sondern darauf beruht, dass der Ersatzpflichtige bei einer erlaubten Tätigkeit unvermeidlich eine gewisse Gefährdung seiner Umgebung herbeiführt.

Es gibt verschiedene Möglichkeiten, Rechtsbegriffe zu definieren, wie Sie sehen. Als Redakteur hinterfrage ich auch die Gabler-Definition:

- Muss es eine Nebensatzkonstruktion mit drei Ebenen sein?

---

[11] https://wirtschaftslexikon.gabler.de/definition/gefaehrdungshaftung-31970

- Was soll eine »gewisse Gefährdung« sein? Geht es um eine Gefährdung, oder geht es nicht um eine Gefährdung? Das Adjektiv brauchen wir sicher nicht, da das Wort »Gefährdung« selbst schon sagt, dass die Gefahr sich manifestieren kann, aber nicht muss.

- Was ist der Unterschied zwischen einer »Gefährdung« und einer »Gefahr«? Eine »Gefährdung« ist der Vorgang, jemanden oder etwas einer Gefahr auszusetzen. Trotz dieser Unterscheidung sagen beide Begriffe, dass eine Gefahr lediglich besteht und noch kein Schaden eingetreten ist – wobei der Schadensersatz ohnehin erst bei einem Schaden Thema ist und nicht schon bei einer Gefahr.

- Muss es unbedingt Nominalstil sein (»Gefährdung herbeiführt«)? Können wir nicht sagen: »seine Umgebung gefährdet«?

- Wozu das Adverb »unvermeidlich«? Brauchen wir das? Sicher: Als Redundanz stört es nicht, aber notwendig scheint es nicht zu sein.

Nehmen wir an, es stimmt inhaltlich, dass die Gefährdungshaftung eine Schadensersatzpflicht ist, die auf der Gefahr oder Gefährdung beruht und nicht auf einem Schaden. Meine Version wäre diese:

> *Schadensersatzpflicht, die nicht auf Verschulden beruht,*
> *sondern auf einer Gefahr durch eine erlaubte Tätigkeit.*

Was habe ich gemacht? Ich habe mich aus der fachlichen Diskussion möglichst rausgehalten und nur meine Sprachregeln angewandt.

In meinen Seminaren ergibt diese Arbeitsweise natürlich oft spannende Debatten. Bei der Arbeit an ihren Texten stellen viele Seminargruppen fest, dass sie sich inhaltlich-fachlich über eine Formulierung gar nicht einig sind. Solange die Information allerdings in einem überkomplizierten Satz steckt, fällt das niemandem auf – der Ballast verstellt den Blick auf die Inhalte. Erst wenn ich anfange zu bohren und einzelne Begriffe zu hinterfragen, ergeben sich Diskussionen. Ich selbst halte mich bei den fachlichen Gesprächen raus. Denn eine Gruppe kann mit meiner Hilfe Inhalte auf den

Punkt bringen, sobald sie inhaltlich geklärt sind. Das ist schwer, wenn diese inhaltliche Klarheit fehlt. Oft genug vertagt eine Gruppe dann die Diskussion eines Begriffs: Erst will man sich inhaltlich einigen und den Begriff dann in einem weiteren Seminar mit meiner Hilfe verständlich machen. Das ist gut, weil wir dann mehr Zeit dafür haben, die inhaltlich klaren Dinge zu bearbeiten.

Was ist eine »juristische Fragestellung«?

Ein schönes Beispiel für übertriebene Präzision ist auch der Begriff »juristische Fragestellung«. Was ist eine »Fragestellung« anderes als eine Frage? Wir machen die Gegenprobe: Gibt es nicht gestellte Fragen? Ein Philosoph mag der Ansicht sein, dass es nicht gestellte Fragen gibt – aber wenn wir das Wort »Fragestellung« kürzen zu »Frage«, wird kaum jemand fragen, ob wir eine »gestellte« oder eine »nicht gestellte Frage« meinen. Wie schon beim »finanziellen Zuschuss« hat das Adjektiv keinerlei Wert in puncto Verständnis. Ein Zuschuss ist per se finanziell (Seite 81ff.), und eine Frage ist per se »gestellt«, da sie sonst nicht Thema ist. Für die alltägliche Businesskommunikation spielt die philosophische Dimension keine Rolle.

Wir haben es also mit einer »juristischen Frage« zu tun. In diesem Begriff befindet sich ein Adjektiv – »juristisch«. Wir hatten gesagt, dass Adjektive entweder beschreibend oder differenzierend sind. Hier ist das Adjektiv differenzierend – es grenzt die »juristische« von anderen Fragen ab. Aber es ist dennoch sinnlos, weil es ein treffendes Wort gibt. Genauso wie der »operative Prozess« eine »Operation« ist, ist die »juristische Frage« am Ende eine »Rechtsfrage«.

Ich hatte im Seminar bisher nur einen einzigen Teilnehmer, der einen Unterschied gesehen hat. Er argumentierte in die Richtung, eine »Rechtsfrage« bezöge sich auf die Gesetzgebung, also auf das Recht, wie es definiert ist und sein soll, und eine »juristische Frage« bezöge sich auf die Ausgestaltung des Rechts durch die Rechtsprechung und die Kommentare. Man kann das so sehen. In der Seminargruppe saßen interessanterweise nur Juristen, aber keiner konnte seiner Argumentation folgen.

Eine andere Deutung ist die, dass sich eine »juristische Frage« auf das Recht an sich bezieht, eine »Rechtsfrage« aber etwas abklären will – was die »juristische Frage« nicht will. Sie sehen: Es wird unglaublich diffizil. Die Deutungen und Auffassungen widersprechen einander so sehr, dass wir nicht von einer allgemein bekannten Definition der Begriffe ausgehen können. Wenn wir uns in diesem Stadium der Verzettelung einigen wollen, nehmen die Leute am Ende ihre Wunschformulierung. Auch wenn sie nach Ansicht anderer Juristen falsch ist.

Natürlich sind Definitionen keine Mehrheitsentscheidungen. Es gibt Richtig und Falsch durchaus. Aber wenn wir uns auf den Kontext der Unternehmenskommunikation besinnen, dann dient das Wort »Rechtsfrage« seinem Zweck vollkommen – wenn es beispielsweise um die »juristische Frage« geht, ob das Unternehmen einen Schülerpraktikanten bei einer Messe im Ausland einsetzen darf. Allen Beteiligten ist klar, dass diese Frage rechtlich zu klären ist, wie auch immer die Bezeichnung einer solchen Frage fachlich exakt lautet.

Absolute Präzision ist unrealistisch

Viele Texte von Juristen sind gute Beispiele für übertriebene Präzision. Das wunderschöne Wort »Rindfleischetikettierungsüberwachungsaufgabenübertragungsgesetz« dürfte eines der besten Beispiele dafür sein. Dieses Gesetz galt eine Zeitlang in Mecklenburg-Vorpommern und verschwand im Jahr 2013 wieder.

Juristen wenden jetzt möglicherweise ein, diese Präzision sei nötig, damit klar sei, worum es ginge. Diese Argumentation führt aber ins Leere. An anderer Stelle ist dieses Maß an Präzision offenbar in keiner Weise nötig: Beim Netzwerkdurchsetzungsgesetz zum Beispiel geht es nicht darum, Netzwerke durchzusetzen, wie es das Wort sagt. Der Begriff ist also sogar falsch, aber es scheint niemanden zu stören. Wer sich für den Begriff »Rindfleischetikettierungsüberwachungsaufgabenübertragungsgesetz« einsetzt, müsste auch beim Begriff »Netzwerkdurchsetzungsgesetz« auf die Barrikaden gehen, weil er nicht genau genug ist. Das geschieht aber nicht. Und sogar an absurde Formulierungen wie »BAföG beantragen« hat sich die Gesellschaft gewöhnt – obwohl das »BAföG« ein Gesetz ist, das wir nicht beantragen können. Wenn Sie beim Amt sagen, dass Sie BaFöG beantragen wollen, ist alles klar, und niemand weist Sie zurecht. Sogar auf

einer offiziellen Website des Bundesministeriums für Bildung und Forschung steht, »Schülerinnen und Schüler (...) erhalten BAföG als vollen
Zuschuss, müssen also nichts zurückzahlen.«[12]

Auch wenn Sie gegenüber einer Behörde von einem »Auto« sprechen,
missversteht Sie niemand absichtlich und weist Sie zurecht, dass das Konstrukt »Kraftfahrzeug« heißt. Auch »Ampeln« gehen vor Gericht reibungs-
los als »Lichtzeichenanlage« durch, oft genug auch in der Sprache der
Richter, wenngleich nicht in der schriftlichen Urteilsbegründung. Auch das
Wort »Bundesagentur für Arbeit« ist falsch, weil eine Agentur im Deutschen etwas Privatrechtliches ist – möglicherweise ist es ja falsch aus dem
Englischen übersetzt, in dem das Wort »agency« auch »Amt« oder »Behörde« heißen kann. Aber im Deutschen ist es eben genauso falsch wie die
Bezeichnung »US-Administration«, weil das Fremdwort »Administration«
im Deutschen »Verwaltung« heißt und nicht »Regierung«.

Lägen die Freunde der totalen Präzision richtig, müssten Begriffe in
der Konsequenz außerdem ebenso komplex sein wie die Zusammenhänge, die sie bezeichnen. Und das ist mindestens unrealistisch, wenn nicht
sogar so gut wie unmöglich. Kein Begriff deckt die vollständige Bedeutung
von etwas ab. Wäre ich ein Verfechter übertriebener Präzision, wäre mir
schon der Begriff »Mond« zu ungenau, weil es mehrere Monde gibt und
die Bezeichnung »Mond« nicht ausreichend deutlich sagt, dass der Mond
des Planeten Erde gemeint ist. Das Gleiche hätte ich am Begriff »Sonne«
zu meckern. Welche Sonne? Es gibt unzählige Sonnen! Und wenn jemand
sagt, ihm habe »das Finanzamt« geschrieben, ist das auch nicht so präzise,
wie es sein könnte. Das Finanzamt Berlin-Mitte? Oder das Finanzamt
Kassel II? Und dann: Welche Abteilung hat denn geschrieben?

Wem etwas nicht genau genug ist, kann immer meckern – auch dann
noch, wenn ein Begriff ausreichend klar und prägnant ist. Ein Begriff ist in
aller Regel eine Reduktion, eine Zuspitzung der Bedeutung, vergleichbar
mit einer Überschrift. Wenn wir vom »Mond« sprechen, ist sonnenklar,
dass wir den Mond der Erde meinen. Selbst Juristen erkennen solche Vereinfachungen an, indem sie beispielsweise vom »Durchschnittsverbrau-
cher« sprechen, der »durchschnittlich informiert, aufmerksam und ver-

---

[12] https://www.bafög.de/de/bafoeg-fuer-schuelerinnen-und-588.php

ständig« ist – an ihm wollen Gerichte messen, ob beispielsweise die Werbung eines Unternehmens irreführend ist oder nicht. Und dieser verständige Verbraucher braucht keine alles erschöpfenden Informationen. Ebenso können wir von einem verständigen »Rezipienten« sprechen: Wir müssen Menschen, die Inhalte aufnehmen, nicht für vollständig blöd halten. Übertriebene Präzision ist vor diesem Hintergrund völlig unnötig.

Übrigens sind sehr viele Gesetzestexte wunderbar einfach: »Die Würde des Menschen ist unantastbar« (Art. 1 GG), »Der Mörder wird mit lebenslanger Freiheitsstrafe bestraft« (§ 211 StGB) oder auch »Verbrechen sind rechtswidrige Taten, die im Mindestmaß mit Freiheitsstrafe von einem Jahr oder darüber bedroht sind« (§ 12 StGB in der Abgrenzung zu »Vergehen«). Und trotzdem ließe sich textlich viel tun. Einen der schönsten Paragrafen des deutschen Rechts würde ich bearbeiten – § 118 BGB:

Eine nicht ernstlich gemeinte Willenserklärung, die in der Erwartung abgegeben wird, der Mangel der Ernstlichkeit werde nicht verkannt werden, ist nichtig.

Meine Version wäre diese:

Eine nicht ernst gemeinte Willenserklärung in der Erwartung, der Mangel an Ernst werde erkannt, ist nichtig.

Was habe ich bearbeitet?

- Aus »ernstlich« habe ich »ernst« gemacht – etwas ist ernst gemeint oder eben nicht. »Ernstlich« und »ernst« bezeichnen dasselbe.

- Der Relativsatz im Passiv, in dem eine Erklärung »abgegeben wird«, ist unnötig kompliziert. Es geht um eine »Willenserklärung in der Erwartung« von etwas. Denn das »Abgeben« einer »Erklärung« ist die Erklärung selbst. Die »Erklärung« selbst ist »in der Erwartung«.

- »Ernstlichkeit« ist das Substantiv aus dem überfrachteten Adjektiv »ernstlich« – so wie wir aus »Anstand« das Adjektiv »anständig« ab-

leiten können und daraus das Substantiv »Anständigkeit« und in der
Folge »Anständigkeitlichkeit«. Wir besinnen uns auf die Wortbedeu-
tung und landen beim »Ernst«. Der ist gemeint.

- Die doppelte Verneinung »nicht verkannt werden« löse ich auf zu
  einer positiven Formulierung – es geht darum, ob jemand davon
  ausgeht, sein Spaß »werde erkannt«. Manche doppelten Verneinungen können wir nicht so einfach auflösen – so ist der Ausdruck
  »nicht schuldunfähig« nicht automatisch gleichbedeutend mit
  »schuldfähig«, weil es noch eine dritte Möglichkeit gibt, und zwar
  »vermindert schuldfähig«. Aber hier ist »nicht verkannt« das
  exakte Reziprok oder Komplement zu »erkannt«. Ein Drittes gibt
  es nicht. Wenn wir etwas nicht verkennen, erkennen wir es, sofern
  wir von diesem Etwas etwas mitbekommen.

Wenn Sie anderer Meinung sind – schreiben Sie mir gerne. Gibt es einen
Fall, in dem jemand etwas nicht erkennt, obwohl er es nicht verkennt?
Oder: In welchem Fall gibt es einen Unterschied zwischen einer Erklärung
und dem Abgeben einer Erklärung? Ist eine Erklärung schriftlich vor drei
Tagen »abgegeben« worden, liegt sie auf dem Tisch. Und indem sie auf
dem Tisch liegt, erklärt der Absender seinen Willen.

Ein sinnvoller Ansatz ist sicher § 42 Absatz 5 der »Gemeinsamen Ge-
schäftsordnung der Bundesministerien«, in dem es heißt: »Gesetzentwür-
fe müssen sprachlich richtig und möglichst für jedermann verständlich gefasst sein.« Diese Regel sollte für alle juristischen Texte gelten – mit der
Ergänzung, dass die möglichst allgemeine Verständlichkeit vor allem mit
sprachlichen Mitteln gelingt und nicht durch Fehlerfreiheit. Würdigt der
Gesetzgeber dann noch die Sprache als Handwerk, wäre es fast perfekt.

Wenn Juristen jetzt noch die Sprachregeln aus diesem Buch anwenden
würden, wäre noch mehr gewonnen. Ich kenne übrigens einen Rechtsan-
walt, der danach arbeitet: Dominik Höch aus Berlin. Vor seinem Zweiten
Staatsexamen hat er ein Volontariat als Journalist absolviert. Seine Texte
waren schon in der Redaktion gut – und heute sind seine Schriftsätze juristisch korrekt und sprachlich höchst verständlich auf einmal. Es geht also!

Behördensprache kann menschlich sein

Verwandt mit der Juristensprache ist natürlich die Behördensprache. Die Behördensprache ist für mich außerdem noch die Schnittstelle zur Ingenieurssprache – daher die Reihenfolge der Kapitel.

Bewegt man sich mit einer wertschöpfenden Tätigkeit durchs Leben, wirken Behörden auf einen oft wie eine Parallelwelt. Arbeitet man mit Behörden zusammen, erlebt man Dinge, die im Business eher selten sind. Jedenfalls geht es mir so:

- Anfragen kommen übers Faxgerät. Sie sind dann meist gleich etwa zwanzig Seiten lang, weil sie Unmengen von Eventualitäten und Formalien umfassen. Kommen sie per E-Mail, sind zahlreiche PDFs angehängt. Sie auszufüllen, dauert einen halben Tag – unbezahlt.

- Die Unterlagen beziehungsweise Dateien, aus denen eine Anfrage besteht, sind untereinander höchst widersprüchlich. Es gibt kein einheitliches Layout und bis aufs Logo kein Corporate Design. Das eine Dokument ist im Querformat in Schreibmaschinenschrift gehalten, das andere im Hochformat in einer Antiqua-Schrift. Auch inhaltlich widersprechen sich die Dokumente, weil Begriffe sich nicht einheitlich durchziehen. In einem Dokument ist von einer »Schulung« die Rede, auf einem anderen von einem »Seminar«. Im dritten Dokument nennt sich das Ganze »Maßnahme«.

- Anfragen sind selten menschlich wertschätzend. Da steht oft nur:

  Mit freundlichen Grüßen
  Im Auftrag

  Becker

Ob Männchen oder Weibchen oder divers – keine Ahnung. Wir wissen nicht, ob wir Herrn oder Frau Becker anschreiben sollen. Anrufen geht oft auch nicht – manchmal gibt es nur eine Faxnummer.

- Hat man eine Telefonnummer, geht aber ohnehin oft niemand ans Telefon. Es gibt weder eine Rufumleitung noch eine Mailbox. Versucht man es tagelang immer wieder, ruft man irgendwann die Zentrale an und erfährt nach drei Weiterleitungen, dass Herr oder Frau Becker im Urlaub ist. In drei Wochen geht es weiter. Eine Vertretung, eine Übergabe – das gibt es bei Behörden sehr oft nicht.

Ich verstehe, dass sich deutsche Behörden über »Reichsbürger« aufregen. »Reichsbürger« sind sicher schwierig für den Rechtsstaat. Aber von der Performance her sind »Reichsbürger« gar nicht so exotisch. Auch der öffentliche Dienst ist oft kauzig, bürokratisch, unnötig umständlich und anstrengend. Nur dass der öffentliche Dienst dazu nicht die Existenz der Bundesrepublik Deutschland leugnen muss – er ist auch so schrullig.

Als ich mal umgezogen bin, habe ich vom Finanzamt als Erstes eine Mahnung bekommen. Inklusive der Drohung, mein Konto zu pfänden. Infolge des Umzugs hat sich die Umsatzsteuer eben überschnitten. Es gilt die Regel, dass man seine Umsatzsteuer solange ans alte Finanzamt bezahlt, bis man vom neuen Finanzamt die neue Steuernummer hat. Das habe ich gemacht. Das neue Finanzamt hat sich einerseits viel zu viel Zeit gelassen mit der neuen Steuernummer, andererseits aber meine Umsatzsteuerzahlungen vermisst – dabei hätte es sie nur beim alten Finanzamt anfordern müssen, wie man das eben macht. Aber das war zu viel verlangt. Obwohl der Anlass ein Massenphänomen ist – ein simpler Umzug –, hat diese Behörde den Ablauf nicht drauf. So eine krude Logik in einem so einfachen Fall unterläuft einem Unternehmen kaum. Zumindest die simpelsten Prozesse haben die meisten Unternehmen im Griff. Wenn so eine Geschichte passiert, hat man es mit höchster Wahrscheinlichkeit mit dem öffentlichen Dienst zu tun. So leid es mir tut.

Also nichts gegen den öffentlichen Dienst! Er ist wichtig, überlastet, und viele dort machen einen super Job. Aber die Prozesse sind noch immer bürger- und steuerzahlerfeindlich, die Briefe geringschätzend und bevormundend sowie unklar. Ich wünsche mir: Bevor jemand im öffentlichen Dienst anfängt, müsste er einmal eine Geschäftsidee entwickelt haben und ein paar Jahre erfolgreich am Markt gewesen sein. Erst dann gibt es die Lizenz, das Leben und Handeln von Geschäftsleuten zu bewerten. Erst wenn man qua Erfahrung mitreden kann. Ziel dieses Wunsches sind nicht nur die Sachbearbeiter, sondern vor allem auch die Leitungsebenen, die so seltsame Dinge durchsetzen wie unverständliche und vor allem unfreundliche Briefe. Einen Kurs in divergentem Denken brauchen fast alle.

Oder ich melde mich zu einem Unternehmerabend hier in der Gegend an. Veranstalter ist eine Gemeinde. Es wird einen Vortrag geben und dann nette Gespräche. Das finde ich gut. Aber ich kann mich nicht anmelden. Auf dem Anmeldezettel steht eine personalisierte E-Mail-Adresse, über die man sich formlos anmelden können soll. Ich maile hin: »Sehr geehrte Frau Nachname, sehr gerne würde ich mich zu Ihrem Unternehmerabend anmelden, eine Person. Ich freue mich auf eine Bestätigung. Danke!«

Kurze Zeit später landet eine E-Mail in meinem Postfach mit dem Namen meiner Ansprechpartnerin in der Absenderzeile sowie dem Text in der Betreffzeile: »Automatische Antwort: Anmeldung zum Unternehmerabend«. Ich schaue rein. Was steht da? »Sehr geehrte Damen und Herren, vielen Dank für Ihre Nachricht. Ich bin wieder ab Donnerstag, 29. August 2019 erreichbar. Ihre Mail wird nicht weitergeleitet. Bitte wenden Sie sich in dringenden Fällen an ...« – und dann folgt eine allgemeine E-Mail-Adresse der einladenden Gemeinde.

Meine E-Mail »wird nicht weitergeleitet«? Obwohl sie in einem Postfach aufläuft, das genau für die Anmeldungen zu dieser Veranstaltung kommuniziert wurde? Ich darf also meine Arbeit doppelt machen – wie so oft, wenn Partner ihre Prozesse nicht durchdenken. Also schicke ich meine E-Mail noch mal an die allgemeine E-Mail-Adresse, und dann klappt die Anmeldung.

Nur der öffentliche Dienst schafft es, während des Anmeldezeitraums zu einer Veranstaltung nicht erreichbar zu sein unter der E-Mail-Adresse, die er selbst angibt. Ich kenne kein Unternehmen, dem so etwas passiert. Und geschieht es doch, führen solche Unternehmen die verantwortlichen Mitarbeiter rasch wieder dem Arbeitsmarkt zu, weil es in Zeiten des Fachkräftemangels gegenüber dem Markt und der Gesellschaft unverantwortlich wäre, solche Genies der Welt vorzuenthalten. Bei Behörden bleiben solche Leute in aller Regel bis zum bitteren Ende sitzen. Und wieder: Nichts generell gegen den öffentlichen Dienst! Aber ich erlebe solche Geschichten eben nur mit Behörden – auch beim Thema »E-Mail«.

Ich erhalte Spam von Absendern namens »Sleeping disorders«, »Testpaket«, »Olivia« und »Dracula's Memory Secret«. Jede Menge Müll. Dann kam der Absender »BGM« dazu. »Betriebliches Gesundheitsmanagement«? »Brüder Grimm-Museum Kassel«? »Berufsgenossenschaft Metall Nord Süd«? »Berliner Großmarkt«? Keine Ahnung – »BGM« war nichtssagend, also weg mit der E-Mail. Ein Absender, der sich selbst nicht klar macht, ist sicher nicht ernst zu nehmen. Bis ich herausfand, dass mir unser Bürgermeister geschrieben hatte. Seine Absenderzeile lautete tatsächlich »BGM«. Da stand nicht sein Name, nicht der Name der Gemeinde, nur »BGM«. So etwas kenne ich auch fast nur vom öffentlichen Dienst, und hin und wieder mal von verkorksten Konzernen, die das Thema Prozessmanagement verschludern. Es ist eine reine Ich-Kommunikation, weil der Absender tatsächlich davon ausgeht, jeder Empfänger würde schlau aus den internen Codes des Absenders. Und das Ganze ist auch noch technokratisch gedacht und sprachlich äußerst lieblos.

Abkürzungen möglichst vermeiden

Es ist würdelos, mit Abkürzungen zu kommunizieren. Der Empfänger erkennt: Er ist es nicht wert, dass der Sender sich Mühe gibt und vollständige Wörter schreibt. Daher die Faustregel: Schreiben Sie Abkürzungen in Texten möglichst aus. In Tabellen und Listen sind sie in Ordnung.

Hinter dieser Kommunikation mit Abkürzungen steht der Gedanke, dass es die Holschuld des Bürgers sei, sich zu informieren – und wenn ihm eine Botschaft durch die Lappen geht, ist er eben selbst daran schuld.

Bürgernähe funktioniert anders. Zur Bürgernähe ist vor allem divergentes Denken nötig – also das Denken in Möglichkeiten statt nur in Regeln und Prozessen. Sämtliche Anstrengungen zum Thema Bürokratieabbau dürften scheitern, solange der Staat nicht grundsätzlich sein Herangehen ändert. Dazu sind ein neues Selbstverständnis und auch ein anderes Menschenbild erforderlich: Der Bürger ist nicht länger der Untertan, der staatlichen Regeln gerecht werden muss, sondern der Staat ist ab sofort der Dienstleister, der dem Bürger das Leben erleichtert.

Staatliche Akteure sollten verstehen, dass Steuerzahler ihnen das Leben bezahlen. Der Bürger und Steuerzahler ist der Arbeitgeber des Beamten und des Angestellten im öffentlichen Dienst. Wertschöpfung betreibt in Deutschland nur noch eine Minderheit – laut »Neuer Zürcher Zeitung« sind es gerade mal 15 von 83 Millionen Menschen.[13] Erschreckend viele Leute leben ohne jede produktive Arbeit von Steuergeldern, und Selbstständige und Unternehmer gelten für sie tendenziell als unsolidarisch. Dass Arbeitsplätze nur existieren, wenn jemand eine Geschäftsidee entwickelt und umsetzt, hat unsere heutige Gesellschaft nicht im Blick. Eine Gesellschaft aber, in der eine unproduktive Mehrheit von den Steuern einer produktiven Minderheit lebt – und genau das ist unsolidarisch –, wird früher oder später kollabieren.

Was mich wundert, ist, dass das niemand zu sehen scheint, obwohl die Zeichen bereits überdeutlich sind: Zahlreiche gute Leute wandern aus, die Straßen und Brücken sind marode, Bürgerämter sind unterbesetzt, in den Schulen bröckelt der Putz von der Decke – wie das in Ländern eben ist, die nicht nachhaltig wirtschaften, sondern die Substanz aufbrauchen. Vergleichen Sie mal die Schweizer Straßen und Dorfbahnhöfe mit deutschen – da sehen Sie, dass wir es hier mit einer Frage der Einstellung zu tun haben.

Dass die Verachtung gegenüber Selbstständigkeit und Unternehmertum ein Grund für diesen zivilisatorischen Niedergang ist, sieht die Mehrheit in diesem Land allerdings nicht. Wie soll sie auch? Die allerwenigsten Menschen wissen, wie Produktivität funktioniert. Kaum jemand derjenigen, die über Unternehmer wettern, war jemals kreativ genug, um eine konstruktive Geschäftsidee zu entwickeln, mit der er die Gesellschaft weiterbringt. Die Mehrheit glaubt, das Geld komme automatisch aufs Konto. Wo es letztlich herkommt, übersteigt das Vorstellungsvermögen vieler.

Die Verachtung gegenüber Menschen, die Werte schaffen, zeigt sich auch an der Sprache des öffentlichen Dienstes. Nehmen wir einen einfachen Steuerbescheid. Die erste Seite eines Einkommensteuerbescheides besteht zunächst einmal fast vollständig aus Gestammel:

Festsetzung
Art der Steuerfestsetzung

---

[13] https://www.nzz.ch/meinung/auswanderungsland-deutschland-kompetente-wandern-ab-ld.104291

Sind das Überschriften? Und was ist gemeint mit »Art der Steuerfestsetzung«? Oben rechts steht doch: »Bescheid für 2016 über Einkommensteuer und Solidaritätszuschlag«. In einem »Bescheid über die gesonderte Feststellung des verbleibenden Verlustvortrags zur Einkommensteuer« heißt es (Zeilenumbruch wie im Original):

Der verbleibende Verlustvortrag wird nach
§ 10 d Abs. 4 EStG für die
Einkünfte aus Kapitalvermögen (Veräußerung von
Aktien) auf
festgestellt.

Und 14 Zentimeter rechts von »auf« steht dann eine Zahl oder auch nicht.

Hinzu kommt die ganz offenkundig gewollte Leseunfreundlichkeit solcher Briefe: Die Schriftgröße beträgt 7 Punkt, der Zeilenabstand 8 Punkt – das habe ich mit meinem Typometer gemessen. Manche Seite in einem Steuerbescheid ist eine reine Bleiwüste. Lieblos, ätzend, ein Design wie aus einem Nadeldrucker. Niemand soll sagen, dass den Menschen in einer Behörde nicht klar ist, wie bürgerfeindlich schon ein solches Layout ist. Sicher sind es »gewachsene Strukturen«, was ja wie erwähnt nur heißt: »Das haben wir schon immer so gemacht.« Aber es ändert auch niemand, obwohl es sichtbar nötig ist. Seit Jahren und Jahrzehnten sehen Steuerbescheide so aus. Und damit dürfen wir Absicht unterstellen. Der Staat will nicht, dass der Bürger seine Mitteilungen versteht.

Ich wünsche mir Steuerbescheide, die so beginnen:

Sehr geehrter Herr Baum,

vielen herzlichen Dank, dass Sie durch Ihre produktive Arbeit
zum Gemeinwesen beitragen! Sie helfen der Gesellschaft damit
bei ihrer weiteren Entwicklung.

Hier finden Sie Ihren Steuerbescheid für das Jahr 2018. Sollten
Sie darin Fehler bemerken, bitten wir um eine rasche Mitteilung.
Auch bei Fragen sind wir jederzeit für Sie da.

Eine Voraussetzung dafür wäre allerdings, dass der öffentliche Dienst endlich seine dienende Funktion erkennt und eine Wertschätzung gegenüber
den Menschen entwickelt. Besonders töfte wäre es dann noch, wenn der
öffentliche Dienst divergent denkende Menschen anzöge, weil er ein attraktiver und moderner Arbeitgeber ist. Davon ist er aber leider weit entfernt. Und daran wird sich auch nichts ändern, solange unsere Gesellschaft
nicht prinzipiell die Bedeutung des divergenten Denkens versteht.

Berliner Senat: Das Buch, mit dem man sprechen kann

Ihre Missachtung einer sauberen Sprache und damit ihre Geringschätzung
gegenüber dem Bürger demonstrierte auch die Berliner Schulsenatorin
Sandra Scheeres (SPD) im Jahr 2015. Sie tat das in einem Elternbrief, dessen verkorkster Stil mehrfach Thema in den Medien war. »Die Berliner
Verwaltung unterfüttert ihren Machtanspruch mit einer Sprache, die sonst
keiner spricht«, heißt es im »Tagesspiegel« über einem Text von Moritz
Schuller.[14] Auch Harald Martenstein ließ sich im »Tagesspiegel« über das
halb legasthenische Gestammel der Senatorin aus.[15] Ihr sprachliches Unvermögen zeigt sich in mehreren Sätzen, zum Beispiel hier:

> *Ihr Kind hat in der Kindertageseinrichtung sein Sprachlern-*
> *tagebuch erhalten, mit dem vor allem die Beobachtung seiner*
> *sprachlichen Entwicklung dokumentiert und mit Ihnen regel-*
> *mäßig über die Fortschritte Ihres Kindes gesprochen wird.*

Ein Satz aus 30 Wörtern, es sind 234 Zeichen. Ein überlanger Nebensatz
nicht nur als Passivkonstruktion, sondern so ungelenk und plump, dass es
jeden musikalischen oder sprachbegabten Menschen beleidigt. Es ist
schon peinlich, wenn ein solcher Brief das Büro der Oberchefin der Berliner
Deutschlehrer verlässt. Es widerspricht komplett dem Gedanken des Vor-
bildes – der Chef hat vorzuleben, was er von Mitarbeitern erwartet. Zahl-

---

[14] https://www.tagesspiegel.de/meinung/streit-um-brief-der-bildungsverwaltung-
behoerdensprache-ist-macht/11733198.html
[15] https://www.tagesspiegel.de/politik/harald-martenstein-wie-gut-ist-das-
deutsch-der-schulsenatorin-sandra-scheeres/11720358.html

reiche heutige Politiker wissen nicht, dass dieses Leadership-Prinzip wichtig ist. Aber es ist eben ein Abbild ihres Denkens. Indem wir diesen Brief der Berliner Bildungssenatorin lesen, erkennen wir, wie sie tickt. Sie selbst mag diese unbeholfene Sprache für normal halten. Aber so ist das eben: Was wir nicht wissen, können wir nicht denken. Und nach dem, was Menschen wissen und denken, handeln sie eben. Auch in der Politik.

So – und all das kann anders sein. Auch Behörden können menschlich formulieren, wenn sie es wollen. Statt etwas »in Erinnerung zu bringen«, können Behörden zum Beispiel daran »erinnern« – es geht also wieder um die erwähnten Sprachregeln.

Fahrzeugschein: Ein zusammengestammeltes Etwas

Bevor wir gleich zur Technikersprache kommen, lassen Sie mich kurz über ein Dokument sprechen, das die Schnittstelle zwischen Behörden und In- genieuren am besten verdeutlicht und das alle kennen: den guten alten Fahrzeugschein, korrekt: die »Zulassungsbescheinigung Teil I«. Auf dem Dokument steht natürlich eine römische Eins, damit der Bürger das schön mit dem Buchstaben »I« aus dem Alphabet verwechseln kann. Wie Infor- mationen wirken, interessiert den öffentlichen Dienst eben nicht – siehe die Briefe vom Finanzamt oder das Gestammel der Frau Scheeres.

Der ADAC erklärt auf seiner Website gut, welche Bedeutung die Kürzel haben.[16] »B« ist das Datum der Erstzulassung. Fragen Sie sich eventuell, was »A« ist? Ich weiß es auch nicht. »C« steht auch nicht auf der Liste. »D.1« ist die Marke, »D.2« ist der Typ, »D.3« ist die Handelsbezeichnung. Es geht weiter mit »E« (Fahrzeug-Identifikationsnummer), »F.1« (tech- nisch zulässige Gesamtmasse), »F.2« (im Mitgliedsstaat zulässige Gesamt- masse« und »G« (Leermasse), »H« (Gültigkeitsdauer) und »I« (Datum der Zulassung). »M« und »N« fehlen. Irgendwie holpert sich die Logik bis zum Punkt »V.9« durch. Dann folgen Nummern. Die beginnen nicht etwa mit »1«, sondern mit »2«, dann folgen die Ziffern »3« bis »22« tatsächlich durchgehend – bei Zahlen scheint das Denken in klaren Reihenfolgen bei

---

[16] https://www.adac.de/-/media/adac/pdf/jze/zulassungsbescheinigung-muster- codes.pdf?la=de-de&hash=07A71EE5682B7A6AEB990195761998EA1E2F8634

den Machern einigermaßen zu funktionieren, wenn auch teils mit Unterpunkten (»15.3«: »Bereifung Achse 3«).

Das Chaos ist perfekt, wenn Sie sich die Abfolge dieser Punkte auf dem Dokument ansehen. Erste Spalte: »B«, »J«, »E«, »D.1«, »D.2«, »D.3«. Dann folgen »2«, »5« und »V.9«. »2.1«, »2.2«, »4« und »3« sind auf der gleichen Seite rechts wirr verteilt. »14.1« und »P.1« stehen rechts von »10«, und darunter folgt die »22«. Die zweite Spalte ist nicht besser: »L«, »19«, »20«, »12«, »V.7«, »21«, … – und so geht das munter weiter. Niemand unter den Machern scheint bedacht zu haben, dass so ein Dokument ohne großen Zeitaufwand erfassbar sein sollte – und zwar auch von Laien, die wissen wollen, was eine Behörde über ihr Auto behauptet. Aber das macht ja nichts, schließlich ist es ja nur der dumme Bürger. Auch hier versteht sich der Staat nach wie vor als Obrigkeit, die sich nicht um bürgerfreundliche Kommunikation kümmern muss, auch wenn wir eine freiheitlich-demokratische Grundordnung haben und das Volk der Souverän ist.

Rein konvergent denkende Menschen haben mit dem Chaos übrigens überhaupt kein Problem. Sie vermissen auch keinen Buchstaben »A«, wenn es ein »B« gibt. Sie akzeptieren alles, was man ihnen vorlegt. Divergent denkende Menschen ticken anders: Sie vermissen die Empfängersicht. Sie verstehen nicht, warum eine Behörde so kryptisch kommuniziert. Viele kreative Menschen empfinden so eine Kommunikation als lieblos. Wie Sie merken, gehöre ich zu diesen überempfindlichen Mimosen.

Sicher: Irgendjemand mag sich etwas dabei gedacht haben, aber dabei ging es ganz sicher nicht um Usability. Es geht lediglich um konvergente, also regelorientierte Wiedergabe irgendwelcher Definitionen. Dass Kommunikation funktionieren soll, spielt für Bürokraten keine Rolle.

Ich könnte zahlreiche Beispiele aufführen. Denken Sie nur an die Datenschutzgrundverordnung (DSGVO). Prinzipiell ist es eine gute Idee, zu regeln, wie Unternehmen mit Kundendaten umgehen. Aber das Gesetz ist so allgemein gefasst, dass Geschäftsleute auf Messen nicht einfach mehr Visitenkarten austauschen können, ohne jeweils die Datenschutzerklärung des Gegenübers zu lesen und ihre Kenntnisnahme zu quittieren. Das Gesetz ist völlig irreal. Woran liegt es – mal wieder? Die Macher haben die Perspektive normaler Geschäftsleute vergessen. Und so etwas nicht auf dem Schirm zu haben, ist schlicht Geringschätzung.

Wie also kann Behördensprache weniger förmlich werden? Menschlicher? Wie bereits angedeutet: Eine grundsätzliche Umkehr im Menschenbild wäre das Beste. Bevor sich Behörden daran machen, die Passivsätze in ihren Briefen ins Aktiv umzuwandeln, sollten sie sich den Impetus ihrer Kommunikation anschauen, das gesamte Gebaren. Sicher lassen sich manche Behördenbriefe auf sprachlicher Ebene verbessern – die Hauptpunkte sind hier überflüssige Silben und Wörter (Seite 83), die Substantivseuche (Seite 84) Passivsätze (Seite 85) und wichtige Botschaften in Nebensätzen (Seite 86). Entsprechend könnten wir die bisherigen unfreundlichen Briefe und die bisher kryptischen Dokumente sprachlich ein wenig verbessern. Aber was bringt das ohne ein grundlegendes Verständnis bei Politik und Behörden dafür, dass man dem Bürger dient? Der kaltschnäuzige Stil bleibt beibehalten, auch wenn wir sprachlich ein wenig operieren. Darum sollten wir zuerst an die Inhalte gehen und erst dann an die Sprache. Aber grundsätzlich ist es machbar, dass Behörden zu einer menschlicheren Sprache finden.

Revolution von unten oder von oben?

Damit Behördensprache menschlich wird, scheint es zwei Möglichkeiten zu geben: die Revolution von unten und die von oben. Jeder einzelne Mitarbeiter im öffentlichen Dienst kann fortan zu einer menschlichen Sprache übergehen – sofern er keine Standardbriefe rausschickt. Oder aber die Politik versteht generell: Es ist eine Frage des Anstands, mit Menschen freundlich umzugehen. Das sollte die Leitlinie sein.

Letztlich hängt es auch von den einzelnen Menschen ab. Selbst wenn die Politik und die obersten Behörden den bürokratischen Stil als Vorgabe beibehalten, lässt sich auch »von unten« etwas erreichen. Jeder einzelne Beamte oder Mitarbeiter im öffentlichen Dienst kann seine Briefe und E-Mails fortan in einer menschlichen Sprache verfassen. Die Regeln lassen sich auch im öffentlichen Dienst durchaus anwenden. Auf lange Sicht aber sollten auch Politiker und Behörden beherzigen: Das aus dem Lateinischen abgeleitete Wort »Minister« heißt »Diener«. Sobald sich das herumgesprochen hat, könnte ein freundlicherer Umgang die Vorgabe sein.

Technische Sprache kann menschlich sein

Der Fahrzeugschein ist nur eines von vielen Beispielen dafür, wie unverständlich Technikinformationen oft sind. Vieles ist einfach nicht selbsterklärend, obwohl es das sein könnte und auch sollte. Das betrifft Ingenieure ebenso wie IT-Leute. Zahlreiche Hersteller zahlreicher Produkte scheinen zum Beispiel nicht zu berücksichtigen, dass ein Produkt den Besitzer wechseln kann und die Unterlagen zum Produkt verloren gehen können. Oder dass verschiedene Menschen ein Produkt nutzen, beispielsweise einen Mietwagen.

Gut – heute kann man sagen, die Betriebsanleitung findet sich im Internet. Manchmal findet sie sich da aber auch nicht. Und wenn sie sich im Internet findet, ist sie oft unverständlich und wirr aufgebaut.

Nehmen wir mal einen bestimmten Lastwagen mit 7,49 Tonnen zulässigem Gesamtgewicht. Es könnte ja sein, dass Sie sich bei Sixt für ein paar Tage einen solchen Lkw holen, zum Beispiel für einen Umzug. Wenn Sie den »alten Dreier« hatten, also den früheren Pkw-Führerschein, und wenn Ihr Führerschein korrekt umgeschrieben ist, dürfen Sie ihn fahren. Sofern Sie nicht so oft Lkw fahren, wissen Sie: Es kommen einige Funktionen auf Sie zu, die Sie vielleicht noch nicht kennen. Darum wollen Sie sich erst einmal einen Überblick über alle Funktionen verschaffen und auch über die Anzeigen, die in irgendwelchen Displays auftauchen können. Also schauen Sie in die Betriebsanleitung im Netz.

Als Erstes befinden Sie sich vermutlich auf der Startseite und schauen die Hauptkapitel durch. Da steht: »Einleitung«, »Auf einen Blick«, »Sicherheit« und vieles mehr.

Also gehen Sie jetzt vielleicht auf den Menüpunkt »Auf einen Blick«. Dort gibt es die Punkte »Kombiinstrument«, »Schaltereinheiten«, »Multifunktionslenkrad« sowie »Kombischalter und Multifunktionshebel«. Den Menüpunkt »Funktionen« suchen Sie vergebens. Was ein »Kombiinstrument« ist, können Sie nur mutmaßen: Bei manchen Autos ist es der Bildschirm in der Mittelkonsole mit Radio, Navi und Telefon; hier ist es der Bereich, den Sie durchs Lenkrad sehen. Der Tacho gehört also zum »Kombiinstrument«. Immer noch suchen Sie eine simple Liste von Funktionen und von Anzeigen. Aber das Einfache ist eben oft das Allerschwerste.

Da das Inhaltsverzeichnis der Betriebsanleitung Ihnen nicht weiterhilft, nutzen Sie jetzt vielleicht die Suchfunktion. Sie suchen nach dem Begriff »Anzeigen«. Einen Eintrag »Anzeige« gibt es sogar. Zu erwarten wäre nun eine Liste aller Anzeigen und Warnsymbole. Stattdessen finden Sie die Punkte »AdBlue®«, »Außentemperatur«, »Gesamtwegstrecke«, »Tageswegstrecke«, »Tankinhalt« und »Uhrzeit«. Das war's. Die Punkte sind zwar alle erklärt, aber die Auswahl wirkt seltsam willkürlich und unvollständig. Sollen das etwa alle Anzeigen sein? Das scheint kaum möglich. Skurril ist: Zu jedem Eintrag steht in der Spalte »Kapitel in der Betriebsanleitung«: »Kombiinstrument [Betriebsanleitung]«. Alle diese Anzeigen scheinen sich also auf das Kombiinstrument zu beziehen.

Aber was sollen die eckigen Klammern wie in einer mathematischen Gleichung? Das verstehe ich nicht. Ich bin Musiker – soll ich ab sofort willkürlich Violinschlüssel in meine Texte setzen, weil sie hübsch sind? In den eckigen Klammern steht, wo Sie sowieso schon sind: »Betriebsanleitung«. Warum steht das da? Egal, denken Sie sich vermutlich. Solche Text-Artefakte sind Sie von Betriebsanleitungen vermutlich ebenso gewohnt wie ich. Das sind verwirrende Null-Informationen – vergleichbar mit vielen Aussagen von Support-Hotlines, die an externe Provider ausgelagert sind. Es ist inhaltsleeres Rauschen. Jemand Internes gibt irgendeinen Spruch vor, der die externe Realität nicht trifft, weil der betreffende Mitarbeiter die Kundenperspektive nicht einnimmt.

Wenn Sie jetzt auf einen der sechs Links namens »Kombiinstrument [Betriebsanleitung]« klicken, landen Sie bei dem jeweiligen Stichwort im Kapitel »Kombiinstrument«, einem Unterkapitel von »Bordcomputer und Anzeigen«. Sie gehen davon aus, dass Sie richtig sind, und beginnen zu stöbern. Sie finden sich damit ab, dass Sie nicht systematisch zu Ihrer Übersicht kommen, sondern suchen müssen. Natürlich wissen Sie, dass das so nicht sein sollte. Usability ist definitiv etwas anderes! Sie verzweifeln also im Grunde daran, dass der Betriebsanleitung die Anwenderperspektive fehlt. Wie oft bei Betriebsanleitungen haben Sie es mit einem Konstrukt zu tun, das aus Entwicklersicht gedacht ist.

Unter »Kombiinstrument« werden Sie jedenfalls nicht fündig – die Ausbeute ist zu dürr. Es gibt nur den sehr allgemein gehaltenen und damit wenig hilfreichen Punkt »Wichtige Sicherheitshinweise« – auf ihn folgen dann die erwähnten Positionen »Drehzahlmesser«, »AdBlue®-Anzeige« und so weiter, allerdings ein wenig geschüttelt. Sie finden »Uhrzeit und Außentemperatur« zusammengefasst.

Also schauen Sie jetzt wahrscheinlich nach den anderen Einträgen im Kapitel »Bordcomputer und Anzeigen«. Dort stoßen Sie auf einen Eintrag namens »Kontrollleuchten im Statusbereich des Bordcomputers«. Was ein »Statusbereich« sein soll, wissen Sie nicht – aber das ist eben wieder eines dieser sinnlosen Informationsfragmente, wie wir sie aus technischen Texten kennen.

Wenn ich im Suchfeld der interaktiven Betriebsanleitung das Wort »Statusbereich« eingebe, komme ich auf keinen Treffer. Im Menü »Bordcomputer« unter »Bordcomputer und Anzeigen« lese ich dann, gut versteckt als Punkt 3 im Kreis: »Der Statusbereich zeigt bei automatisierten Getrieben das gewählte Fahrprogramm z.B. A economy und die Ganganzeige, z.B. N1« (Kommafehler im Original). Andere »Bereiche im Display« des Bordcomputers sind das »Register« (Punkt 1), der »Anzeigebereich« (Punkt 2), noch einmal »Register« (Punkt 4) und die Titelzeile (Punkt 5).

Sorry, aber da steige ich aus. Zwei Register? Irritierend ist auch die Reihenfolge: Betrachten wir den Bordcomputer, führt die Betriebsanleitung die fünf Punkte von oben nach unten in der Reihenfolge »1, 5, 4, 2, 3« auf. Auf mich wirkt das wenig konsistent, und es erinnert mich an das Chaos im Fahrzeugschein. Zumal ich keine Ahnung habe, warum man den Anwender mit Vokabeln wie »Statusbereich« und »Titelzeile« belasten muss. Wenn der Bordcomputer »N1« zeigt, sehe ich das schon. Es steht unten rechts. Wie der Hersteller diese Partition des Displays intern nennt – pardon, das ist für mich als Anwender vollkommen irrelevant. Im Grunde ist sogar der Begriff »Bordcomputer« nicht mehr sinnvoll, um Informationen wie Kilometerzahl oder Spritverbrauch von anderen Informationen abzugrenzen, die sich ebenfalls digitalisiert darstellen.

Jedenfalls klicken Sie auf »Kontrollleuchten im Statusbereich des Bordcomputers«. Jetzt finden Sie jede Menge Symbole: »Fahrer-Airbag«, »Ölstand zu niedrig (Motor)«, »Spannungsversorgung Störung«, »Dauerbremse Störung«, »Haltestellenbremse« und viele mehr. Den Eintrag »Gelbe Warn-/Kontrollleuchte« gibt es noch zum »Bremssystem des Anhängers/Aufliegers«. Auch »Rote Warn-/Kontrollleuchte« ist aufgelistet – zum »Bremssystem des Anhängers/Aufliegers«. Sie fragen sich: Gibt es bei diesem Lkw wirklich nur eine rote Warnleuchte? Na gut: Es scheint sich alles auf diesen einen Bereich im Bordcomputer zu beziehen – eine völlig unsinnige und viel zu kleine Auswahl, wenn man wissen will, welche Symbole der Wagen für einen Fahrer bereithält.

Jetzt fangen Sie von vorne an. Sie suchen im alphabetischen Register nach Begriffen, die in Frage kommen könnten. Erst schauen Sie unter »S« nach »Symbole«, aber diesen Eintrag gibt es nicht. Also nehmen Sie sich das ganze Alphabet vor. Unter »A« stoßen Sie auf das Stichwort »Armaturenbrett«. Der Eintrag verweist Sie zum Stichwort »Cockpit«, einem Unterpunkt von »Auf einen Blick«. Die Seite »Cockpit« sieht auch ganz gut aus – es gibt 22 Punkte, von »Zusatzheizung« über »Multifunktionslenkrad« bis zu »Abdeckung des Sicherungshalters«. Aber alles ist das noch lange nicht.

Ihnen fällt auf, dass unter dem Menüpunkt »Auf einen Blick« noch einmal der Punkt »Kombiinstrument« steht. Beim Eintrag »Kombiinstrument« waren Sie schon, denken Sie, der bringt nichts. Naja, Sie klicken drauf. Und sind irritiert: Sie lesen unter »Kombiinstrument« jetzt etwas anderes als vorher. Dass derselbe Punkt von verschiedenen Stellen aus erreichbar ist, ist bei Hypertexten üblich, das beste Beispiel dafür ist die Wikipedia. Also gehen Sie davon aus, dass der Inhalt derselbe ist. Das ist aber nicht der Fall.

Es gibt zwei verschiedene Einträge mit dem Titel »Kombiinstrument« – einmal unter »Cockpit«, was ein Unterpunkt von »Auf einen Blick« ist, und dann noch mal unter »Bordcomputer und Anzeigen«. In dem zweiten Eintrag namens »Kombiinstrument« gibt es die Unterpunkte »Anzeigen« und »Kontrollleuchten«. Hurra, denken Sie, Sie sind richtig! Tatsächlich finden Sie jede Menge Kontrollleuchten aufgelistet. Ganz unten steht noch: »Eine Übersicht der Warn-/Kontrollleuchten im Statusbereich des Bordcomputers finden Sie unter ›Bordcomputer und Anzeigen‹« mit einem Link dorthin – und Sie landen wieder im Bereich »Kontrollleuchten im Statusbereich des Bordcomputers«.

Und spätestens jetzt haben Sie das System verstanden. Die Betriebsanleitung ordnet die Funktionen nach den Bereichen, in denen sie untergebracht sind – nicht danach, wie der Anwender sie sucht. Die Autoren gehen also nicht vom Anwender aus, der die Betriebsanleitung liest, sondern vom Entwickler. Dass diese Systematisierung dem Anwender nichts bringt, haben Autoren von Betriebsanleitungen oft nicht auf dem Schirm. Und das betrifft nicht nur diesen einen Hersteller, das betrifft nahezu alle. Die Sprache von Ingenieuren berücksichtigt in kaum einer Branche und bei kaum einem Unternehmen das Unwissen des Außenstehenden. Das ist bei Lkws so, bei Pkws, bei Fernsehgeräten und bei Waschmaschinen.

Der Punkt bei den Funktionen und Symbolen ist: Wenn ein Symbol auftaucht, das der Fahrer nicht kennt, dann ist es egal, ob dieses Symbol im Bordcomputer auftaucht, im Tacho, in der Frontscheibe oder sonst wo. Der Fahrer braucht jetzt einfach nur die Information, was dieses Symbol sagen will. Meinetwegen kann in der zweiten Spalte auch stehen, wo dieses Symbol dann auftaucht. Aber mehrere Listen je nach Ort zu machen, ist Unsinn. Denn damit darf der Fahrer erst einmal die Logik des Herstellers nachvollziehen, was völlig überflüssig ist und ihm außerdem abverlangt, sämtliche Orte zu durchsuchen, an denen möglicherweise Symbole auftauchen. Bevor er sich dieses Wissen aneignen kann, muss er die internen Begriffe des Herstellers verstehen. Aus Anwendersicht ist das alles unnötiger Ballast. Der Hersteller zwingt den Anwender in die Entwicklerperspektive und macht ihm das Leben entsprechend unnötig schwer.

Warum also schickt der Hersteller jemanden auf eine Schnitzeljagd, der einfach nur Funktionen sucht? Will ein Fahrer wissen, welche Funktionen dieser Lastwagen hat, dann erwartet er eine Liste mit allem. Der Hersteller aber ordnet die Funktionen nach den Bereichen, in denen sie untergebracht sind. In der Betriebsanleitung ist das Kapitel »Schaltereinheiten« im Menüpunkt »Auf einen Blick« ja ein guter Ansatz: eine Liste von Symbolen mit Erklärung – von der Frontscheibenheizung über Leselichter bis zum Aufstelldach. Dass das alles Schalter sind, ergibt sich aus der Bezeichnung »Schaltereinheiten«. Nur: Wonach sucht der Anwender? Sucht er nach Schaltern? Oder sucht er vielleicht eher nach Funktionen?

Ich glaube, es geht um Funktionen, nicht um Schalter. Der Anwender sucht die Funktion. Liegt diese Funktion dann in einem Hebel, betätigt er einen Hebel. Liegt die Funktion in einem Schalter, betätigt er einen Schalter. So clever sind die Leute schon. Dass der Hersteller die vielen Funktionen unter »Schaltereinheiten« auflistet, ist typisch für eine intern gedachte Herangehensweise – für Entwickler ist es eben spannend, ob etwas ein Schalter ist oder nicht. Für den Anwender nicht.

Dass solche Schnitzeljagden durch Betriebsanleitungen häufig sind, hat jedenfalls einen Grund: Betriebsanleitungen sind in aller Regel konvergent gedacht und gemacht. Die Macher denken in Funktionen, wie sie sich aus ihrer Sicht darstellen. Sie berücksichtigen meistens nicht, dass der Anwender von der Performance des Produktes ausgeht und kein Entwicklerwissen hat. Entsprechend ist die Logik aus Entwicklersicht dargestellt, nicht die Logik aus Anwendersicht. Das ist das Problem bei technischen Texten vieler Art. Es scheint den Autoren nicht zu gelingen, sich in die Lage eines Anwenders zu versetzen.

Plan-Prinzip und App-Prinzip

Kennen Sie die Abfahrtspläne der Deutschen Bahn? Hier finden Sie alle Personenzüge, die von einem bestimmten Bahnhof abfahren. Das ist der klassische Zugang – der Anbieter stellt dar, was er hat. Die Digitalisierung ermöglicht heute aber auch den Anwenderzugang: Auf bahn.de oder mit der App »DB Navigator« finden Sie nur die Züge, die Sie konkret brauchen könnten. Wenn Sie an einem ganz bestimmten Dienstag zwischen 10 und 11 Uhr von Fulda nach Lüneburg fahren wollen, ist es völlig irrelevant, ob dieser Zug auch an Samstagen fährt.

Entsprechend spuckt die App solche unnötigen Informationen nicht aus. Der »DB Navigator« zeigt beispielsweise eine Liste von Zügen an, die am 3. Dezember 2019 von Fulda nach Lüneburg fahren. Ob der Zug um 10.04 Uhr auch an anderen Tagen fährt, erfahren wir an dieser Stelle nicht, selbst wenn wir die Details zum ICE 1682 samt Fahrtverlauf anklicken.

Wenn der Lkw-Hersteller jetzt die Funktionen seines Lkw nach Bereichen wie »Schaltereinheiten« ordnet, dann ist das so, als würden wir bei der App der Deutschen Bahn nach Zügen suchen, die nur am Wochenende fahren, ohne eine Strecke eingeben zu können. Dass eine Funktion in einem Schalter untergebracht ist oder ein Zug nur am Wochenende fährt, mag zwar richtig sein, aber es ist eben nicht der Punkt.

Eine gute Betriebsanleitung konfrontiert den Anwender also nicht mit der Komplexität eines Produktes, sondern geht von der Perspektive aus, in der der Anwender das Produkt erlebt. Eine gute Betriebsanleitung listet die Fragen auf, die ein Anwender haben kann, und verweist dann auf die Antworten. Oder sie bringt eben komplette Listen. Und was für den Anwender irrelevant ist, lassen gute Betriebsanleitungen weg.

Eine simple und übersichtlich geordnete Liste sämtlicher Anzeigen in diesem Lkw habe zumindest ich nicht gefunden. Usability und Kundenorientierung würden bedeuten, dass sich so eine Liste mit wenigen Klicks findet, weil die Benutzerführung entsprechend durchdacht ist. So eine Liste würde ich unter der Rubrik »Auf einen Blick« erwarten. Für meine Begriffe fehlen dort die Unterpunkte »Alle Funktionen« und »Alle Symbole«. Diese Unterpunkte wären völlig einfach umzusetzen.

Ich habe beim Hersteller gefragt, ob es in dieser interaktiven Betriebsanleitung eine Liste mit sämtlichen Funktionen und eine Liste mit sämtlichen Symbolen gibt – denn vielleicht habe ich ja etwas übersehen. Intuitiv findbar wäre sie jedenfalls nicht gewesen. Leider wollte man mir erst einmal nicht antworten: Am 11. September 2019 schrieb ich erstmals hin und erhielt eine Eingangsbestätigung; am 18. September 2019 hakte ich nach und bekam noch eine Eingangsbestätigung. Am 24. September 2019 dann kam ein Anruf. Eine Dame wollte mir sämtliche Funktionen des Lkws zusammenstellen. Da es darum nicht geht, habe ich sie gefragt, ob ich etwas übersehen hätte. Ich habe ihr einige Sackgassen meiner Schnitzeljagd demonstriert, und sie sagte sinngemäß, es gebe wohl tatsächlich keine vollständige Übersicht der Funktionen in dieser Betriebsanleitung.

Dieser Lkw ist natürlich nur ein Beispiel von vielen. Bei den meisten Produkten der meisten Hersteller begegnet uns wie gesagt so ein Elend. Wenn Sie sich einen Lkw mieten, rate ich Ihnen, vor Antritt der Fahrt aus der Betriebsanleitung alle Funktionen und Symbole herauszufrickeln, die Sie möglicherweise brauchen könnten. Am besten machen Sie das vorher am Schreibtisch – Sie finden viele Anleitungen ja im Netz. Vom Fahrersitz aus auf der Autobahn ist es kaum realistisch, diese Struktur zu durchdringen.

Sinn einer guten Betriebsanleitung ist es natürlich nicht, dass der Anwender eine Schnitzeljagd durchlebt. Die Stichwörter heißen »intuitive Anwendbarkeit« und »Usability«. Üblicherweise ordnen wir diese Begriffe Produkten zu – aber sie gelten auch für Texte. Sie gelten für die Herangehensweise von Texten, also in Bezug auf die Perspektive: Nimmt der Text die Anwendersicht ein, oder funkt er nur aus Entwicklersicht? Und dann gelten diese Begriffe natürlich auch für die Texte selbst, also für die Klarheit und die Verständlichkeit von Texten. Schließlich geht es um die Struktur eines Textes: Wie gut versteht ein Anwender beispielsweise einen Begriff wie »Statusbereich des Bordcomputers«?

Erst der Überblick, dann die Details

Die Perspektive der Lkw-Betriebsanleitung ist typisch für Texte von Ingenieuren. Es ist ähnlich wie bei Texten von Behörden: Die Texte leiden zunächst einmal an der Senderperspektive. Also am grundsätzlichen Herangehen. Erst in zweiter Linie geht es dabei um Sprache. Wenn Sie einen Eintrag in einer Betriebsanleitung nicht finden, weil er in der Architektur vor lauter Komplexität nicht aufzustöbern ist, ist es auch egal, ob dieser Eintrag einen Passivsatz enthält. Vom Großen ins Kleine gedacht, gilt also auch bei Betriebsanleitungen und Handbüchern: Erst müssen wir sicherstellen, dass klar ist, worum es geht. Bevor wir den Anwender mit Details überfordern, braucht er einen Überblick. Und die Perspektive muss stimmen. Es muss klar sein, dass wir unser Handbuch so schreiben, dass der Anwender etwas damit anfangen kann. Das gelingt, indem wir unsere Logik als Entwickler einmal vergessen und uns überlegen, wie der Nutzer unser Produkt eigentlich nutzt. Und dann funktioniert das Konzept wie beim Fahrplan und der erwähnten App der Deutschen Bahn: Der Plan listet quasi die Features auf, die App führt zu Antworten auf Fragen.

Um das Ganze noch deutlicher zu machen: Wenn ein Auto piepsen kann, dann kann es theoretisch auch sagen, dass das Licht noch an ist. Inzwischen scheint die Plage nachzulassen, dass Autos in den verschiedensten Tönen piepsen, wenn etwas nicht stimmt, aber das Phänomen erklärt die Logik hinter dem Prinzip der Usability sehr gut. Stellen wir uns vor, es gibt einen Ton dafür, dass die Tür offen ist, einen anderen dafür, dass Sie nicht angeschnallt sind, und einen dritten Ton dafür, dass das Licht an ist, obwohl der Motor aus ist. Ein Ton meldet einem Menschen erst einmal nur, dass etwas nicht stimmt. Was nicht stimmt, sagt der Ton nicht. Da aber jeder einzelne Ton einem bestimmten Zustand zugeordnet ist, könnte das Auto auch deutlich mitteilen, was los ist. Sodass Anwender nicht mehr mutmaßen müssen. Beziehungsweise: Wie kommt man als Entwickler nur auf die Idee, ein bestimmter Ton würde dem Anwender etwas sagen? Gerade für Mietwagennutzer ist es ärgerlich, wenn Autos sich nicht selbst erklären.

Das Gleiche gilt für Fernseher, Computer und alle anderen Geräte. Sogar ein gewöhnlicher Küchenofen stellt sich mal tot, solange die Uhr nach einer Stromunterbrechung nicht wieder eingestellt ist. Gut – ein gewisses Mindestmaß an technischem Wissen brauchen wir heute, wenn wir eine Waschmaschine betreiben. Und es geht mir auch nicht darum, kulturpessimistisch die Überfrachtung durch Funktionen zu kritisieren, auch wenn vieles, was technisch möglich ist, noch lange nicht nötig ist. Ich sage nur: Wenn wir eine Funktion haben, dann lässt sich diese Funktion auch aus Nutzersicht erklären. Es geht, wenn man das als Entwickler will. Sind es hundert Funktionen, müssen wir eben hundert Funktionen erklären. Und hier geht es maßgeblich darum, Sache und Bedeutung zu unterscheiden (Seite 37ff.). Ein typisches Beispiel dafür ist die bekannte Funktion »Gerät auf Werkseinstellungen zurücksetzen«. Was bedeutet das, wenn wir nirgendwo erfahren, worin die Werkseinstellungen bestehen? Ist die »Bewegungskompensation« bei meinem Fernseher ab Werk denn nun aktiv oder nicht? Oder die »automatische Formaterkennung«?

Sprachlich geht es bei Ingenieuren und IT-Leuten naturgemäß prioritär um Präzision. Informationen müssen glasklar sein. Aber das gelingt oft nicht. Lesen wir als Nutzer in einem Text an einer Stelle von einem »Display« und an einer anderen Stelle von einem »Screen«, dann ist das unglücklich, wenn mit »Display« und »Screen« dasselbe gemeint ist. Eine »Seriennummer« darf auf dem Gerät nicht anders heißen als auf der Packung. Bei der internationalen Abkürzung »S/N« ist der Schrägstrich völlig Banane – das falsche Zeichen an dieser Stelle. Oft liest man auch »S/N-Nummer«, also »Seriennummernummer«. Das ist sprachlich ebenso verkorkst, wie wenn jemand »8oiger Jahre« sagt, also »Achtzigiger Jahre« – statt »8oer Jahre«.

Dazu kommt – wie bei den Behörden – die Neigung, das eigene Wissen bei anderen vorauszusetzen. Nehmen wir das Handbuch des iPhone für iOS 7.1 und vergleichen wir es mit dem Handbuch des Samsung Galaxy A50. Der entscheidende Unterschied fällt sofort ins Auge: Auf der ersten Seite des iPhone-Handbuchs steht groß: »iPhone«. In der Zeile darunter steht ebenfalls groß: »Benutzerhandbuch«. Auch auf dem Handbuch von Samsung steht auf Seite eins groß »Benutzerhandbuch«. Aber für welches Gerät ist dieses Benutzerhandbuch da? Statt die Handelsbezeichnung des Gerätes klar und groß darzustellen, versteckt sich die Information in einer sehr kleinen Textzeile in Grau unten links. Und diese Zeile lautet tatsächlich: »SM-A505FN/DS«. Kein Witz! Das steht da wirklich. Der Begriff aber, mit dem die Menschen über dieses Smartphone sprechen, der fehlt.

Wenn Sie so wollen, ist das der Unterschied zwischen divergentem und konvergentem Denken in der IT auf den Punkt gebracht. Die einen versuchen, die Nutzerperspektive einzunehmen, und sorgen für raschestmögliche Orientierung des Nutzers, damit der Nutzer weiß, worum es geht und in welchem Rahmen sich die Informationen vor ihm bewegen. Die anderen scheinen sich nicht für die Kundenperspektive zu interessieren und verheddern sich stattdessen in internen Details. Auf mich wirkt es so, als wollte Samsung die Kundenperspektive absichtlich ignorieren. Bei Samsung weiß man doch, dass am Ende der Kunde dieses Handbuch anschauen wird. Oder täusche ich mich? Und es gehört nicht viel Vorstellungskraft dazu, zu ermessen, dass der Kunde gerne rasch und auf einen Blick erfahren will, ob er das richtige Handbuch vor sich hat. Es ist wirklich nicht allzu schwer, das zu ermessen.

Wieder sind es die einfachen Dinge, die äußerst schwer zu sein scheinen. Es scheint von manchen Menschen zu viel verlangt zu sein, die simpelsten Informationen klar zu vermitteln. Das ist das Hauptproblem bei Ingenieuren und in der IT. Sollten Sie eine Idee haben, warum das so ist, dann sagen Sie es mir bitte. Ich habe keine Erklärung dafür. Ein Intelligenzproblem ist es sicher nicht – der durchschnittliche Intelligenzquotient unter IT-Leuten dürfte zu den höchsten gehören, wenn wir verschiedene Berufsgruppen miteinander vergleichen. Eventuell geht es ja doch um so etwas wie die Fähigkeit zum Einfühlungsvermögen, um Empathie?

Manchmal denke ich auch, es geht um Sprachgefühl und Musikalität, wenn Sie mir diesen Ausflug erlauben. Technokraten, deren Finger sich vor allem auf dem Nummernblock zuhause fühlen, haben mit Sprache und Musik oft wenig am Hut, bestenfalls als Konsumenten von Sprache und Musik. Entsprechend ist ihre Sprache technokratisch, nicht musisch. Der wunderbare Name des Monats September beispielsweise kommt in ihrem Wortschatz nicht vor – dort heißt der Monat »09«. Ja, der September ist der neunte Monat im Jahr. Stimmt. Aber na und? Er heißt »September«. Oder nennen IT-Leute ihre Kinder auch »01«, »02« und »03«? Sicher nicht, obwohl die Reihenfolge vermutlich sogar stimmt. Die Null in »09« braucht übrigens kein Mensch, um zu erkennen, dass es sich hier um eine Neun handelt. Maschinen brauchen die Null vielleicht, der Mensch braucht sie nicht. Auch wenn Ihr Unternehmen solche technokratischen Schrullen bleiben lässt, dürfte es im Ergebnis viel weniger förmlich und viel menschlicher wirken.

Samsung scheint auch nicht zu erkennen, dass die sparsame Information auf Seite eins des Handbuchs ein Problem ist. Man erkennt letztlich nicht, wie Worte wirken. Und das finde ich kurios. Erinnern Sie sich an den Bürgermeister mit seiner Absenderzeile »BGM«? So etwas passiert bei Technikern ständig. Ich frage bei mehreren Anbietern nach einem Teil und erhalte von diesen Anbietern E-Mails. Bei einem Anbieter erscheint unter »Von« der Firmenname, und Sie wissen sofort, welches Unternehmen Ihnen antwortet. Eine andere E-Mail kommt von »Ersatzteillager«. Da wissen Sie nicht, welches Unternehmen Ihnen schreibt.

Allerdings wissen Sie: Dieses Unternehmen ist in seinen Denkstrukturen gefangen. Die Leute dort wissen nicht, dass es außerhalb ihres Unternehmens eine Welt gibt. Sie nehmen nur sich selbst wahr. Für den Kunden ist es gleich, von welcher Stelle des Unternehmens er Antwort bekommt. Viel wichtiger ist für ihn zu erfahren, welches Unternehmen ihm schreibt. Eine Information, die ihm der Absender zunächst einmal vorenthält. Und es widerspricht eben auch dem Fetisch der Präzision, den viele in der Technik-Szene so vor sich hertragen. Die Information »Ersatzteillager« ist unpräzise, solange unklar ist, welches Ersatzteillager gemeint ist, also welches Ersatzteillager welches Unternehmens. Das »big picture« fehlt. Der Kunde kann sich keinerlei Vorstellung machen, wer ihm schreibt.

Und jetzt stellen Sie sich vor, Ihr Unternehmen würde ständig so kommunizieren. Ständig würden es Interessenten Steine in den Weg werfen, die das Verständnis erschweren. Stellen Sie sich vor, Ihr Chef sagt: »Ach, die Leute merken dann doch, wer ihnen schreibt.« Sie selbst aber wissen, dass Sie Ihre Reichweite unnötig verringern. Insofern ist entscheidend: Einen Wettbewerbsvorteil haben Unternehmen, denen es gelingt, die Perspektive zu wechseln und aus Anwendersicht zu kommunizieren.

Die Sprache von Ingenieuren und IT-Leuten

Sprachlich ist das Hauptthema bei Technikern die Übersetzung der Fachbegriffe – ähnlich wie bei Medizinern (Seite 148). In der Businesskommunikation lassen sich Fachbegriffe in einer Klammer kurz erklären. Nur: Welche Fachbegriffe sind bereits Allgemeinwissen und welche nicht?

Es ist kaum möglich, hier eine scharfe Trennlinie zu ziehen. Und selbst wenn es möglich wäre, müssten wir diese Trennlinie alle paar Monate korrigieren. Für wen das Internet wie für Kanzlerin Angela Merkel (* 1954) »Neuland« ist, der versteht vielleicht auch heute noch nicht, was »Bluetooth« ist. Also sollten wir das Wort »Bluetooth« möglicherweise erklären. Das geht aufwändig, indem wir technisch ins Detail gehen und von »Protokollen« und einem »Basisband« sprechen. Wir können die Sache aus technischer Sicht perfekt erklären, aber kein Laie versteht uns. Oder aber wir erklären die Bedeutung: »Bluetooth ist eine Funkverbindung über kurze Distanz, über die Geräte Daten austauschen.«

Wenn wir jetzt erklärungsbedürftige Begriffe in Klammern kurz erklären, informieren wir damit die Unwissenden. Aber gehen wir damit automatisch den Wissenden auf die Nerven, weil wir ihnen etwas sagen, was sie schon wissen? Das glaube ich nicht. Redundante Informationen gibt es überall: Was steht unter einem Zeitungsfoto von Angela Merkel? Da steht »Angela Merkel«. Manchmal mit dem Zusatz »CDU« in Klammern, oft auch mit dem Zusatz »Bundeskanzlerin«. Und trotzdem sagt niemand: »Für wie doof haltet ihr uns? Wir wissen doch, dass das Frau Merkel ist.«

Ein wichtiger Schritt zu mehr Verständnis bei Techniktexten sind solche Redundanzen. Wir erklären möglichst die Bedeutung der Sache statt nur die Sache selbst. Und wir nehmen es in Kauf, mit unserer Erklärung manchen Leuten nichts Neues zu sagen. Eine solche Redundanz mit dem Ziel eines leichteren Verständnisses könnte beispielhaft so aussehen:

Bitte halten Sie die Seriennummer Ihres Gerätes bereit. Die Seriennummer finden Sie auf dem weißen Etikett auf der Rückseite des Gerätes. Die Seriennummer ist gekennzeichnet mit »S/N«.

Ob das sprachlich schön ist, lässt sich sicher diskutieren. Meine Ansicht dabei: Der Nutzer wird sich über eine möglichst einfache Gedankenführung freuen. Er will möglichst rasch wissen, was das Unternehmen ihm sagen will, und er wird uns daher auch Wortwiederholungen wie beim Wort »Seriennummer« verzeihen.

Üblicherweise ersetzen wir mehrfach erscheinenden Substantive wie »Seriennummer« durch Pronomina. Das haben wir so in der Schule gelernt, so soll Sprache angeblich eleganter und schöner wirken. Ein Pronomen ist ein Kurzwort, das für das Nomen steht (»pro nomine«). Hier kommt vor allem das Pronomen »sie« ins Spiel:

*Bitte halten Sie die Seriennummer Ihres Gerätes bereit. Sie finden **sie** auf dem weißen Etikett auf der Rückseite des Gerätes. **Sie** ist gekennzeichnet mit »S/N«.*

Merken Sie, wie schwer das Verständnis wird? Beim ersten »sie« (im Beispiel gefettet) muss unser Gehirn bereits enorm rechnen. Auf welches Substantiv bezieht sich »sie«? Wir müssen zurücklesen oder zurückdenken, um ein feminines Substantiv zu finden, und dann erkennen, dass das Wort »Seriennummer« gemeint sein dürfte. Eine solche Gehirngymnastik trainiert zwar das Denken, läuft aber dem sofortigen Verständnis gerade bei technisch komplexen Themen extrem zuwider. Sofern Sie selbst ein Tekkie sind, werden Sie sich über den geringen Anspruch wundern. Aber glauben Sie mir: Sie ermessen nicht, für wie viele Menschen der Umgang mit Ziffernfolgen und technischen Prozessen eine riesige Herausforderung ist. Zumal Seriennummern gerne in einer nahezu unlesbaren Kleinschrift gedruckt sind und sich auf solchen Etiketten oft mehrere Ziffernfolgen befinden, sodass die Seriennummer untergeht.

Beim zweiten »sie« – im Beispiel großgeschrieben, weil am Satzanfang – wird es noch haariger: Das Pronomen kann sich auch auf das feminine Substantiv »Rückseite« beziehen. Demnach wäre die Rückseite mit »S/N« gekennzeichnet. Und schon haben wir keine klare Botschaft mehr, sondern kommunizieren doppeldeutig.

Das menschliche Gehirn arbeitet hier nach einem simplen Algorithmus: Es bezieht ein Pronomen grundsätzlich erst einmal auf das letztgehörte oder -gelesene Wort, das grammatikalisch in Frage kommt. Oft irrt sich das Gehirn dann auch noch und bezieht das Pronomen auf ein Wort, das grammatikalisch gar nicht passt – einfach mangels Sprachgefühl oder auch weil jemand Fremdsprachler ist. Viele Leute lesen auch einfach oberflächlich. Und das müssen wir berücksichtigen. Wir können die Leute nicht dazu zwingen, unsere Texte mit großer Hingabe zu lesen, sondern es wird immer Leser geben, die nicht voll bei der Sache sind. Es gibt also diverse Fehlerquellen. Und gerade in Techniktexten sollte den Autoren daran gelegen sein, Fehlerquellen zu vermeiden.

Das erste »sie« in unserem Beispiel ist schon Ratespiel genug: Sprachlich weniger begabte Menschen können schon hier falschliegen, weil sie sich fragen, weshalb sich das Gerät auf einem Etikett befinden soll. Sicher können wir sagen, das sei ein Fehler, aber was bringt es denn? Kommunikation vor allem im Business ist dann gut, wenn solche Irrtümer und Denkfehler gar nicht erst entstehen.

Das zweite »sie« ist dann tatsächlich eine Schnitzeljagd: Der Leser wird das Wort wie erwähnt auf das letzte feminine Substantiv im Text beziehen, und das ist das Wort »Rückseite«. Nun ist aber nicht die Rückseite mit »S/N« gekennzeichnet, sondern die Seriennummer – aber für den Irrtum kann der Leser nichts. Wir als Absender haben in diesem Fall die Doppeldeutigkeit erzeugt. Wir haben dem Nutzer eine Falle gestellt – und das ist das Gegenteil von Usability. Ein Text ist nicht gut, wenn er zwar sprachlich schön ist, aber der Inhalt sich erst auf den zweiten Blick erschließt. Der Inhalt muss sofort zweifelsfrei klar sein.

Sinnvolle und sinnlose Redundanzen

Hinzukommt: Auch bei Techniktexten lassen sich die erwähnten Sprachregeln anwenden – das schließt die eben erwähnten Redundanzen nicht aus. Im Handbuch des Samsung Galaxy heißt es zum Beispiel auf Seite 51:

> *Beim Öffnen einer Anwendung kann ein Pop-up-Fenster angezeigt werden, in dem der Zugriff auf bestimmte Funktionen oder Informationen angefordert wird.*

Schauen wir das Ganze erst sprachlich an: Wir haben zwei völlig unnötige Passivsätze – der eine im Hauptsatz (»kann angezeigt werden«), der andere im Nebensatz (»in dem angefordert wird«). Und dann fragen wir uns, ob das Wort »Pop-up-Fenster« nötig ist. Sicher haben wir es mit einem Pop-up-Fenster zu tun – aber ist das an dieser Stelle wichtig? Aus Kundensicht erscheint die Aufforderung, einen Zugriff zu erlauben. Die Aufforderung erscheint unübersehbar auf dem Bildschirm. Ob diese Aufforderung in einer Sprechblase erscheint oder in einem Pop-up-Fenster, ist an dieser Stelle nicht relevant – und das gilt es zu erkennen. Der User sucht nicht nach Pop-up-Fenstern, sondern es geht ihm um die Aufforderung.

Übertragen wir das Phänomen aufs Autofahren. Wenn wir uns auf öffentlichen Straßen bewegen, begegnen uns ebenfalls immer wieder Hinweise – Verkehrsschilder. Aber wenn Sie die Bedeutung von Verkehrszeichen in der Fahrschule lernen, geht es niemals um die Schilder selbst. Es geht stets um die Zeichen darauf. Ein Fahrlehrer wird also vermutlich nicht

über ein dreieckiges Metallschild sprechen, das Ihnen mit 630, 900 oder
1260 Millimetern Seitenlänge begegnen kann. Sondern er wird gleich aufs
Wesentliche kommen: Es geht um das Vorfahrtszeichen vor einer Kreu-
zung oder Einmündung, um Zeichen 301. Das Medium, auf dem sich die
Information befindet, ist hier ebenso unmaßgeblich wie bei einem digitalen Gerät. Ob wir es mit einem Metallschild zu tun haben oder auch mit
einem Pop-up-Fenster, ist ebenso nebensächlich wie ein Display eines
Lkws. Es sei denn natürlich, Ihr Thema seien Pop-up-Fenster als solche –
aber das ist an der Textstelle im Galaxy-Handbuch nicht der Fall.

Lösen wir den Satz also auf:

> *Beim Öffnen einer Anwendung kann die Bitte erscheinen, dass
> Sie den Zugriff auf bestimmte Funktionen oder Informationen
> erlauben.*

Dass diese Bitte in einem Pop-up-Fenster erscheint, sehen wir als Kunde.
Letzten Endes erscheint die Bitte als Text, in welchem Medium oder auf
welcher Oberfläche auch immer. Den Begriff »Pop-up-Fenster« haben wir
rausgeschmissen. Dass die Anwendung den Zugriff will, ist in diesem Fall
klar. Also kann auch dieser Hinweis raus. Es ist eine von vielen Möglichkeiten, den Satz zu verbessern.

Wie würden Sie es formulieren? Schicken Sie mir gern Ihre Version!

Redundanzen

Eine Redundanz ist dann sinnvoll, wenn sie einen wesentlichen Punkt deutlich macht und dadurch beispielsweise Pronomina vermeidet (die Wiederholung des Substantivs »Seriennummer«). Ebenso sind Redundanzen klug, die die Einordnung einer Sache erleichtern (wenn wir die Kennzeichnung »S/N« erklären). Sinnlos sind Redundanzen, wenn sie irrelevante Zusatzinformationen liefern – zum Beispiel die Information, dass sich ein Hinweis in einem Pop-up-Fenster befindet oder ein Verkehrszeichen auf einem Schild.

Wirtschaftssprache kann menschlich sein

Die Sprache von Steuerberatern ähnelt oft der Sprache des Finanzamtes. Und das ist eigentlich kurios. Denn ein Steuerberater ist ja im Grunde »Zivilist«. Er ist ein privatwirtschaftlich aufgestellter Dienstleister, der den Steuerzahler gegenüber dem Finanzamt vertritt. Insofern gibt es eigentlich keinen Grund, dass Steuerberater so förmlich kommunizieren, wie es das Finanzamt oder auch die Zollbehörden tun. Sondern gerade Steuerberater, die ja in aller Regel Selbstständige sind und sich über Neukunden freuen, sind möglicherweise gut beraten, mit einer weniger förmlichen Sprache zu arbeiten. Lassen Sie mich das bitte kurz herleiten.

Im vorangegangenen Kapitel ging es um Redundanzen. Zuletzt hatten wir gesagt: Die Information, dass sich ein Hinweis in einem Pop-up-Fenster oder auf einem stählernen Verkehrsschild befindet, ist keine sinnvolle Redundanz. Denn die Information tut nichts zur Sache.

Das Denken in förmlichen Kategorien aber hält solche Zusatzinformationen für wichtig. Zahlreiche Steuerberater hängen diesem Denken an. Lassen Sie uns kurz überlegen, warum so viele Menschen überflüssige Informationen nicht weglassen. Ich habe vermutlich eine Antwort.

Der klassische konvergent gedachte Ansatz geht davon aus, dass Informationen allumfassend und erschöpfend sein müssen. Bei einer Recherche fallen naturgemäß auch irrelevante Informationen an. Aber da auch diese irrelevanten Informationen einen Bezug zum Thema haben – sonst würden sie bei der Recherche nicht auftauchen –, hält der konvergent denkende Rechercheur sie für wichtig. Also taucht nahezu alles zu einem Thema beispielsweise in einem Referat in der Schule oder in der Uni auf – oder eben auch bei einer Besprechung mit dem Steuerberater.

Es fällt vielen konvergent denkenden Menschen schwer, die Grenzen ihres Themas zu erkennen. Sie sagen: »Warum soll denn die Information ›Pop-up-Fenster‹ nicht relevant sein? Der Hinweis *steht* doch nun einmal in einem Pop-up-Fenster!« Und natürlich: Ja, sicher, das stimmt. Nur geht es eben nicht darum, was alles *stimmt*, sondern darum, was *wichtig ist*. Es geht nicht darum, dass alle möglichen Informationen *richtig sind*, sondern darum, dass wir die *richtigen Informationen* vermitteln. Also die wichtigen. Und das können viele Leute eben nicht unterscheiden.

Wie andere Selbstständige auch, erkläre ich monatlich meine Umsatzsteuer. Unter Steuerberatern heißt es nicht »Umsatzsteuer erklären«, sondern »Erklärung der Umsatzsteuer abgeben«. Wir haben es ein weiteres Mal mit förmlicher Sprache zu tun, die an dieser Stelle nicht nötig ist.

Kurios sind die E-Mails, die mir mein Steuerberater schreibt. Sobald alle meine Belege für den jeweiligen Monat komplett sind, übermittle ich sie meinem Steuerberater digital über ein gesichertes Verfahren. Dann rechnet der Steuerberater aus, wie viel Geld das Finanzamt für den jeweiligen Monat bekommt, und schickt mir das PDF der Umsatzsteuervoranmeldung. Manchmal hat er Fragen. Wenn auf einem Bankkonto beispielsweise ein Betrag reinkommt oder rausgeht, für den es keinen Beleg gibt, dann fordert der Steuerberater diesen Beleg an. Das Procedere ist super, und es passieren so gut wie keine Fehler.

Hat der Steuerberater aber nichts nachzufordern, weil die Unterlagen vollständig sind, dann steht in seiner E-Mail trotzdem der Hinweis, dass Informationen fehlen. Dieser Hinweis ist aber quasi inaktiv geschaltet:

Folgende Unterlagen und Informationen fehlen uns noch
(vielen Dank für eine kurzfristige Erledigung):

• entfällt

Kein Witz! Es ist, als würde der Steuerberater in Nullen und Einsen denken. Oder in Formularen. Trifft etwas nicht zu, ist die E-Mail nicht etwa kürzer, sondern tatsächlich steht da: »entfällt«. Es ist konvergentes Denken in Reinform. Zugleich ist mein Steuerberater ein kreativer Typ, ohne Frage. Er ist kein Starrkopf. Eher scheint er eine konvergente Rolle zu spielen und sich in der Sprache dem konvergenten Denken anzupassen.

Aber ist der Hinweis »entfällt« eine sinnvolle Redundanz? Tja. Man könnte argumentieren: So weiß der Mandant, ob dem Steuerberater noch etwas fehlt. Oder positiv gesagt: ob die Unterlagen vollständig sind.

Jetzt streichen wir diesen Text aber mal aus der E-Mail. Der Steuerberater mailt uns die Umsatzsteuervoranmeldung und noch einmal die konkrete Steuerlast – und damit sind wir vollständig informiert. Es fehlt nichts. Würden Unterlagen fehlen, stünde es dabei.

Ein konvergent denkender Mensch würde den Hinweis »entfällt« möglicherweise vermissen. Ein divergent denkender Mensch vermisst ihn sicher nicht. Auf der anderen Seite stört so ein Hinweis aber auch nicht so sehr, also ist es kein Drama, dass er dasteht – solange nicht noch weitere Nullinformationen die E-Mail vermüllen und so den Blick aufs Wesentliche verstellen. Nur ist natürlich klar: Auch dieser einzelne Hinweis ist heiße Luft. Er lenkt das Gehirn auf eine Eventualität, die gar nicht zutrifft. Der Hinweis ist wie ein »Mittwochsmeeting«, das jeden Mittwoch um 9 Uhr stattfindet, auch wenn es nichts zu besprechen gibt. Das Formale steht über dem Inhalt. Häufen sich solche Dinge, ist unser Gehirn ständig vom Wesentlichen abgelenkt, und wir kommen nicht mehr zum Arbeiten.

Wer ergebnisorientiert denkt und produktiv arbeiten will, nimmt solche Ablenkungen auf Dauer nicht hin. So gut wie alle Contentproduzenten, die ich kenne, begrenzen den Input durch irrelevantes Rauschen enorm. Vielleicht erinnern Sie sich an das Prinzip bei Gedankentanken: »No Jedöns« (Seite 16). Genau darum geht es. Wer Ergebnisse erzielt, will sich nicht ständig von Fehlalarmen wuschig machen lassen. Und darum schreckt die förmliche Sprache von Steuerberatern zahlreiche kreative Typen ab. Gefragt sind also Steuerberater, die eine menschliche Sprache sprechen und nicht mit technokratisch gedachten Nullinformationen die Gehirne der Leute zukleistern. Wenn so ein Steuerberater auch im persönlichen Gespräch so förmlich kommuniziert – was meiner zum Glück nicht tut, er spricht ganz normal –, dann wird ein Mandant vielleicht zwei oder drei Mal sinngemäß sagen: »Können wir bitte über die Dinge sprechen, um die es geht? Und nicht über die, um die es nicht geht?« Hört der Steuerberater dann den Schuss nicht, wird er das Mandat mit einiger Wahrscheinlichkeit verlieren. Für divergente Denker ist es unerträglich, wenn jemand ständig formelles Theater veranstaltet, bei dem es in keiner Weise um irgendeine wertvolle Substanz geht.

Jetzt aber der entscheidende Punkt: Hätte der Steuerberater seit Beginn des Mandats den Hinweis »entfällt« nie gebracht, würde ihn auch der Konvergenzdenker nicht vermissen. Der Konvergenzdenker vermisst Informationen erst dann, wenn er theoretisch von ihnen weiß. Er hält sie in diesem Moment für relevant, und das einfach nur, weil er sie einmal wahrgenommen hat. Wie bei einer Recherche, bei der der Konvergenzdenker sämtliche Informationen berücksichtigt und keine Auswahl trifft.

Es ist wie beim »finanziellen Zuschuss« (Seite 81). Starten wir die Debatte über die Formulierung mit dem Wort »Zuschuss«, also ohne das Adjektiv »finanziell«, ist allen klar, dass es hier um Geld geht. Der Zuschuss ist nicht näher bezeichnet, also ist ein Zuschuss in Form von Geld gemeint. Glasklar. Würden wir aber mit dem Begriff »finanzieller Zuschuss« starten und das Adjektiv streichen, ginge eine Diskussion los, ob das Adjektiv nicht wichtig wäre. Tatsächlich ist das Adjektiv redundant, allerdings ist es eine Redundanz der sinnlosen Sorte. Wenn aber ein Mensch darüber nachdenkt, dessen Grundverständnis von Kommunikation erschöpfende und allumfassende Informationen verlangt, dann wird dieser Mensch jede, aber auch jede Streichung diskutieren. Auch wenn wir einen Hinweis auf nichts streichen.

Konvergent denkende Menschen haben also möglicherweise ein anderes Verständnis von Vollständigkeit als divergent denkende Menschen. Etwas ist vollständig für einen konvergent denkenden Menschen, wenn es von der Sache her umfassend erklärt und sachlich korrekt ist. Für einen divergent denkenden Menschen ist etwas dann vollständig, wenn die Bedeutung klar geworden ist.

»ROI« und »Skalierbarkeit«

Neben Steuerberatern gibt es natürlich noch viele andere Berufe, in denen die Leute ökonomisch denken. Mit »ökonomisch denken« meine ich nicht, in Kategorien wie Sparsamkeit oder Effizienz zu denken, sondern ich meine es rein fachlich, bezogen auf das Wort »Ökonomie« als Wissenschaft. Es geht um die Wirtschaftslehre, vor allem um die Betriebswirtschaftslehre. Ökonomen verwenden Begriffe wie »Umsatz« und »Gewinn«, wobei erschreckend viele Laien den Unterschied nicht kennen. Ökonomen sprechen von »EK« für »Einkaufspreis« und von »VK« für »Verkaufspreis«. Die Rede ist von »Deltas«, also entsprechend dem mathematischen Symbol »Δ« für »Differenz«. Für Laien ist es oft extrem schwer, dem zu folgen.

Ob Ökonomensprache aber förmlich ist, hängt nicht von den Inhalten ab. Es hängt in keiner Branche von den Inhalten ab. Maßgeblich sind der

Satzbau, die Wahl der Wortarten und die Entscheidung, ob wir einen Aktiv- oder Passivsatz bilden. Die Wortwahl selbst spielt natürlich auch eine Rolle, und deshalb sollten wir schauen, welche Fremdwörter und Fachbegriffe sich durch verständliche Vokabeln ersetzen lassen.

Das wird nicht bei jedem Fremdwort und Fachbegriff gelingen. Nehmen wir den Begriff »Return on Investment« (ROI). Der Begriff ist keineswegs exotisch, sondern bezeichnet eine sehr häufig genannte Kennzahl. Eine Kennzahl quantifiziert im weitesten Sinne einen betriebswirtschaftlichen Zustand. Was quantifiziert die Kennzahl »ROI«? Landläufig – also ungenau gesagt – sagt sie, inwiefern sich eine Investition auszahlt. Und das ist meistens gemeint, wenn Businessleute von »ROI« sprechen.

Stellen Sie sich vor, Sie produzieren digitalen Content, beispielsweise Onlinekurse. Die Kurse sind fertig produziert, und Sie haben jede Menge Zeit reingesteckt. Jetzt vermarkten Sie diesen digitalen Content über Werbung bei Facebook. Jeden Tag spielt Facebook Ihre Werbung an Ihre Zielgruppe aus, die Sie in Facebook definiert haben. Dafür bezahlen Sie beispielsweise 1000 Euro im Monat an Facebook. Durch Ihre Facebook-Werbung stoßen jetzt so viele Menschen auf Ihren Onlinekurs und kaufen ihn, dass Sie damit pro Monat 1200 Euro einnehmen. Einnahmen abzüglich Ausgaben ergeben also 200 Euro. Der ROI liegt bei 20 Prozent.

Es ist möglich, dass sich die Berechnung nur auf Ihre Werbekosten und den Umsatz stützt und dabei andere Investitionskosten erst einmal ausblendet. Oder Sie beziehen die Kosten für Ihr Equipment ein – dann verändert sich der ROI eben von Zeitraum zu Zeitraum. Im Grunde haben wir es dann aber auch eher mit einem »ROCE« zu tun, dem »Return on Capital Employed«. Sie sehen: Es wird kompliziert. Landläufig – also semiprofessionell – sprechen viele Experten aber auch hier immer noch vom »ROI«.

Natürlich können Sie den ROI auch mathematisch erklären. Fachleute sprechen dann von Dingen wie »Kapitalumschlag« und »Umsatzrentabilität«. Merken Sie was? Es kommen immer mehr Fachbegriffe ins Spiel. Wir verstricken uns im Gestrüpp der Fachbegriffe, die einander brauchen, um sich zu erschließen. Das geschieht allerdings automatisch, wenn wir Fachliches fachlich erklären. Unter Fachleuten ist das auch kein Problem. Wenn wir ein Fachwort aber einem Laien erklären wollen, ohne dass er sich dazu allzu tief reinknien muss, kommen wir um Vereinfachungen kaum herum.

Die Kunst besteht oft darin, Fachliches nicht fachlich zu erklären, sondern populär. Und zwar ohne dass sich Fehler einschleichen.

Aber was ist ein »Fehler«? Ab wann ist eine Vereinfachung falsch? Das ist oft eine Sache der Betrachtung. Ist es so falsch und so schlimm, wenn wir »ROI« sagen statt »ROCE«? Wenn die Temperatur um 1,5 Grad Celsius steigt, monieren manche Fachleute, bei Temperaturdifferenzen sei die Einheit »Grad Celsius« falsch, und korrekt sei das »Kelvin«. Anderen ist das egal, weil die Zahlen dieselben bleiben. In der Klimadebatte ist ständig von »Grad Celsius« die Rede.

Oder: Für mich ist es falsch, in einem Fließtext von »1200 €« oder von »EUR 1200« zu sprechen. Solche Kürzel lasse ich nur in Listen und Tabellen zu, während es in Fließtexten immer noch »1200 Euro« heißt.

Oder ich halte die Zeichen »+« und »&« anstelle des Wörtchens »und« für falsch, weil die Bedeutungen voneinander abweichen. Viele Menschen empfinden ein »+« in einem Text anstelle von »und« nicht als falsch, würden aber niemals eine Gleichung akzeptieren wie »1 und 1 = 2«. Mit Recht würden sie sagen, das Wort »und« sage etwas anderes als ein Pluszeichen. Umgekehrt ist es ihnen egal. Das heißt: Sogar der Begriff »Fehler« ist oft unscharf. Ob etwas richtig oder falsch ist, hängt in vielen Fällen vom Wissen der Beteiligten ab. Wenn jemand kein gutes sprachliches Verständnis hat, sieht er den Fehler mit dem Pluszeichen in einem Text anstelle von »und« eben möglicherweise nicht.

Aber jetzt lassen Sie uns noch ein bisschen mehr Geld verdienen! Wir erhöhen die Investition. Sie stecken monatlich 10.000 Euro in Facebook-Werbung, und tatsächlich könnte jetzt ein Umsatz von 12.000 Euro entstehen. Sie machen also einen Gewinn von 2000 Euro pro Monat. Der ROI liegt aber immer noch bei 20 Prozent.

Was Sie hier gerade erfahren, ist das Phänomen »Skalierbarkeit«. Der Begriff taucht im Zusammenhang mit Onlinemarketing immer wieder auf. Sie fahren auf der Skala weiter nach oben und erhalten bessere Ergebnisse. Und das, ohne ständig weitere Exemplare Ihres Produktes produzieren zu müssen, denn es geht ja um beliebig häufig downloadbare Dateien. Auch Transportkosten entstehen nicht. Sobald Sie erkennen, dass das eine ganz vorzügliche Methode ist, Geld zu verdienen, suchen Sie ein Wort dafür. Irgendjemand kam eben mal auf das Wort »Skalierbarkeit«.

Die vielen Fachbegriffe einer Fachsprache entstehen also nicht aus Lust und Laune, sondern weil jemand für ein komplexes Phänomen eine möglichst einfache Bezeichnung sucht – oder auch für ein bestimmtes Verhältnis verschiedener Größen zueinander, siehe »ROI«. Verändert sich die Welt – ob durch die Erfindung der Dampfmaschine, durch die Elektrifizierung oder auch die Digitalisierung –, entstehen neue Wörter, hinter denen oft die kompliziertesten Definitionen stecken. Bei jeder Innovation oder technischen Entwicklung ist es notwendig, neue Begriffe zu finden: »Rückstoß«, »Lokomotive«, »Stromstärke«, »Spannung«, »Ladung« – und eben auch »ROI« und »Skalierbarkeit«. Es geht nicht darum, Fachbegriffe abzulehnen. Stattdessen sollten wir diese ständige Entwicklung neugierig begleiten! Und wollen wir Fachbegriffe populär erklären, helfen eigentlich nur Beispiele, Bilder und vielleicht sogar Geschichten wie die von Ihrer Investition in Facebook-Werbung und Ihren Onlinekursen.

Eine interessante Folgerung daraus ist: Es ist ein Irrtum, zu glauben, wir müssten den Fachbegriff erklären. Wir müssen den Fachbegriff nicht erklären. Wir müssen das Phänomen erklären, das er beschreibt. Dadurch erlebt unser Gegenüber das Phänomen gewissermaßen, und es wird leichter verständlich. Probieren Sie es aus! Wenn Sie einen Fachbegriff wie »Rentabilität« erklären wollen, bringen Sie mal nicht die Gleichung »Rentabilität gleich Gewinn durch Kapital«, wie es in der Wikipedia nachzulesen ist, sondern machen Sie das Phänomen anschaulich, indem Sie eine Geschichte erzählen. Eine landläufige Beschreibung eines komplexen Zusammenhangs ist am Ende das Gleiche wie die Erfahrung dieses Zusammenhangs. Wer nicht ökonomisch denkt, wird ohne Beispiele und Geschichten Schwierigkeiten damit haben, Begriffe wie »ROI« oder »Skalierbarkeit« zu verstehen. Statt einen Fachbegriff also durch weitere Fachbegriffe zu erklären, erklären wir einfach, was dahintersteckt.

Wann haben Sie übrigens zuletzt die »Sendung mit der Maus« gesehen? Schauen Sie sich diese Sendung unbedingt mal wieder an! Und zwar unter dem Aspekt, wie die Beiträge komplexe Themen erklären. Die Filme sind Meisterwerke, wenn es darum geht, Schwieriges einfach zu erklären. Unter Journalisten geht das Gerücht um, dass auch zahlreiche Nachrichtenredakteure verschiedener Sender immer wieder heimlich die »Sendung mit der Maus« schauen. Sie wollen damit ihre Fähigkeit trainieren, die Dinge verständlich zu machen, ohne dass sich Fehler einschleichen.

Denglisch?

Wenn wir über Businesskommunikation sprechen, kommen wir unweigerlich auch aufs Thema »Denglisch«. Wie tolerant sind wir gegenüber englischen Wörtern in unserer Sprache? Wie tolerant gegenüber Wortschöpfungen aus Deutsch und Englisch?

Wenn ich an meine jüngsten Seminare zurückdenke, erinnere ich mich an mehrere Situationen, in denen Teilnehmer mich darum baten, meine englischen und denglischen Begriffe ins Deutsche zu übersetzen. Klar! Ich rede von »Business«, »Headline«, »Subline«, »Teaser«, »Elevator Pitch«, »Call-to-action«, »Content« und »Stylebook«. Das sind englische Wörter in deutschen Sätzen. Also wird es doch wohl noch erlaubt sein, darum zu bitten, dass der Seminarleiter sein Kauderwelsch ins Deutsche übersetzt!

Eine Teilnehmerin sagte, es passe für sie nicht zusammen, dass es im Seminar einerseits um »Klartext« geht, also um eindeutige und klare Sprache, dass ich aber andererseits so viele englische Wörter verwende. Tja! Meine Antwort war einfach: Englisch ist nicht unklar. Es ist Englisch. Und übrigens sind die Regeln übertragbar: Ob wir »to take a decision« sagen oder »to decide«, ist genau wie im Deutschen der Unterschied zwischen störrischem Nominalstil und einfacherem Verbalstil.

Die Teilnehmerin war übrigens eine Exotin im Seminar: Sie ist im öffentlichen Dienst angestellt. Die anderen Teilnehmer waren Geschäftsleute, teilweise angestellt, teilweise selbstständig. Ich finde es toll, wenn jemand meine Gedanken in den öffentlichen Dienst trägt! Nicht, dass ich etwas dagegen hätte. Vielleicht ändert sich dadurch ja einmal etwas an Behördenbriefen.

Ein Lob aufs Denglisch
Bitte akzeptieren Sie, dass die Menschen auf der Welt enger zusammenrücken. Das geschieht vor allem durch das Internet. Es wird immer mehr englische Wörter im deutschsprachigen Alltag geben, und das ist auch nichts Schlechtes. Falls Sie es noch nicht können: Lernen Sie Englisch!

Jedenfalls habe ich alle meine englischen Begriffe ins Deutsche übersetzt, so gut das jedenfalls ging. Die Englischkenntnisse der Dame waren so gering, dass ich mich erst wundern wollte. Aber dann fiel mir ein, dass sie in der DDR sozialisiert war.

Und bitte – auch nichts gegen Brüder und Schwestern aus dem Osten! Ich stelle nur fest: Diejenigen, die sich über mein Denglisch beschweren und unbedingt alles auf Deutsch haben wollen, stammen zu über 90 Prozent aus der DDR. Also hatten sie eher Russisch als erste Fremdsprache. Das Englisch kam in der Regel zu kurz, wofür die einzelnen Menschen natürlich nichts können. Die anderen 10 Prozent sind Nationalisten, die auch lieber »Schriftleiter« als »Chefredakteur« lesen würden. Insgesamt sind diejenigen, die sich übers Denglisch beschweren, allerdings eine wirklich sehr kleine Minderheit.

Ich bin kein Nationalist, wenn es um die deutsche Sprache geht. Ohne Frage: Ich liebe die deutsche Sprache, weil sich mit ihr so differenziert die verschiedensten Dinge sagen lassen. Der Unterschied zwischen »Wir machen alle Fehler« und »Wir alle machen Fehler« zeigt schon, wie feinfühlig man für diese Sprache sein muss. Aber trotzdem erlaube ich Wörtern aus anderen Sprachen jederzeit, bei uns zu Gast zu sein. Wenn es nicht so beknackte englische Synonyme sind wie »strategy« für »Strategie«. Und sicher könnte ich »Appell« sagen statt »Call-to-action«, und hin und wieder mache ich das auch. Aber was soll's denn? Das komplette Marketing (übrigens ebenfalls ein englischer Begriff) spricht von »Call-to-action«.

Mein Appell ist einfach: Bitte lernen Sie Englisch. Gewöhnen Sie sich daran, dass zahlreiche Begriffe englisch sind, selbst wenn es dafür Synonyme im Deutschen gibt. Es ist normal, von »Claim« im Sinne von »Slogan« zu sprechen oder von »Wording« im Sinne von »Formulieren«. Ob manche dieser Anglizismen falsch sind, ist völlig irrelevant – es sind Codes. Sprache ist in Bewegung! Und es ist heute wichtiger als je zuvor, dass Sie die Vokabeln kennen, in denen Businessleute heute sprechen und schreiben. Eine Nationalisierung der Sprache wird sich nicht durchsetzen lassen, und sie wäre ganz sicher auch nicht gut für die deutsche Sprache. Also akzeptieren Sie eben einfach, dass sich bei der interkulturellen Kommunikation auch Skurriles und Falsches einschleicht. Gemessen an den Vorteilen, die wir durch das globale Zusammenwachsen dank Internet haben, sind Begriffe wie »Wording« wirklich vernachlässigenswerte Kollateralschäden.

Wussten Sie übrigens, dass die katholische Kirche sogar die lateinische Sprache immer wieder aktualisiert? »Börsenspekulation« heißt »speculatio bursae«, und eine »E-Mail« ist im Lateinischen »litterae electronicae« – ein Pluralwort.[17]

Eine Bitte an die Ökonomen

Also: Auch wenn der Steuerzahler sich in manche Fachbegriffe reindenken muss, bitte ich die Finanzleute, ihre Aussagen möglichst verständlich zu machen. Auf der einen Seite müssen Laien Fachinformationen nachvollziehen – daran führt kein Weg vorbei. Auf der anderen Seite wäre es aber auch schön, wenn die Fachwelt sich auch auf die Laien zubewegt. Das gelingt, indem Sie die Sprachregeln anwenden und keine »Analyse der Daten mehr durchführen, sondern »die Daten analysieren«. Das macht Ihre Sprache schon einmal viel leichter verständlich.

Und dann schauen Sie, ob Sie tatsächlich Ihre Fachbegriffe brauchen. Wenn Sie selbstverständlich davon sprechen, dass etwas »kumuliert«, ist das Wort für Laien möglicherweise unverständlich. Also »häuft« sich etwas »an«, es ist exakt das Gleiche. Unter Kollegen erlebe ich Ähnliches: Der Begriff »Call-to-action« ist in meinem Umfeld komplett eingebürgert, und ich passe mich der Sprache an. Aber gegenüber Laien erkläre ich das Wort »Call-to-action« hin und wieder mit »Appell«. Es ist halt nicht immer nötig: Eine ganze Menge Leute verstehen den Begriff »Call-to-action«.

Die Sprache hat viele Ähnlichkeiten mit der Mathematik. Sie ist ein unfassbar vielseitiges Logiksystem. Semiotik und Semantik, also die Lehren von Zeichen, Wörtern und ihren Bedeutungen, begründen es eben, dass das Wort »und« etwas anderes bedeutet als das Zeichen »+« oder auch das Zeichen »&«. Und das Wort »September« gibt es auch. In Fließ-

---

[17] https://www.deutschlandfunkkultur.de/vatikan-praegt-neue-latein-vokabeln-von-e-mail-bis.1278.de.html?dram:article_id=438022

texten – beispielsweise Kundenbriefen – wirkt das Wort »September« viel einfacher und menschlicher als das technokratische Kürzel »09«.

Auch denkt kaum ein Kunde draußen in Kalenderwochen. Im B2B-Geschäft mag es üblich sein, dass wir für die KW 51 einen Telefontermin vereinbaren wollen. Aber lassen Sie Privatleute mit dieser Logistikerbezeichnung in Ruhe. Unter Privatleuten ist hier die Rede von der »Woche vom 16. Dezember«, wobei das Datum den Montag bezeichnet. Sehr viele Menschen mögen das Technokratische nicht, und zwar mutmaßlich alle, die mit Sprache und Musik zu tun haben, mit Grafik, mit Kunst, mit Fotografie, mit Bildgestaltung, Layout und Design. Also mehr oder weniger die gesamte kreative Szene plus die Geisteswissenschaftler und nahezu alle Lehrer bekommen Pickel bei technokratischen Elementen in Texten. Auf viele wirkt ein »&« anstelle von »und« sogar beleidigend. Sie überlegen sich: Wie respektlos ist jemand, der die Sprache so wenig würdigt? Wenn Sie also Ihre Reichweite verringern wollen, dann verwenden Sie eine technokratische Sprache, die schon mal sämtliche Schöngeister abschreckt.

Das Fatale ist: Viele Absender merken oft gar nicht, dass sie Kunden abschrecken. Die Sprache der Betriebswirtschaftler infiziert oft das ganze Unternehmen, sodass die Sprache des Unternehmens am Ende technokratisch klingt – obwohl das Unternehmen vielleicht Hotelzimmer oder Autos vermietet oder Lebensmittel produziert. Die E-Mails und Briefe an Kunden wirken dann eben förmlich. Außerdem weicht der Stil meist auch noch vom Stil der Fernsehwerbung ab. Vom Stil der Social-Media-Auftritte sowieso, denn auf dieser Insel (und zwar nur da), denken Unternehmen, müssten sie ausnahmslos zwanzigjährige »digital natives« einsetzen, die in einer besonders flockigen Sprache die Kunden duzen. Dabei geht der Trend dahin, das Förmliche generell aus dem Unternehmensalltag zu verbannen, nicht nur bei Facebook und Instagram.

Social Media als Ausnahme?
Auf ihren Social-Media-Kanälen kommunizieren viele Unternehmen menschlich statt förmlich. Aber warum nur dort?

Dieses Durcheinander ist üblich bei Unternehmen, wenn verschiedene Abteilungen für verschiedene Medien und Kanäle zuständig sind. Auf die Öffentlichkeit und auf Kunden wirkt so etwas natürlich eher ungünstig.

Medizinersprache kann menschlich sein

»Die Operation ist reine Routine!«, sagt der Chirurg beim Vorgespräch. Aber auch in der Sprache ist »gut gemeint« eben oft etwas anderes als »gut gemacht«. In allerbester Absicht will uns der Chirurg die Sorgen nehmen, aber er bewirkt das Gegenteil. Der Patient fragt sich: Wie wird die Operation ablaufen, wenn sie für den Chirurgen reine Routine ist? Wird er nebenbei fernsehen, mit Restalkohol und einem ständigen Blick in seine Whatsapp-Nachrichten? Wie gesagt: Was wir sagen wollen, ist oft nicht der Punkt. Es geht darum, was ankommt.

Förmlich ist die Medizinersprache deswegen noch nicht – das Wort »Routine« ist als solches schon in Ordnung. Nur die Perspektive stimmt eben nicht. Förmlich wird die Medizinersprache, wenn es heißt: »Wer nimmt die Operation vor?« statt: »Wer operiert?« Zugleich ist meine Erfahrung zumindest mit Krankenhäusern: Dort herrscht kaum Zeit für überlange Schachtelsätze und abstruse Passivkonstruktionen. Die Sprache ist eher wie die von Sportreportern: extrem knapp, nahezu redundanzfrei und oft im Staccatostil. Ob ein Fußballreporter sagt: »Jetzt! Jetzt! Jetzt! Und Tor!« oder ein Arzt sagt: »Tupfer!«, ist von der Funktionalität her in etwa das Gleiche. Die Information kommt rüber. Es ist übrigens auch nicht unhöflich, wenn ein Chirurg nur »Tupfer!« sagt. Es ebenso wenig unhöflich, wie wenn ein Beifahrer sagt: »Und jetzt links.«

Das Hauptproblem im Krankenhaus scheint inzwischen ohnehin viel basaler zu sein: Immer weniger Ärztinnen und Ärzte sprechen Deutsch. Es fällt Krankenhäusern extrem schwer, gute Leute zu finden, die auch noch die Sprache beherrschen. Dieses Phänomen ist im Krankenhaus besonders deutlich, aber wir kennen es auch von Taxifahrern und Ingenieuren. Es hat nichts mit der Medizin als solcher zu tun.

Problematisch beim Umgang mit Patienten im Krankenhaus ist die Perspektive vieler Ärzte und auch vieler Pfleger und Schwestern. Sicher ist keine Verallgemeinerung angebracht, aber wenn auf einer Intensivstation mit einem riesigen Krach die Tür auffliegt und zwei Schwestern laut lachend mit einem Geschirrwagen ins Zimmer poltern und Patienten und Angehörige erschrecken, dann zeugt das von wenig Empathie. Wenn manche Ärzte und Pflegende – natürlich nicht alle – mit Sterbenden sprechen, schreien sie sie oft an – aber nur weil der Patient zu schwach ist, um sich laut zu artikulieren, bedeutet das eben nicht, dass er schwerhörig ist. Und wenn es einem geschwächten Patienten nicht mehr gelingt, ein klares Feedback dazu zu geben, ob er eine Information verstanden hat, bedeutet das nicht, dass er schwer von Begriff ist.

Auch diese Phänomene sind nicht auf die Medizin beschränkt. Überall, wo Menschen mit Menschen zu tun haben, mangelt es an Einfühlungsvermögen. Es ist kein klassisches Medizinerproblem.

Klassisch für Mediziner ist vielmehr erst einmal die Fachsprache, die sie auch gegenüber Laien verwenden. Das Wort »Gastritis« ist zwar kürzer als das Wort »Magenschleimhautentzündung«, aber es ist für Fachfremde eben möglicherweise unklar. Das Wortungetüm »Magenschleimhautentzündung« ist aber mit seinen 26 Buchstaben keineswegs zu lang. Wer es hört, versteht: Es gibt eine Entzündung, und zwar die Entzündung einer Schleimhaut, und zwar der Magenschleimhaut. Das Wort ist vollkommen plausibel. In der »Leichten Sprache« (Seite 8) würde man wahrscheinlich sagen: »Entzündung von der Schleimhaut vom Magen«, weil man auch den Genitiv nicht für zumutbar hält (»Entzündung der Magenschleimhaut«). Aber wer kognitiv in der Lage ist, die vier Wortteile »Magen«, »Schleim«, »Haut« und »Entzündung« als eigenständige Sinneinheiten in einem langen Wort zu erkennen, entschlüsselt auch den Zusammenhang.

Spricht der Arzt jetzt aber mit Kollegen oder hält er einen Fachvortrag, dann ist das Wort »Gastritis« viel besser als die deutsche Version. Wenn Sie im Lexikon schauen, was »Gastritis« auf Englisch heißt, werden Sie dort das Ergebnis »gastritis« finden. Die medizinische Fachsprache ist international verständlich, weil sich alle Mediziner weltweit auf den gemeinsamen Code geeinigt haben, der vorwiegend auf dem Altgriechischen und dem Lateinischen beruht. Unterschiede finden sich bei Schreibweisen und Aussprachen, aber fürs Verständnis fallen diese Unterschiede kaum ins Gewicht. Es ist wie eine gemeinsame Frequenz beim Funk. Ich finde das großartig. Internationale Fachwelten – auch bei Musikern oder Schauspielern, die sich aufs Englische geeinigt haben – sind die schönen Seiten der Globalisierung. Unabhängig von Staatsangehörigkeit, Hautfarbe und Religion gibt es einen gemeinsamen Code. Das ist für meine Begriffe wichtiger als Deutschtümelei.

Es kommt also darauf an, mit wem wir sprechen. Sprechen wir mit Patienten, ist das Wort »Magenschleimhautentzündung« angemessen. Denn wie viele Patienten sind selbst Mediziner? Der Grund dafür, dass das deutsche Wort besser ist als das Fachwort, ist genau genommen übrigens nicht der, dass es deutsch ist. Die Logik funktioniert andersherum: Das Wort ist besser, weil es dem gemeinsamen Code entspricht, den Laien verstehen. Und dieser Code ist eben hierzulande die deutsche Sprache.

Förmlich wird es in der Medizin vor allem im Schriftlichen. Nehmen wir eine Pressemitteilung des »Neuropsychiatrischen Zentrums Hamburg-Altona«. Darin heißt es:[18]

Wie können psychische Belastungen, die durch eine chronische Hauterkrankung hervorgerufen werden, mit psychotherapeutischer Unterstützung gemindert werden?

Sie sehen schon die beiden üblichen Verdächtigen: zwei Passivsätze – einer im Hauptsatz und einer im Nebensatz. Wenn Sie sich ans Kapitel über Passivsätze erinnern, fällt Ihnen sofort die Frage ein: Wer tut was? Also fragen wir: Wer ruft hervor, und wer mindert? Das handelnde Subjekt im ersten Passivsatz (»die durch eine chronische Hauterkrankung hervorgerufen werden«) ist die »chronische Hauterkrankung«. Es ist also keineswegs so, dass es kein Subjekt gäbe, es ist nur versteckt. Und auch im zweiten Passivsatz (»… mit psychotherapeutischer Unterstützung gemindert werden«) ist ein handelndes Subjekt versteckt, nämlich die »psychotherapeutische Unterstützung« – zu diesem Begriff gleich mehr. Lassen Sie uns den Satz erst einmal ins Aktiv setzen:

Wie kann psychotherapeutische Unterstützung psychische Belastungen, die eine chronische Hauterkrankung hervorruft, mindern?

---

[18] https://www.pressebox.de/inaktiv/neuropsychiatrisches-zentrum-hamburg-altona-gmbh/Wissen-teilen-um-gemeinsam-mehr-zu-erreichen/boxid/970324

Jetzt stehen Haupt- und Nebensatz im Aktiv – aber nach wie vor haben wir einen Schachtelsatz. Der hat zwar nur zwei Ebenen, aber mal schauen, was wir tun können. Ein Mittel der Wahl ist es zunächst, den Sinnzusammenhang aus »kann« und »mindern« möglichst an einem Stück oder wenigstens nicht so weit auseinandergerissen zu platzieren. Vergehen zwischen dem ersten und dem zweiten Teil eines zweiteiligen Zusammenhangs mehr als drei Sekunden, sind viele Leser und vor allem auch Hörer raus aus dem Verständnis. Es folgt also:

Wie kann psychotherapeutische Unterstützung psychische Belastungen mindern, die eine chronische Hauterkrankung hervorruft?

Aber den Nebensatz brauchen wir auch gar nicht:

Wie kann psychotherapeutische Unterstützung psychische Belastungen durch chronische Hauterkrankungen mindern?

Es ist schon klar, dass es hier nicht darum geht, etwas »durch chronische Hauterkrankungen zu mindern« – der Satzteil »durch chronische Hauterkrankungen« bezieht sich schon recht deutlich auf »Belastungen«. Aber um ganz sicherzugehen, schreiben wir »infolge« statt »durch«:

Wie kann psychotherapeutische Unterstützung psychische Belastungen infolge chronischer Hauterkrankungen mindern?

Wir haben einen Aktivsatz, keinen Nebensatz, und inhaltlich haben wir nichts verändert. Sie sehen sicher, dass ich hier exakt das Gleiche mache wie zuvor bei der »Gefährdungshaftung« (Seite 101ff.). Und da ging es um Juristensprache! Es ist völlig egal, in welcher Branche oder Profession wir uns bewegen – die Sprache ist überall aus den gleichen Gründen förmlich. Das Förmliche hat meiner Erfahrung nach nie einen fachlichen Grund.

Jetzt nehmen wir uns noch zwei Kleinigkeiten vor. Erstens wie angekündigt die »psychotherapeutische Unterstützung«. Ich bin mir sicher, dass das am Ende die »Psychotherapie« selbst ist. Der Ausdruck »psychotherapeutische Unterstützung« ist wie der Ausdruck »rechtliches System« anstelle von »Rechtssystem« oder wie »medizinische Hilfe« anstelle von »Behandlung«. Meine Version lautet:

Wie kann die Psychotherapie psychische Belastungen infolge chronischer Hauterkrankungen mindern?

Zweite Kleinigkeit: Wenn die »psychotherapeutische Unterstützung« oder auch die »Psychotherapie« etwas tut, dann tut jemand etwas »psychotherapeutisch«. Eventuell ist also hier Platz für ein Adverb. Da wir nicht wissen, wer die Belastungen mindert, fehlt uns für einen Aktivsatz zwar das Subjekt, aber durch den »Lassen«-Trick gelingt das dann doch. Der »Lassen«-Trick macht das Objekt zum Subjekt: Wenn Sie bei dem Passivsatz »Das Fahrzeug kann repariert werden« nicht wissen, wer das Fahrzeug repariert, machen Sie einfach das Fahrzeug zum Subjekt des Satzes: »Das Fahrzeug lässt sich reparieren.« Genauso machen wir es hier:

Wie lassen sich psychische Belastungen infolge chronischer Hauterkrankungen psychotherapeutisch mindern?

Oder aber wir machen das Substantiv »Belastungen« zum Verb und bilden zwei Sätze:

Chronische Hauterkrankungen belasten viele Menschen psychisch. Wie kann die Psychotherapie helfen?

Das ist mein Favorit. Das Fachliche haben wir nicht angerührt, wir haben den Text nur sprachlich bearbeitet. Den Fachbegriff »Erkrankung« (anstelle von »Krankheit«) lassen wir stehen, weil das Fachpublikum zwischen »Erkrankung« und »Krankheit« unterscheidet. Also: Die Angst, dass Ihre Sprache durch meine Vereinfachungen laienhaft wird oder banal wirkt, ist völlig unnötig. Etwas wirkt banal, wenn der Inhalt banal ist. Etwas wirkt nicht deswegen banal, weil es in einem aktiven Hauptsatz steht. Wenn Sie Ihre komplexen Botschaften mit meinen Regeln verdeutlichen, sind diese Botschaften hinterher fachlich noch genauso solide wie zuvor.

Naturwissenschaftlersprache kann menschlich sein

Verwandt mit der Medizinersprache sind die Sprachen anderer Naturwissenschaften. Die Medizin kommt erst mal so daher, als habe sie eine Sonderstellung durch ihre zahlreichen Fachbegriffe. Nur ist das eben in der organischen Chemie, der Mechanik oder der Astronomie auch nicht groß anders. Nehmen wir wieder eine Pressemitteilung:[19]

> *Beim C14384MA wird das durch den Eingangsschlitz einfallende Licht von einem primären Reflexionsspiegel kollimiert und vom sekundären Reflexionsspiegel auf das Gitter geleitet.*

Im Grunde könnte dieses Beispiel auch im Kapitel über die Ingenieurssprache stehen, aber es geht eben durchaus um Physik, genauer: um Optik. »Hamamatsu Photonics hat sein bisher kleinstes Spektrometer neu entwickelt«, lautet die Headline bei der »Pressebox« – hier natürlich genügen die Überschriften den Suchmaschinenansprüchen, und von daher stehen der Unternehmensname und der Begriff »Spektrometer« in der »H1«. Für mich ist die Überschrift klar – nur sprachlich frage ich mich, wie man etwas Bestehendes neu entwickeln kann. Hat man ein neues Spektrometer entwickelt oder ein bestehendes weiterentwickelt? Aus dem Text ergibt sich, dass man ein existierendes Modell besser gemacht hat – also würde ich von einer Weiterentwicklung sprechen. Aber egal! Inhaltlich weiß ich: Es gibt ein neues Spektrometer von Hamamatsu Photonics.

Wenn Sie sich den Satz »Beim C14384MA …« anschauen, stellen Sie fest: Zwei Aspekte in einem Satz, und beide Aspekte im Passiv. Kommt Ihnen das bekannt vor? Wir haben es bei den Juristen, bei den Medizinern -– wir haben es überall! Und auch bei einem Text über Spektrometer trifft am Ende zu, dass wir alleine durch sprachliche Änderungen jedem Text das Förmliche nehmen können, ohne dabei den Inhalt anzufassen. An dem Terminus »C14384MA« sehen Sie: Es ist nicht nur Juristen und Ökonomen

---

[19] https://www.pressebox.de/pressemitteilung/hamamatsu-photonics-deutschland-gmbh/Hamamatsu-Photonics-hat-sein-bisher-kleinstes-Spektrometer-neu-entwickelt/boxid/972895

eigen, für ihre Schöpfungen kuriose und kryptische Bezeichnungen zu erfinden, die einem Außenstehenden erst einmal gar nichts sagen und die sich außerdem schwer merken lassen.

Also – Passivsatz! Die Frage lautet mal wieder: Wer tut was? Auch in diesem Beispiel stehen die Täter im Satz: der primäre und der sekundäre Reflexionsspiegel. Es gibt also zwei »Reflexionsspiegel«. Erst kurz zum Substantiv und dann zu den Adjektiven »primär« und »sekundär«.

Zum Substantiv: Wir hinterfragen alles! Was für andere »Spiegel« gibt es denn noch außer dem Hamburger Nachrichtenmagazin? Schminkspiegel, Rückspiegel – und alle reflektieren. Na gut, der Blutzuckerspiegel reflektiert nicht. Aber wenn wir einfach nur »Spiegel« schreiben und aus dem Text klar wird, dass diese Spiegel Licht reflektieren, vermisst dann jemand beim Begriff »Spiegel« den Hinweis aufs Reflektieren? Ich glaube kaum.

Zu den Adjektiven: Die Adjektive »primär« und »sekundär« sind differenzierend, eindeutig, und zwar gegenüber einander. Also können und wollen wir sie nicht streichen. Vielleicht könnten wir sie eindeutschen: Ein »erster« und ein »zweiter« Spiegel. Das wäre mein Vorschlag. Die Aussage ist die gleiche, nur einmal auf Lateinisch und einmal auf Deutsch. Auf den ersten Spiegel trifft das Licht zuerst, und dann eben auch auf den zweiten.

Also:

Beim C14384MA fällt das Licht durch einen Eingangsschlitz auf einen Spiegel. Dieser kollimiert das Licht. Ein zweiter Spiegel leitet das Licht auf das Gitter.

Wir können jetzt noch das Fachwort »kollimieren« erklären:

Beim C14384MA fällt das Licht durch einen Eingangsschlitz auf einen Spiegel. Dieser richtet sämtliche Lichtstrahlen parallel aus. Ein zweiter Spiegel leitet das Licht auf das Gitter.

Nehmen wir noch eine zweite Pressemitteilung. Nehmen wir etwas Chemisches. »Dieter Vogt erhält Wöhler-Preis für Nachhaltige Chemie auf dem GDCh-Wissenschaftsforum Chemie 2019«, lautet die Überschrift einer Pressemitteilung der »Gesellschaft Deutscher Chemiker« (GDCh) vom 3. September 2019. Und was da in der Überschrift steht, pardon – ich glaube das nicht. Ich glaube nicht, dass Dieter Vogt den Wöhler-Preis für Nachhaltige Chemie auf dem GDCh-Wissenschaftsforum Chemie 2019 erhalten hat. Ich glaube eher, dass Dieter Vogt auf dem GDCh-Wissenschaftsforum Chemie 2019 den Wöhler-Preis für Nachhaltige Chemie erhalten hat.

Sehen Sie den Unterschied? In der Originalversion ist die Rede von einem »Wöhler-Preis für Nachhaltige Chemie auf dem GDCh-Wissenschaftsforum Chemie 2019«. Und den gibt es nicht. Es gibt den »Wöhler-Preis für Nachhaltige Chemie«, und den hat Herr Vogt auf dem GDCh-Wissenschaftsforum Chemie 2019 erhalten.

Klar stelle ich mich jetzt dumm und missverstehe absichtlich. Das weiß ich auch! Aber es ist eben eine Falle, und zwar eine vermeidbare. Die Formulierung ist völlig unnötig missverständlich. Und sie lässt sich außerdem mit geringstem Aufwand eindeutig machen. Wir müssen dazu nur zwei Teile im Satz austauschen, die ohnehin schon beide dastehen. Deshalb wundere ich mich ja immer über solche unnötigen Verkomplizierungen.

Holen wir uns noch einen Satz aus dem Fließtext der Pressemitteilung:

Er bearbeitet vor allem Themen rund um neue homogene Katalysen, wobei er durch die Verwendung nachwachsender Rohstoffe, geschickte Tandemkatalyse und intelligente Synthesen zu ressourceneffizienten katalytischen Prozessen gelangt.

Der erste Satz bis »Katalysen« ist gut. Nichts zu meckern. Nach dem Wort »Katalysen« aber folgt ein Komma, und dann kommt ein Hauptaspekt in einem Nebensatz, zu dem wiederum drei Unteraspekte gehören. Schwierig bei Nebensätzen ist ja, dass sich die Bedeutung oft erst mit dem letzten Wort erschließt. Diese Bedeutung steht in einem Prädikat (hier: »gelangt«). Und das gehört weiter nach vorne. Mein Vorschlag:

Er bearbeitet vor allem Themen rund um neue homogene Katalysen. Dabei gelangt er durch die Verwendung nachwachsender Rohstoffe, geschickte Tandemkatalyse und intelligente Synthesen zu ressourceneffizienten katalytischen Prozessen.

Wir könnten jetzt noch mäkeln, im Substantiv »Verwendung« stecke doch ein Verb, das wir unbedingt herausholen sollten – »verwenden«. Aber ich habe eine andere Idee. Wenn wir hier das Substantiv auflösen und etwas formulieren wie: »indem er nachwachsende Rohstoffe verwendet«, dann verkorksen wir uns hoffnungslos. Es würde ein weiterer Nebensatz entstehen. Dabei ist doch diese Dreierfolge aus »nachwachsenden Rohstoffen«, »geschickter Tandemkatalyse« und »intelligenten Synthesen« so schön eingängig. Ich verstehe zwar kein Wort, aber ich finde es wunderbar, solange sich diese Nachricht nur ans Fachpublikum richtet. Nein, die Dreierfolge machen wir nicht kaputt, die retten wir.

Die Lösung ist: Das Substantiv »Verwendung« lassen wir einfach weg! Denn es übersteht die Gegenprobe nicht: Ohne Verwendung haben die nachwachsenden Rohstoffe keine Chance, irgendwie zum Einsatz zu kommen. Also lautet mein nächster Vorschlag so:

> *Er bearbeitet vor allem Themen rund um neue homogene Katalysen. Dabei gelangt er mit nachwachsenden Rohstoffen, geschickter Tandemkatalyse und intelligenten Synthesen zu ressourceneffizienten katalytischen Prozessen.*

Wenn es der GDCh jetzt noch gelingt, anhand von konkreten Beispielen zu zeigen, was die fachliche Sache populär bedeutet, kann auch ein solcher Berufsverband mit seinen Botschaften den Weg in die Publikumspresse finden. Das gelingt nicht mit Wörtern wie »Tandemkatalyse«, aber vielleicht dadurch, dass man das Phänomen beschreibt, das dahintersteckt.

Ganz typisch für Pressemitteilungen auch aus der Wissenschaft ist folgender Absatz:

> *Die Verleihung erfolgt am 18. September um 10 Uhr direkt im Anschluss an das Plenarsymposium »Ressourcen«, in dem drei renommierte Wissenschaftler/innen in aufeinanderfolgenden Vorträgen Ressourcen- und Nachhaltigkeitsfragen sowie mögliche Lösungsansätze aus Sicht der Chemie thematisieren.*

Wieder sind mehrere spannende Aspekte in einem Nebensatz untergebracht. Ganz ehrlich: Ich will wirklich mal wissen, warum das immer wieder
geschieht. Warum verstecken so viele Menschen, die öffentlich kommunizieren, ihre Hauptbotschaften irgendwo tief in der Struktur? Warum arbeiten sie die wichtigen Punkte nicht heraus?

Ebenfalls typisch ist der Nominalstil, also eine Formulierung wie »die
Verleihung erfolgt«. Erinnern Sie sich noch an die »Beantragung der finanziellen Bezuschussung« oder die »Anheiratung einer Frau« (Seite 84)? Das
müssen wir auflösen! Wenn eine »Verleihung erfolgt«, dann »verleiht« jemand. Mich als Journalisten interessiert natürlich: Wer? Eventuell der Vor-
sitzende des Verbandes? Dann würde ich das auch sagen. Je deutlicher
wird, welche Menschen genau was tun, desto klarer wird das Bild im Kopf
des Lesers oder Hörers. Im Grunde löse ich den Satz genauso auf wie das
vorige Beispiel mit der »Tandemkatalyse«:

*Wir verleihen den Preis am 18. September um 10 Uhr direkt im An-
schluss an das Plenarsymposium »Ressourcen«. Darin thematisieren drei renommierte Wissenschaftler/innen in aufeinanderfolgen-
den Vorträgen Ressourcen- und Nachhaltigkeitsfragen sowie mög-
liche Lösungsansätze aus Sicht der Chemie.*

Na ja, »unmögliche« Lösungsansätze werden sie kaum thematisieren –
das Adjektiv überlebt die Gegenprobe nicht. Also raus damit:

*Wir verleihen den Preis am 18. September um 10 Uhr direkt im An-
schluss an das Plenarsymposium »Ressourcen«. Darin thematisieren drei renommierte Wissenschaftler/innen in aufeinanderfolgen-
den Vorträgen Ressourcen- und Nachhaltigkeitsfragen sowie Lösungsansätze aus Sicht der Chemie.*

Dass die Vorträge »aufeinanderfolgen«, lassen wir stehen: So wird klar,
dass die drei nicht gemeinsam eine Show machen. Sondern jede beziehungsweise jeder hat einen Slot. Auch das Wort »direkt« bei »direkt im
Anschluss« überlebt die Gegenprobe: Es macht klar, dass es zwischen dem
Symposium und der Preisverleihung keine Pause gibt.

Geisteswissenschaftlersprache kann menschlich sein

Eine völlig andere Geisteswelt als bei den Naturwissenschaften findet sich bei den Geisteswissenschaften. Während sich Naturwissenschaftler überwiegend mit Fakten befassen und Aussagen mathematisch belegen, widmen sich Geisteswissenschaftler überwiegend Gedanken und belegen sie argumentativ. Das heißt nicht, dass sich Naturwissenschaftler niemals mit philosophischen Argumenten befassen (das tun sie) oder Geisteswissenschaftler niemals etwas statistisch berechnen (das tun sie auch). Aber grob gesagt bezeichnen diese unterschiedlichen Zugänge verschiedene Arten zu denken. Wenn ich in diesem Buch sprachlich argumentiere, führe ich keine mathematischen Beweise, sondern berufe mich auf ein Handwerk, das sich in einem langen kulturellen Prozess gefestigt hat. Auch Juristen erkennen etwas als richtig oder falsch, indem sie es mit den Definitionen abgleichen, die ihre Disziplin festgelegt hat.

Eine besondere Rolle spielen die Sozialwissenschaften. Sie sind anders als die Naturwissenschaften und noch viel mehr als die üblichen Geisteswissenschaften dem Zeitgeist ausgesetzt. Wenn sich der politische Wind dreht, ändern sich die Vorlesungen in Statistik inhaltlich nicht. Dinge wie eine Standardabweichung oder ein arithmetisches Mittel berechnen sich nach einer Revolution genauso wie vorher. Aber die Sozialwissenschaften ändern sich durch eine neue Windrichtung massiv. Die gesellschaftlichen Werte ändern sich, und infolgedessen ändert sich auch die Diskussion darüber. Sicher durchsetzen totalitäre Regime auch Mathematikbücher mit ideologischer Indoktrination – beste Beispiele dafür hat der ARD-Journalist Constantin Schreiber aus Schulbüchern islamischer Diktaturen geliefert[20] –, aber an den Berechnungen selbst verändert sich nichts.

Vor diesem Hintergrund leiden Geistes- und vor allem Sozialwissenschaften viel mehr unter sozialem Druck als Naturwissenschaften. Wir haben es mit sogenannten Narrativen zu tun, meist als erwünscht empfundenen Beschreibungen der Wirklichkeit, an denen sich die gesellschaftliche Diskussion dann orientiert. Um die Realität selbst geht es weniger, es

---

[20] Constantin Schreiber: Kinder des Koran. Was muslimische Schüler lernen. Econ, Berlin 2019.

geht vor allem darum, wie die Realität sein soll – und wie man die Realität deutet und bewertet. Vor diesem Hintergrund sind die Begriffe »Deutungshoheit« und »Deutungsrahmen« wesentlich. Es wird einem Geistes- oder Sozialwissenschaftler, der sich dem Zeitgeist widersetzt, kaum gelingen, in dem jeweiligen gesellschaftlichen System Fuß zu fassen. Die Gruppe, die den Zeitgeist verteidigt – oft ist es nur eine laute Minderheit –, wird ihn rausekeln. Je radikaler die politische Strömung ist, desto häufiger gibt es diese Repression. Ob im Nationalsozialismus, im Sozialismus/Kommunismus, ob in islamischen Ländern – Machthaber und herrschende Cliquen verteidigen ihre Deutungshoheit mit allen denkbaren Waffen. Vielleicht interessiert es Sie, dass der Deutsche Hochschulverband selbst heute und hier, also im Jahr 2019 in der Bundesrepublik Deutschland, die Debattenkultur an den Hochschulen gefährdet sieht: »Die »Toleranz gegenüber anderen Meinungen sinkt.«[21]

Wie sehr die Geistes- und insbesondere die Sozialwissenschaften ins Gedeihen einer fanatischen »politischen Korrektheit« verstrickt sind, wäre Stoff für ein eigenes Buch. Darin ginge es vor allem um die »Frankfurter Schule« und den Gedanken der »sozialen Konstruktion«; um den Dekonstruktivismus, wonach wir soziale Konstruktionen wie Geschlechter auflösen sollen, die es faktisch ja nicht gibt; es ginge um linksradikale Konzepte wie jene von Saul Alinsky, mit denen die radikale Linke politische Gegner argumentativ mundtot macht[22]; es ginge um das krude »Framing-Manual« von Elisabeth Wehling mit dem Titel »Unser gemeinsamer, freier Rundfunk ARD«[23] und die merkwürdige Blindheit der ARD-Verantwortlichen, die darin so gar keinen totalitären Ansatz zu erkennen vermögen.[24] Gerade in der heutigen Zeit, in der selbst der Deutsche Hochschulverband die Freiheit des Wortes nicht mehr gegeben sieht, kommt eines immer wieder zutage: Wer selbst in Denkverboten denkt, behauptet natürlich, es

---

[21] https://www.hochschulverband.de/uploads/media/Resolution_Verteidigung_der_Debattenkultur-final.pdf

[22] Saul Alinsky: Call Me a Radical. Organizing and Empowerment. Herausgegeben von Karl-Klaus Rabe. Lamuv Verlag, Göttingen 2011.

[23] https://www.thilo-baum.de/das-framing-manual-fuer-die-ard/

[24] https://meedia.de/2019/02/20/gib-den-trollen-zunder-wie-die-ard-die-debatte-um-das-framing-manual-anheizt-ohne-es-zu-merken/

gebe keine Denkverbote. Ideologen erkennen oft nicht, dass sie Ideologen sind – oder sie wollen es nicht erkennen. Das wäre auch ungünstig, weil sie ihre fanatische Überzeugung sonst als eine von mehreren denkbaren Meinungen betrachten müssten. Wenn Sie mal an einen Vertreter oder eine Vertreterin dieser Strömung geraten, werden Sie merken, wie schlecht es um die Toleranz dieser Ideologen bestellt ist. Zu deren Selbstbild als tolerante und weltoffene Menschen passt ihr Verhalten definitiv nicht.

Das Klima an den Unis ist also vergiftet – allerdings nicht bei den Vermessungsingenieuren, sondern bei den Historikern, Germanisten, Politikwissenschaftlern und Soziologen. Der Berliner Professor Herfried Münkler ist ein Beispiel für einen Wissenschaftler, den fanatisierte Studenten zwischen den Mahlsteinen der politischen Korrektheit zumindest beschädigen, wenn nicht vernichten wollten. »Welt online« berichtet:

> *Studentische Aktivisten bemängelten, der Professor beschäftige sich zu wenig mit ideengeschichtlich bedeutenden Frauen. Schnell stand der Vorwurf des Sexismus im Raum. Überdies berücksichtige Münkler auch zu wenige außereuropäische Autoren, so die Kritik – ein Beleg für seine eurozentristische, imperialistische Einstellung.*
>
> *Münkler (...) verwies darauf, dass es vor dem 20. Jahrhundert nur wenige Philosophinnen und Politikerinnen gegeben habe. Außereuropäische Theoretiker ließen sich sicherlich finden (...), dann allerdings müsse die Einführungsvorlesung im Interesse der Vollständigkeit von einem auf zwei Semester ausgedehnt werden. Das wiederum wollten die Studenten mehrheitlich nicht.*[25]

Wenn wir uns heute in einem geisteswissenschaftlichen Umfeld bewegen, spielen Fakten nahezu keine Rolle mehr. Es geht fast nur noch um Deutun-

---

[25] https://www.welt.de/politik/deutschland/plus189723151/Universitaeten-Wenn-Studenten-zu-Meinungsdiktatoren-werden.html?promio=81757.1069655.21&r=3716406896338455&lid=1069655&pm_ln=21

gen, also Interpretationen von Äußerungen, dies gerne im böswilligen Sinne inklusive absichtlichen Missverstehens. Das Ziel ist kein wissenschaftlicher Diskurs, sondern die Vernichtung Andersdenkender. Vor diesem Hintergrund spielen die Geistes- und Sozialwissenschaften heute eine Sonderrolle. Vielleicht ändert sich dieser Zustand ja einmal wieder zum Guten im Sinne einer tatsächlichen Diversität von Meinungen – derzeit sieht es danach aber leider nicht aus. Die Intoleranz ergreift eher noch die Medien und Schulen, in denen zahlreiche Geisteswissenschaftler letztlich arbeiten. Auch viele Vereine und Stiftungen handeln in diesem Ungeist.

Novalis hat Klartext geschrieben

Im Mai 2014 veröffentlichte Alexander Ulfig einen Beitrag mit dem Titel »Das Geschwafel der Geisteswissenschaftler«.[26] In dieser Pauschalität will ich die Geisteswissenschaftler nicht angreifen; ich denke nach wie vor an eine laute, fanatisierte Minderheit und glaube, dass zahlreiche gute Leute schweigend ihren Forschungen nachgehen und hoffen, dass sie der neue Verfolgungswahn in der Art einer neuen McCarthy-Ära nicht zum Opportunismus zwingt und wegen unbedachter Textzeilen hinwegfegt.

Aber als grobe Diagnose trifft eben zu, was Ulfig schreibt: »Die Geistes- und Sozialwissenschaften befinden sich in ihrer manieristischen Phase. Manieristische Phasen zeichnen sich aus durch die Verkomplizierung der Ausdrucksmittel, die Verschnörkelung der Gedanken (...). Ihr Prinzip ist nicht die Konfusionsvermeidung, also Klarheit, sondern die Konfusionsvermehrung. Die absichtliche Verkomplizierung der Sprache in den Geistes- und Sozialwissenschaften ist eine weitverbreitete Krankheit.«

Und dann kommt das Entscheidende: »Die gewöhnliche Reaktion der Leser auf solche Texte lautet: ›Ich verstehe das nicht‹ oder ›Der Text ist unverständlich‹. Das zu sagen, ist der größte Fehler, den man machen kann, denn dadurch gibt man den Produzenten solcher Texte das Gefühl der Überlegenheit: Sie haben es geschafft, sich als klüger als die anderen aufzuspielen. Die Aussage ›Ich verstehe es nicht‹ empfinden sie daher als

---

[26] https://ef-magazin.de/2010/08/02/2404-hochstapelei-das-geschwafel-der-geisteswissenschaftler

ein Kompliment. Dass solche Texte von den Lesern nicht verstanden werden, liegt aber nicht an deren intellektuellen Fähigkeiten. Die Texte werden absichtlich so geschrieben, dass man sie nicht verstehen kann. Die Produzenten solcher Texte haben in der Regel auch nichts zu sagen, denn hat man etwas zu sagen, dann kann man es klar und deutlich sagen.«

Was Alexander Ulfig hier zutreffend beschreibt – letztlich intellektuellen Betrug und heiße Luft –, trifft heute zu auf die wachsende Fanatisierung in den Geistes- und Sozialwissenschaften bezüglich ihrer Narrative beziehungsweise Weltbilder. Mit Wissenschaft hat das alles kaum noch etwas zu tun. Auch die Gesellschaft leidet unter einer ideologisierten und intoleranten Geisteswissenschaft eher, als dass sie dadurch gedeiht.

Übrigens haben die großen Schriftsteller der Weltliteratur Klartext geschrieben – zum Beispiel Novalis (Seite 18). Die Sekundärliteratur aus der Feder von Literaturwissenschaftlern dagegen genügt oft nicht den simpelsten Regeln in puncto Klarheit. Der Grund ist meist die Blenderei.

In den Geisteswissenschaften ist es vermutlich nicht so, dass man sich nicht klar ausdrücken könnte. Sicher, klar: Nach wie vor dominiert der Irrglaube der Geisteswissenschaften, ein Text sei gut, wenn er intellektuell wirkt und fehlerfrei ist. Dieses traditionelle bildungsbürgerliche Denken verantwortet zahlreiche unverständliche Texte und verursacht mit Sicherheit einen massiven volkswirtschaftlichen Schaden durch Zeitverlust. Hinzu kommt der Wahn vieler Germanisten, die Sprache nach ihrem Niveau zu beurteilen: Der erstrebenswerte »elaborierte Sprachcode« klingt nach Intellekt, während der verachtenswerte »restringierte Sprachcode« Dummheit und Unbildung suggeriert. Leider nur bringen diese Leute etwas durcheinander: Wir sind intelligent, wenn wir verknotete Texte verstehen – aber es ist nicht intelligent, verknotete Texte zu schreiben.

Viele Geistes- und Sozialwissenschaftler haben es sich in ihrer intellektuellen Blase schön eingerichtet. Sie produzieren jede Menge Texte, die uns gesellschaftlich rein gar nichts bringen, die aber für andere Geisteswissenschaftler intellektuelles Futter bieten. Man kreist um sich selbst, und das fein alimentiert aus Steuergeld. Die Produktivität dieser Szene liegt annähernd bei null – und um das zu kaschieren, sind die Texte wirr. Ich bin überzeugt: Auch in den Geistes- und Sozialwissenschaften könnte man sich klar ausdrücken. Viele Akteure wollen aber lieber keine Klarheit.

Politikersprache kann menschlich sein

Als letztes Beispiel für eine »Branche« will ich die Politik anführen. Den Elternbrief der Berliner Schulsenatorin Scheeres hatte ich ja schon erwähnt (Seite 117). Typisches Politikerdeutsch war das allerdings nicht. Der Brief war eher unbeholfen und ist ein ebensolches Indiz für die zunehmende Infantilisierung der Politik, wie wenn die Grünen-Chefin Annalena Baerbock (* 1980) im ARD-Sommerinterview am 28. Juli 2019 im Zusammenhang mit E-Mobilität über den Rohstoff »Kobold« spricht – und zwar zwei Mal, sodass klar ist, dass sie sich nicht versprochen hat. Wir haben es hier mit einer generellen Unbeholfenheit zu tun, die sicher dem Schwinden der Allgemeinbildung und auch einem naiven Weltbild geschuldet ist.

Unter klassischer Politikersprache meine ich eher Phrasen wie »Eckpunkte einkreisen« und Formulierungsmonster wie »Nach langen bilateralen Verhandlungen in einer Atmosphäre des gegenseitigen Vertrauens ist es uns gelungen, entscheidende Schritte weiterzukommen«. Es ist ein Mix aus distanziertem Diplomatendeutsch und politikwissenschaftlichen Gemeinplätzen. Das oft hohle Gerede der Geisteswissenschaften findet sich sehr oft in der Politik wieder.

In vielen Fällen mangelt es auch einfach an Substanz. Mein Lieblingsbeispiel dafür ist der langjährige EU-Kommissionspräsident Jean-Claude Juncker (* 1954). Mir fällt kein einziger Wortbeitrag von ihm ein, bei dem ich so etwas wie inhaltliche Substanz erkannt hätte. Vielleicht gibt es relevante Wortbeiträge vom ihm – ich kenne keinen. Juncker ist für mich das Paradebeispiel eines Politikers, der entweder etwas Triviales oder Bizarres sagt. Seine Sprache ist dabei allerdings nicht unbedingt förmlich – es geht eher darum, dass er die Menschen nicht ganz für voll zu nehmen scheint. Für die Politik sind solche Signale der Arroganz natürlich auch ein Grund dafür, dass sich die Menschen von der Politik entfernen.

Im Januar 2019 sagte Juncker der »Bild« über den Europaabgeordneten Elmar Brok (* 1946), ein Europaparlament ohne Brok sei für ihn »unvorstellbar«: »Brok ist ein europäisches Urgestein. Ich habe ihm viel zu verdanken. Ich würde es gerne sehen, dass er Abgeordneter des Europäischen Parlaments bleibt.« Brok sei »der einflussreichste deutsche Abgeordnete«.[27] Hier kommt Junckers Demokratieverständnis zum Vorschein: Natürlich ist es nicht »unvorstellbar«, dass ein Abgeordneter mal ein Parlament verlässt. Und was der eine dem anderen zu verdanken hat, sollte in einer Vereinigung aus Rechtsstaaten möglichst keine Rolle spielen. Ach, er hat das witzig oder ironisch gemeint? Tut mir leid – ist nicht zu erkennen. Humor und Ironie bedürfen in der öffentlichen Kommunikation einer überdeutlichen Kennzeichnung. Und selbst wenn die Äußerung humorvoll gemeint gewesen war: Was will sie denn auf die Schippe nehmen?

Oder schauen wir uns die Rede an, die Juncker am 1. April 2019 vor dem Landtag des Saarlandes hielt. Im Redemanuskript waren Sätze vorgesehen wie: »Ich bin heute Morgen gerne ins Saarland gereist, weil ich mich hier fast auf heimischem Boden spüre. Ich war lange Zeit Premierminister Luxemburgs, ich habe also das Saarland atmen gespürt, manchmal im Nacken, manchmal von vorne, und deshalb bin ich gerne hier.«

Als Abgeordneter wäre mir meine Zeit zu schade, mir so etwas anzuhören. Worüber redet der Mann da? Mir wäre es als saarländischer Abgeordneter völlig gleichgültig, ob Jean-Claude Juncker heute früh gerne angereist ist oder nicht. »Fast auf heimischem Boden«? Na ja, warum auch nicht? Von der Stadt Luxemburg nach Saarbrücken sind es 100 Kilometer, und die Region arbeitet seit langem ohne Grenzkontrollen zusammen.

Dann schwadroniert das Redemanuskript weiter: »Ich bin gerne hier, weil Luxemburg und das Saarland in doppelter Beziehung die zweitkleinsten Länder sind – Saarland nach Bremen und Luxemburg nach Malta. Ich war immer sehr für den Beitritt Maltas in die Europäische Union, weil ich den Gedanken mochte, dass Luxemburg von dem Tag an, an dem Malta beitrat, nicht mehr das kleinste Land der Europäischen Union war. Aber ich bilde mir ein, ein besonderes Gespür für kleinere Einheiten zu haben und weiß deshalb, dass kleine Länder sowohl in der Bundesrepublik als auch in Europa sich dadurch auszeichnen, dass sie besonders gut zuhören können. Kleine Länder brauchen lange Ohren – große Ohren. Und eine laute Stimme.«

Ich frage mich: Was erzählt Juncker da für einen abseitigen Nonsens? Er schwafelt eine Verbindung zwischen Luxemburg und dem Saarland da-

---

[27] »Bild«, 15. Januar 2019, Seite 2.

her, weil beide in verschiedenen Kontexten jeweils der zweitkleinste Staat sind. Das Saarland ist das zweitkleinste Bundesland der Bundesrepublik Deutschland, Luxemburg das zweitkleinste Mitgliedsland der Europäischen Union (EU). Meine Güte – na und? Welcher normal fühlende Mensch spürt denn aus einem solchen technokratisch dargelegten Grund eine emotionale Gemeinsamkeit? Und deshalb sollte Malta der EU beitreten?

Weiter: »Als ich Kommissionspräsident wurde – das war am 1. November 2014 – habe ich mich kundig gemacht, soweit ich es noch nicht war, um festzustellen, dass wir mehrere Krisen in Europa hatten. Zuerst hatten wir eine Beschäftigungskrise und eine Investitionskrise und eine Wachstumskrise. Mit diesen drei Themen haben wir uns intensivst beschäftigt, dadurch, dass wir gesagt haben, als Kommission: Wir müssen groß in großen Dingen sein und zurückhaltend, timide, bescheiden in kleinen Dingen. Und das haben wir gemacht. Das Schlimme ist, niemand merkt das.«

Der Text im Redemanuskript ist einfach nur ein Klangteppich, er füllt die Zeit. Es finde keine Kernbotschaft. Juncker spricht über die »Großregion« (gemeint ist »Saar-Lor-Lux«, also die Region aus Saarland, Lothringen und Luxemburg), über das Erasmusprogramm, den »Brexit«, über Außen- und Verteidigungspolitik ... – es ist endlos und inhaltsleer.

Kurz vor Schluss heißt es (Fehler im Original): »Mehr Mehrheitsentscheidungen braucht es auch im Steuerbereich, auch im Sozialbereich, weil wir können nicht von den Vetos von der Einen und der Anderen dauernd abhängen – das ist ja ein Luxemburger, der hier spricht. Die Leute in Brüssel sind baff, erstaunt, dass noch keine Kommission so viele steuerpolitische Harmonisierungsvorschläge gemacht hat wie diese. 14 an der Zahl. Das ist mehr als in den 50 Jahren vorher. Ich wusste ja, wieso man das machen muss.«

Wie geht es Ihnen, wenn Sie das lesen? Können Sie dem Mann folgen? Ich nicht. Ja, ein Luxemburger spricht. Na und? Will er sagen, es sei außergewöhnlich, dass ausgerechnet ein Luxemburger dafür ist, das Vetorecht der Mitgliedsstaaten abzuschaffen? Inwiefern? All das erschließt sich mir nicht, weil Juncker Fragmente statt Gedanken äußert.

Irgendwann habe ich Juncker in den Fokus genommen. Ich wollte einmal etwas Spannendes und Neues von ihm hören. Tauchte sein Name auf, habe ich sofort die Ohren gespitzt, um genau hinzuhören, was Juncker den

Menschen in der EU Konkretes zu sagen hatte. Meist beschwor er die Bedeutung der EU für die Menschheit, was kein großes Problem ist, weil es dafür einen Baukasten an Phrasen gibt: »Das Gründungsversprechen der EU – ›Nie wieder Krieg‹ – ist eine dauerhafte Verpflichtung, wachsam zu bleiben«, »Die Welt von heute braucht ein starkes und geeintes Europa«, »Mehr Verantwortung bedeutet nicht in erster Linie Militarisierung«, »Europa muss weltpolitikfähig werden, sein Schicksal selbst in die Hand nehmen«.[28] Alles reichlich unkonkret. Denn wie sieht es aus, wenn Europa sein Schicksal selbst in die Hand nimmt? Inwiefern nimmt es sein Schicksal denn bisher nicht selbst in die Hand? In meiner Wahrnehmung bleibt Juncker in seinen Äußerungen höchst abstrakt und vage. Er stand für eine Politikersprache, die der EU in meinen Augen ganz sicher geschadet hat.

Zuletzt erklärte Juncker, an der belgischen Küste habe die Toleranz gegenüber Menschen abgenommen, die Französisch sprechen. Und: »Ich habe noch nie einen Belgier getroffen, der stolz auf sein Land ist«, »alles in allem sei er aber ›stolz auf das belgische Belgien‹«.[29] Was für ein Geschwafel! Was fällt ihm ein? Der souveräne Staat Belgien als kleines Kind, das sich von Juncker loben oder tadeln lassen darf? Juncker scheint daherzureden, was ihm gerade einfällt. Dabei ist es gleich, wie sinnentleert seine Worte sind – qua Amt halten alle Kameras und Mikrofone drauf. In meinen Augen verdanken Parteien wie AfD, FPÖ und Lega Herrn Juncker einen Großteil ihrer Erfolge – ebenso wie auch das Ergebnis der »Brexit«-Abstimmung am 23. Juni 2016 in Großbritannien unter anderem eine Folge der Kommunikation im Stile Junckers war. Junckers Inhaltsleere wirkte oft genug wie ein Beweis für die Inhaltsleere der gesamten EU. Das ist auch kein Wunder, solange hochbezahlte und vom Volk nicht gewählte Politiker über Jahre hinweg abstrakt daherreden.

Eines aber muss man Juncker lassen: Sein Humor und seine Bereitschaft, auch über sich selbst zu lachen, hat die Inhaltsleere über die Jahre hinweg gut kaschiert. Viele Menschen mögen ihn deswegen. Wem es bei einer politischen Veranstaltung letztlich nur um Prosecco und Häppchen

---

[28] »Bild online«, 12. September 2018.
[29] https://www.grenzecho.net/21289/artikel/2019-09-14/mangel-toleranz-jean-claude-juncker-spricht-der-belgischen-kuste-deutsch?bot=1

geht, der kann sich durch eine Juncker-Rede gut unterhalten fühlen. Wer aber etwas zu tun hat, wessen Zeit wertvoll ist, der wird sich bei diesen Reden fragen, was er dort soll. Dass ein Redner Jean-Claude Juncker heißt, ist noch kein Grund, ihm zuzuhören – weil es nicht per se wichtig ist, was Jean-Claude Juncker denkt. Und das mag der Grundirrtum sein, dem Politiker wie Juncker verfallen. Sie halten sich für grundsätzlich relevant. Was Juncker aber denkt, für wichtig hält oder ablehnt, ist, mit Verlaub, völlig egal. Wichtig ist, was jemand tut und wie sein Handeln am Ende im Ergebnis wirkt. Bei einer Rede fragen Zuhörer eben auch: »Where is the beef?« Sie wollen in der knappen Zeit, die sie haben, etwas Fundiertes erfahren. Allein die höfische Ehrfurcht gegenüber Titeln ist kein Grund mehr, jemandem zuzuhören. Dieses Relikt aus feudalen Zeiten – das im Großherzogtum Luxemburg vielleicht noch eher den Alltag bestimmt als in Ländern ohne Erbmonarchie – lässt zum Glück nach. Die meisten Menschen wollen wissen, was konkret Sache ist.

Auch der Politikberater Dushan Wegner (* 1974) analysiert die Sprache von Politikern und kommt zu wenig schmeichelhaften Befunden. »Das Ziel (...) ist nicht, in einem Argument zu überzeugen. Das Ziel ist, dafür zu sorgen, dass die Menschen einem vertrauen und folgen wollen. Und dafür ist es am besten – Forderung aufstellen, Begründung ankündigen, irgendetwas, was halbwegs nach Begründung klingt, zu liefern. Selbst wenn der Zuhörer weder-noch verstanden hat, wenn er die Forderung nicht versteht und wenn er die Begründung nicht versteht, versteht er immer noch, dass da jemand sich Gedanken gemacht hat.«[30]

Wegner liegt richtig. Zugleich aber beobachte ich: Die Bürger wünschen sich von Politikern zunehmend inhaltliche Substanz statt Phrasen. Das klassische Ruhigstellen durch substanzlose Klangteppiche wird nicht mehr lange funktionieren, sondern die Leute werden sich immer mehr von der Politik entfernen. Auch hier zählt die konkrete Substanz immer mehr.

Facebook und Twitter haben daher einen guten Einfluss auf die Politik und die Politikersprache. Diese Medien kennen keine Ehrfurcht vor Absendern. Was uns gefällt, liken wir, was uns nicht gefällt, klicken wir weg. Das

---

[30] https://www.deutschlandfunk.de/politikersprache-verschachtelte-saetze-unklare-bezuege.1310.de.html?dram:article_id=339768

weiß man in der Politik heute. Die Kunst ist, politische Botschaften so zu formulieren, dass sie auch Menschen außerhalb der Filterblase ansprechen. Und dazu ist es nötig, Phrasen rigoros zu vermeiden und Fachbegriffe so zu erklären, dass die Menschen sie verstehen.

Zwei Aufgaben: Inhaltliche Substanz und sprachliche Klarheit

Für die Sprache von Politikern sehe ich also zwei Hausaufgaben: Einmal muss inhaltliche Substanz her, und dann geht es um sprachliche Klarheit.

Politiker sollten sich zuerst überlegen, was ihre Botschaft aus Empfängersicht ist, beispielsweise aus Wählersicht. Wenn die FDP beispielsweise fordert, dass das »EEG« verschwindet, sagt das einem Wähler erst einmal wenig. Möglicherweise fragt er sich, was die FDP gegen das Gerät im Krankenhaus hat. Aber die Elektroenzephalografie ist mit »EEG« gar nicht gemeint, sondern es geht um das »Erneuerbare-Energien-Gesetz«. Das soll weg. Wenn der Wähler das hört, fragt er sofort, was die FDP gegen erneuerbare Energien habe, und der Wahlkämpfer ist wieder gezwungen, eine Frage zu beantworten, die er selbst – und das völlig unnötig – aufgeworfen hat. Natürlich hat die FDP nichts gegen erneuerbare Energien! Erst gilt es also, die Ich-Botschaft (»Das EEG muss weg«) aus Sicht des Empfängers zu formulieren, auch damit keine sinnlosen Fragen auftauchen.

Also fragt der Wahlkämpfer den Wähler: »Hat Ihr Nachbar Photovoltaik auf dem Dach?« Der Wähler wird mit hoher Wahrscheinlichkeit sagen: »Ja.« Und jetzt stellen wir dar, dass der Wähler mit seinen Steuern die Photovoltaik des Nachbarn finanziert, obwohl der Nachbar auch so schon einen Vorteil daraus zieht. Grundlage dieser Ungerechtigkeit ist das »Erneuerbare-Energien-Gesetz«. Und damit hier Gerechtigkeit herrscht, sind die Freien Demokraten dafür, dieses Gesetz abzuschaffen.

Ist die Perspektive klar, in der wir eine politische Botschaft formulieren, geht es um die Wortwahl. Und hier ist es enorm wichtig, eine einfache und klare Sprache zu verwenden, die alle Menschen unabhängig vom Stand der Bildung und vom Vorwissen sofort erfassen. Eine Botschaft zu verstehen, darf niemals ein Ratespiel oder eine Schnitzeljagd sein. Also müssen Politiker ihre Botschaften erst strukturieren, indem sie chirurgisch herausarbeiten, welche Aspekte für ihr Gegenüber wichtig und welche unwichtig sind. Ist das geklärt, geht es an die Reihenfolge der Gedanken in der Argumentation (Seite 45ff.). Und dann geht es ans Formulieren, und zwar mit strikter Rücksicht vor allem auf die fünf Hauptregeln: keine sinnlosen Adjektive, keine überflüssigen Silben und Wörter, keine Substantive fürs Geschehen und Handeln, Aktiv statt Passiv und Hauptgedanken im Hauptsatz. Diese fünf Regeln machen auch in der Politik schätzungsweise 80 Prozent des Verständnisses aus (Seite 76ff.). Wer es perfekt mag, berücksichtige dann noch die fünf Regeln zum Feintuning (Seite 88ff.), und die Sprache ist auch in der Politik verständlich.

Definitiv Schluss sein sollte in der Politik mit Formulierungen wie »Es besteht kein Grund zu übertriebener Sorge«.

Das Volk nicht für dumm verkaufen

Politiker wirken menschlich, wenn sie das Volk nicht für dumm verkaufen und aus Bürgersicht klare Botschaften vermitteln.

Es gibt niemals einen Grund zu übertriebener Sorge, denn sonst wäre die Sorge nicht übertrieben. Politiker sollten damit aufhören, das Volk für blöd zu verkaufen, indem sie annehmen, diese rhetorischen Taschenspielertricks würde niemand entlarven. Die Menschen wollen Statements! Sagt ein Politiker also, es gebe »keinen Grund zur Sorge«, dann haben wir eine deutliche Aussage. Die Frage ist: Gibt es einen Grund zur Sorge oder nicht? Dazu sollte sich der jeweilige Politiker eine Meinung bilden und diese Meinung dann kundtun. Aber Sorgen suggestiv pauschal als »übertrieben« abzuwerten, ist ein Element fauler Rhetorik, das die Menschen an den politischen Rand treibt.

Wer Formulierungen wie »Es besteht kein Grund zu übertriebener Sorge« verwendet, kann politischen Gegnern übrigens auch kaum Populismus vorwerfen. Gerade solche Suggestionen sind Populismus in Reinform – man wirft dem Volk etwas Verdauliches hin, obwohl die Botschaft dahinter unschön ist. Gehen Politiker dann noch von künstlichen Narrativen aus statt von der Realität, ist die Glaubwürdigkeit rasch zerstört.

Werteorientiert führen und kommunizieren

Klare Sprache ist zwar etwas Schönes, aber sie dient keinem Selbstzweck. Natürlich können Sie Ihre Unternehmenssprache von überflüssigen Adjektiven und Silben befreien, weil sie sich so schöner liest und anhört. Aber aus meiner Sicht ist das nicht nur nötig, damit die Sprache klar wird, sondern klare Sprache ist in jedem Fall Mittel zum Zweck. Klare Sprache ist heute ein Muss, wenn Unternehmen menschlich wirken wollen. Sie ist ein ergebnisorientiertes Tool.

Ein entscheidendes Stichwort dazu ist die »werteorientierte Führung«. Vereinfacht gesagt haben wir es mit einem Paradigmenwechsel zu tun – weg vom reinen Fokus auf die Zahlen und hin zu einem Fokus vor allem auf den Menschen. Unternehmenslenker verstehen zunehmend, dass sie gute Leute brauchen und diese guten Leute nur anziehen, wenn das Unternehmen menschlich attraktiv ist. Und das gelingt eben nicht, wenn das Unternehmen komplett zahlenorientiert ist, was dann aus jeder Textzeile dringt, ob geschrieben oder gesprochen.

Entsprechend wandelt sich das Verständnis. Statt »Profit«, »Shareholder Value« und »Quartalszahlen« geht es nun um »Respekt«, »Toleranz« und »Diversity«. Unternehmen erkennen gesellschaftliche Verantwortung an. Sie wollen Menschen jeder Herkunft und jedes Geschlechts Teilhabemöglichkeiten bieten. Der Fokus auf den Menschen bedeutet auch, dass die Menschen im Unternehmen eine Umgebung vorfinden, in der sie atmen können: Die Atmosphäre unter Kollegen ist von Hilfsbereitschaft und Interesse geprägt anstelle von Neid und Konkurrenzgedanken; die Führungskräfte sind Impulsgeber und Mentoren statt Schleifer wie auf dem Kasernenhof; die Perspektive eines Mitarbeiters besteht aus der Möglichkeit zur Selbstverwirklichung und Weiterentwicklung statt aus einer haftähnlichen Unterbringung mit derselben Tätigkeit über Jahre hinweg, ohne dass sich daran jemals etwas ändern könnte. Insgesamt geht man kollegial miteinander um; Hierarchien verlieren an Bedeutung; man begegnet einander auf Augenhöhe und arbeitet partnerschaftlich miteinander.

Führungskräfte, die das verstehen, betrachten Mitarbeiter nicht als Untergebene, denen sie Anweisungen geben, sondern sie behandeln sie wie externe Dienstleister, die schwer zu bekommen sind. Der Gedanke, dass jeder Berufstätige am Ende eine Leistung verkauft, setzt sich durch. Abhängig Beschäftigte tun das auch – nur verkaufen sie ihre Leistung eben an einen Stammkunden. Mitarbeiter verdienen höchste Wertschätzung, auch weil sie in kürzester Zeit sofort einen neuen Job finden.

Meiner Erfahrung nach spielen übrigens immer mehr Spitzenleute mit dem Gedanken, sich selbstständig zu machen. Vertriebler, Strategen, Texter, Programmierer, Designer, Marketingleute. Sie überlegen: Was sie für ihren Arbeitgeber tun, könnten sie auch anderen Unternehmen anbieten. Plötzlich befassen sich bisherige Arbeitnehmer mit Dingen wie »Positionierung«: Sie arbeiten heraus, was genau sie gut können, was ihnen Freude bereitet. Und sie überlegen, wer daran Bedarf hat. Dann planen sie ihre Existenzgründung, oft stillschweigend, parallel zu ihrem Angestelltenjob. Ein Logo entsteht, ein Slogan, eine knappe und klare Nutzenargumentation, eine Website, die inhaltliche Entwicklung geht voran, die ersten Videos zum Thema entstehen, vielleicht ein Podcast, vielleicht ein Buch – und der Arbeitgeber bekommt von allem nichts mit. Plötzlich dann liegt eine Kündigung auf dem Tisch, und der Mitarbeiter ist weg.

Sind Unternehmen schlecht geführt, weil der Führungsstil möglicherweise förmlich ist, hauen gute Leute ab. Das ist nichts Neues. Aber das Ganze ist für Arbeitgeber heute besonders gefährlich:

- Zahlreiche Fachleute arbeiten heute mit ihrem Gehirn, nicht mit den Händen. Gute Leute sind also nicht mehr an Unternehmen gebunden, die ihnen Werkzeug bereitstellen. Die Flucht fällt leichter.

- Die wichtigsten Produktionsmittel, um als kreativer, kommunikativer oder strategischer Geist arbeiten zu können, befinden sich heute auf jedem Rechner. Die Zusatzinvestitionen, beispielsweise für Software, sind gering. Existenzgründung wird also attraktiver.

- An jeder Ecke finden absprungbereite Mitarbeiter heute Möglichkeiten, sich erforderliches Wissen anzueignen: um Geschäftsideen zu entwickeln, Businesspläne zu schreiben und um im Internet via Onlinemarketing Kunden zu finden. Die Leute entwickeln sich schneller weiter als die Unternehmen, in denen sie arbeiten.

- Wer sich für Persönlichkeitsentwicklung und Positionierung interessiert, arbeitet schon für sich selbst besondere Fähigkeiten heraus, rein aus Interesse an der Welt und der rasenden Entwicklung, die wir derzeit erleben. Gerade solchen Spezialisten fällt es leicht, Alternativen zu finden. Ihnen wird in konservativen Unternehmen mit förmlichem Umgangston langweilig – sie wollen aufhören.

Sicher wird es sich nie vollständig verhindern lassen, dass mal ein guter Mitarbeiter das Unternehmen verlässt. Aber in Ihrem Unternehmen senken Sie die Gefahr, wenn Sie werteorientiert führen und den Menschen in den Mittelpunkt stellen. Sorge, dass das Geschäft dann nicht mehr gut läuft, brauchen Sie keine zu haben: In einer angenehmen Umgebung arbeiten gute Leute viel lieber und besser als in einer Umgebung, die rein über Druck zu funktionieren versucht. Viele Reibungsverluste, die Sie bisher durch ein angespanntes Betriebsklima hatten, sind Vergangenheit.

Also: Mitarbeiter einbinden, über Abteilungsgrenzen hinweg denken, sich als Führungskraft nicht für etwas Besseres halten – das ist die Richtung. Und ein wichtiges Element dabei ist die Sprache. Zu einem modernen, werteorientiert geführten Unternehmen passt der antiquierte Kanzleistil nicht, den Sie von Ihren Versicherungen und von Ihrer Bank kennen. Die Zeiten dafür sind nun definitiv vorbei.

Das Förmliche hat sich erledigt

Sobald es um den Menschen geht, ist die förmliche Kommunikation hinfällig. Sie funktioniert nicht mehr. Stellen Sie Ihre Sprache nicht um, wird man Ihnen Ihre »werteorientierte Führung« nicht glauben.

Eine werteorientierte Führung ist kaum denkbar, wenn Sie den Kanzleistil beibehalten. Wie sollte sich das auch anhören? Hören wir dann Sätze wie: »Wir streben die Durchsetzung des Gedankens an, dass Selbstverwirklichung eine der höchsten Wertigkeiten seitens unserer Mitarbeiter ist«? Bitte sagen Sie mir, wieso Sie noch förmlich kommunizieren sollten, wenn es um den Menschen geht. Sobald es um den Menschen geht, ist die förmliche Kommunikation passé. Und nicht nur das: Solange Sie noch förmlich kommunizieren, nimmt Ihnen Ihre »Werteorientierung« niemand ab.

Natürlich heißt das nicht, dass jetzt alles egal und beliebig ist und Ihre Sprache flapsig wird. Menschenorientierte Führung bedeutet nicht, sich gehen zu lassen. Im Gegenteil: Sie verlangt einen viel schärferen Blick aufs menschliche Verhalten und Interagieren als in althergebrachten Unternehmen. Schauen Sie sich die vielen Textbeispiele in diesem Buch an – genau das ist die nötige Arbeit. Es geht darum, eine menschliche Sprache zu finden. Wir nehmen die bisherige störrische Kommunikation und arbeiten aus ihr wie aus einer Skulptur das Wesentliche heraus.

Ich sage nicht, dass es einfach ist, aber es lohnt sich. Und es ist wichtig. Am Anfang denken Sie vermutlich, es ist anstrengend. Aber das ist es immer, wenn wir etwas Ungewohntes beginnen und dazu eine hohe Konzentration brauchen. Mit der Zeit haben Sie es drauf – Sie wenden die fünf plus fünf Regeln immer besser an. Es ist eine Entwicklung. Und irgendwann fällt es Ihnen schon beim Schreiben oder Sprechen auf, dass Sie gerade die Hauptsache in einen Nebensatz packen. Gerade wenn sich Ihr Unternehmen auf die werteorientierte Führung einlässt, werden Ihnen unnötig komplizierte Wendungen vermutlich von selbst auffallen, weil sie nicht zu einer menschlichen Unternehmenspersönlichkeit passen. Nur dass Sie jetzt eben nicht nur ein diffuses Gefühl der Unstimmigkeit haben, sondern genau wissen, woran es liegt. Es liegt an dem Delta zwischen Ihrem Unternehmensleitbild sowie den theoretisch definierten Werten einerseits und der praktizierten Sprache andererseits. Beides widerspricht einander.

Also: Auch wenn es vielleicht erst einmal mühsam ist – tun Sie es. Ran an das Thema müssen Sie sowieso, denn die Zeit des Förmlichen ist vorbei. Die Sprache auf »menschlich« umzustellen, geht aber nicht von jetzt auf gleich, sondern dazu brauchen Ihre Mitarbeiter Know-how. Viele Unternehmen, die ich besuche, beißen sich dabei fast die Zähne aus, weil der förmlichen Sprache ein förmliches Denken zugrunde liegt, das sich fast nicht herausbohren lässt. Aber wenn es einmal gelingt, sind die Vorteile enorm: Durch menschliche statt förmliche Sprache minimieren Sie noch mehr Reibungsverluste, weil sich alle Beteiligten rascher und besser verstehen. Es kostet nicht mehr übermäßig viel Zeit, die E-Mail eines Kollegen zu erfassen, weil der Kollege auf den Punkt genau schreibt, was zu sagen ist. Und Ihr Unternehmen wirkt viel angenehmer als vorher. Ich empfehle Ihnen: Machen Sie bei dieser Entwicklung mit!

Prüfen Sie Ihre Botschaften!

Was ist also genau zu tun im Unternehmen? Das Wichtigste ist: Prüfen Sie Ihre Botschaften! Ist wirklich relevant, was Sie zu sagen haben, und zwar aus Empfängersicht? Oder reden Sie an den Leuten vorbei?

Wahrscheinlich sagen Sie mir jetzt, das sei banal. Die Botschaft selbst zu erkennen, ist doch gar kein Problem! Da bin ich mir nicht so sicher. Lassen Sie mich eine kurze Episode erzählen, in der es genau darum geht.

Ich erinnere mich an einen Finanzberater, der mich Anfang 2016 zu einem Termin überredet hatte. Er wollte mir sicher ein paar Finanzprodukte verkaufen. Wir trafen uns zwischen zwei Terminen in Berlin. Im Smalltalk sagte ich ihm, dass ich umziehen würde – von Brandenburg nach Hessen.

Die Bemerkung des Finanzberaters dazu war sein Knock-out: Er sagte pfiffig, das sei ja die perfekte Ausgangslage für eine zweite Betriebsstätte, denn so seien meine Fahrten zwischen Brandenburg und Hessen steuerlich begünstigt. Ich sagte ihm, ich würde *umziehen*. Ich habe mich wirklich klar ausgedrückt. Das Wort »umziehen« ist sonnenklar und macht deutlich: Ich breche in Brandenburg die Zelte ab und richte mich in Hessen ein. Um es noch klarer zu machen: Ich verlasse das Land Brandenburg. Ich lebe da nicht mehr.

Er regte an, ich solle mir das Konzept mit zwei Betriebsstätten noch mal überlegen. Ich fragte ihn, ob er meinte, ich würde

Richtig, aber nicht wichtig

Viele Informationen sind korrekt, aber noch lange nicht relevant für den Kunden. Sie sind richtig, aber nicht wichtig. Belästigen Sie Kunden mit Details, die zwar korrekt sind, aber für den Kunden keine Bedeutung haben? Hier können wir gemeinsam Ihre gesamte Unternehmenskommunikation durchforsten – schriftlich und mündlich.

ab sofort aus Jux die Hunderte Kilometer lange Strecke immer mal wieder fahren, nur weil ich das geltend machen könnte. Er antwortete: Naja, wenn es betriebswirtschaftlich keinen Sinn hat, dann natürlich nicht. Ich sagte: »Genau«, trank meinen Kaffee aus und ging. Was für ein Schwätzer.

Ich hatte es mit einem Fachmann zu tun, der nicht erkannte, dass seine Äußerung irrelevant war, selbst wenn sie inhaltlich zutraf. Er thematisierte ein zwar korrektes, aber so unwesentliches Detail, dass ich einen fatalen Schluss zog: Auch bei Finanzprodukten wird er mir nicht zuhören, sondern seine anbieterorientierten Ideen abspulen. Und die dürften abseitig sein.

Jetzt ordnen wir das mal in den Kontext der Werteorientierung ein: Wenn ein Anbieter so am Kunden vorbeiredet wie dieser Finanzberater, ist es nicht weit her mit irgendeiner Form von Werteorientierung. Werte sind hier vermutlich eher ein Luxus. Über Werte zu debattieren, ist immer ein Luxus, wenn Unternehmen die Grundlagen nicht auf die Reihe bekommen. Wenn es zum Stil eines Unternehmens gehört, den Menschen nicht zuzuhören, dann braucht es in meinen Augen auch kein Leitbild, in dem es um »Kundenorientierung« und solche Dinge geht. Erst mal sollte das Unternehmen das kleine Einmaleins lernen – also nicht nur Informationen aus eigener Sicht versenden, sondern ein Gespür für den Kunden entwickeln.

Und dass Unternehmen nicht zuhören oder in ihrer Wahrnehmung beschränkt sind, ist gar nicht so selten. Kürzlich brauchte ich einen neuen Bürostuhl, und ich lief etwa zehn Minuten lang in der Büromöbelabteilung eines riesigen Möbelhauses umher und probierte Stühle aus. Ich war alleine – weder andere Kunden noch Personal waren zu sehen. Es gab auch keine Möglichkeit, irgendwo eine Klingel zu betätigen. Das Haus war wirr gebaut – die Büromöbel waren in der ersten Etage, aber die Hauptrolltreppe am Eingang führte direkt in die zweite Etage. Von dort musste ich eine Treppe suchen, um in die erste Etage zu kommen, und da stand ich also. Da niemand in Sicht war, rief ich per Smartphone in dem Möbelhaus an. Nach einem gefühlt endlosen Sprachcomputer-Text mit fünf Auswahlmöglichkeiten ging es um »eine Verbindung mit einem Einrichtungsberater«, und ich möge »bitte in der Leitung« bleiben. Ich blieb in der Leitung. Eine Frau ging ran, und ich bat sie, mir jemanden zu schicken.

Ein junger Mann kam und beantwortete zwei, drei Fragen zu einem Bürostuhl. Ich sagte, ich schaue weiter, und er ging wieder.

Ich testete noch einige Stühle – wieder war ich völlig alleine in der Etage – und fand schließlich einen Stuhl, der prima passte. Er war nur sehr wackelig. Ich drehte den Stuhl um und sah: Die Schrauben der Rückenlehne waren nicht vollständig angezogen. Ich rief per Smartphone in der Zentrale an. Wieder gab es fünf Auswahlpunkte, und wieder war schließlich die Dame dran. Wieder schickte sie mir diesen jungen Typen. Ich fragte ihn, ob wir diese Schrauben festziehen könnten, weil ich den Stuhl gerne in voll montiertem Zustand ausprobieren würde. Er sagte, es tue ihm leid, aber es gebe kein Werkzeug und auch keinen Handwerker.

Weil mein Engpass die Zeit ist, wollte ich nicht gehen, sondern hier einen Bürostuhl kaufen. Ich rief wieder bei dem Unternehmen an, um mich mit der Chefetage verbinden zu lassen. Der junge Mann hörte das und verschwand. Die Verkaufsleitung sei in einem Termin, sagte die Dame. Ich fragte sie, ob denn hier wirklich niemand sei, der sich um einen Kunden kümmern könnte, und ich erzählte ihr die Schrauben-Episode. Da kam der junge Mann wieder an. Er hatte wie hergezaubert einen passenden Imbusschlüssel dabei und zog die Schrauben fest. Der Stuhl war wunderbar, und ich habe ihn gekauft.

Wohlgemerkt: Nicht der Verkäufer hat mir den Stuhl verkauft. Sondern ich habe den Stuhl gekauft. Der Verkäufer hat überhaupt gar nichts zu diesem Deal beigetragen, außer ihn dann abzuwickeln. Ich habe mich aufgedrängt, sonst hätte es das Geschäft nicht gegeben. »Verkäufer« ist für solcherlei Personal offenbar das falsche Wort.

Und die Performance spricht fürs gesamte Unternehmen: Rolltreppe irrational, Benutzerführung mangelhaft, kein Personal zu erblicken. Verkaufen will dieses Möbelhaus offenbar nichts. Und der »Verkäufer«, dem ich dann begegnet bin, hat keine Fragen gestellt, kein Interesse gezeigt, nichts. Und das meine ich mit mangelhafter Aufmerksamkeit. Das Ganze scheint Firmenphilosophie zu sein. Es ist entsprechend unwahrscheinlich, dass ich dieses Möbelhaus erneut aufsuchen oder empfehlen werde. Und es ist rausgeworfenes Geld, wenn dieses Möbelhaus sich um eine Markenidentität und um »Werteorientierung« kümmert, solange es nicht die grundlegenden Regeln des menschlichen Miteinanders beherrscht. Und dazu gehört die Fähigkeit zuzuhören: Ohne dass wir erfahren, was der Kunde will oder braucht, wird es schwierig, aus seiner Sicht relevante Botschaften zu entwickeln.

Verkaufshilfen brauchen das Ohr am Kunden

Der Finanzberater und der Möbelverkäufer sind Beispiele für mangelnde Aufmerksamkeit. Der Finanzberater, weil er sich in fachlichen Details verliert; der Möbelverkäufer, weil er sich nicht für den Kunden interessiert. Finanzdienstleistungen und Büromöbel sind zwei völlig beliebig ausgesuchte Produktgattungen. Es ist völlig egal, von welcher Branche wir sprechen: Zumindest mir begegnen ständig Unternehmensmitarbeiter, die sich nicht für den Kunden interessieren oder ihr Produkt rein featureorientiert präsentieren. Das geschieht im Hotel, wenn man mir wie erwähnt abends und

Usability bei Produkten und Texten

»Usability« bedeutet »Anwendbarkeit« und gilt in aller Regel für Produkte und Prozesse. Ist eine Routine selbsterklärend? Lässt sie sich intuitiv anwenden? Dann haben wir es mit Usability zu tun. Usability gilt zudem in der Kommunikation: Auch Texte sollten auf Anhieb klar sein. Das Publikum sollte sofort folgen können.

morgens die gleiche Frage zur Rechnungsadresse stellt – offenbar habe ich am Abend gegen eine Wand gesprochen, sodass die Information nicht angekommen ist. Es geschieht am »Frankfurt Airport«, dessen Benutzerführung in Form von Hinweisschildern so erbärmlich schlecht ist und für Fremde so undurchschaubar, dass man daraus folgern könnte, Frankfurt wolle keinen Besuch. Die Macher des Frankfurter Flughafens wollen zwar möglicherweise kommunizieren, wie man vom Fernbahnhof zum Ausgang von Terminal A »Ankunft« kommt, aber es gelingt ihnen nicht, wie ich aus leidvoller Erfahrung berichten kann.

Dass Unternehmen die Wahrnehmung von Kunden mit Füßen treten, ist absolut nichts Außergewöhnliches! Es geschieht an jeder Ecke und scheint eher die Regel zu sein als die Ausnahme. Schon wenn Ihnen ein Currywurstverkäufer eine Currywurst in die Hand geben will, obwohl Sie sichtbar zwei Hände zum Bezahlen brauchen, hat dieser Verkäufer eben keine Wahrnehmung, sondern denkt nur an sich. Für Sie besteht also eine große Chance auf einen Wettbewerbsvorteil – indem Sie die Dinge beherzigen, die so viele andere Unternehmen ignorieren.

Der Mangel an Offenheit für die Belange des Kunden zeigt sich auch in der schriftlichen Kommunikation. Viele Fachleute richten ihren Fokus auch im Schriftlichen auf das Fachliche und das Korrekte und übersehen dabei, ob es relevant ist – wie der zuvor erwähnte Finanzberater. So ist der Verkauf natürlich entsprechend anstrengend. Es ist kein Wunder, wenn kaum jemand kauft, solange ein Unternehmen gegenüber Kunden die falschen Themen kommuniziert. Ob das im Beratungstermin geschieht oder auf den einseitigen PDFs (»Onepager«), die Versicherungen als Verkaufshilfe nutzen – viele Unternehmen machen es sich hier selbst schwer.

Gerade diese typischen Verkaufshilfen sind oft eine einzige Schnitzeljagd, wenn man sie verstehen will: Die Unterlagen sind voller Marketingformulierungen, die nicht die Sicht des Kunden zugrunde legen, sondern die Selbstdarstellung des Unternehmens. Aus irgendeinem Grund überlassen Unternehmen diese wichtige Aufgabe dem Marketing – obwohl der Vertrieb das Ohr am Kunden hat, vor allem der Außendienst. Natürlich ist es sachlich richtig, dass viele Kunden die »Allgefahren-Versicherung« mit der »Multi-Risk-Police« verwechseln. Nur: Was bringt diese Belehrung, wenn wir nicht in einer Tabelle übersichtlich klarmachen, worin die Unterschiede bestehen? Es ist wie bei dem Finanzberater, der mir etwas über einen Steuervorteil durchs Pendeln erzählt, obwohl ich gar nicht pendeln werde: Unternehmen kommunizieren immer wieder Botschaften, die für Kunden nicht der Punkt sind.

Was die Onepager betrifft, kommt noch eine Schwierigkeit dazu: Der Vertrieb und das Marketing setzen sich nicht an einen Tisch. Der Vertrieb bucht mich für einen Workshop, in dem wir die Informationen der Onepager so umformulieren, dass der Vertrieb etwas damit anfangen kann. So ein Workshop ist in allen Fällen erfolgreich – was nicht daran liegt, dass ich so toll bin, sondern daran, dass diese Verkaufsunterlagen zuverlässig die Kundensicht ignorieren, die ich dann hineinbringe.

Im Ergebnis sind die Vertriebler im Workshop zufrieden mit den neuen Formulierungen und freuen sich, damit auf potenzielle Kunden zuzugehen. Nachdem sich die Erkenntnis gesetzt hat, dass meine Methode funktioniert, will man das Marketing einbinden, was auch nachvollziehbar ist. Was mich aber jedes Mal wundert: Warum sind Marketing und Vertrieb überhaupt so scharf voneinander getrennt? Und vor allem: Warum gibt es diese Diskrepanz zwischen der Marketingsprache, die quasi für die Unternehmenspersönlichkeit stehen soll, und der Sprache, die der Kunde versteht? Zumal es nur *eine* Wahrnehmung des Unternehmens durch den Kunden gibt und nicht mehrere, nur weil das Unternehmen im Marketing anders kommuniziert als im Vertrieb oder in der PR. Auch hier meine Bitte: Wenn Sie eine Idee haben, warum Unternehmen sich selbst wissentlich in völlig verschiedenen Formen darstellen, statt mit einer Stimme zu sprechen – dann mailen Sie mir gerne, warum das Ihrer Ansicht nach so ist.

Für meine Begriffe ist es unbedingt notwendig, dass Unternehmen einheitlich sprechen. Und zwar in der Sprache, die der Kunde versteht. Ein künstliches Delta zwischen Selbstbild und Außenkommunikation wirkt sicher nicht gut. Kommt das Selbstbild nach außen dann auch noch selbstbezogen rüber und ist nicht kundenzugewandt, dann erschwert das den Verkauf und jede andere Kommunikation noch mehr.

Also: Es ist in keiner Weise banal, die Botschaft zu prüfen. Unternehmensbotschaften gehen häufig genug daneben. Es geht darum, *was* Sie kommunizieren. Ist Ihre Botschaft inhaltlich wichtig? Und zwar nicht in erster Linie für Sie, sondern für den Kunden – oder auch einen anderen Empfänger, ob intern oder extern? Nachdem das Was klar ist, also der Inhalt mitsamt der Perspektive, kommt das Wie: *Wie* sagen Sie, was Sie sagen? Bringen Sie Ihre Gedanken in der richtigen Reihenfolge (Seite 45ff.)? Auch hier prüfen Sie die Perspektive: Ist diese Reihenfolge tatsächlich aus Kundensicht gedacht und nicht aus Ihrer? Und dann prüfen Sie die Sprache und wenden die erwähnten Sprachregeln an – und auch das wieder mit dem Blick auf die Perspektive. Verwenden Sie eine Sprache, die Ihr Gegenüber versteht?

Prüfen Sie Ihr Leitbild!

Und es ist wichtig, Ihr Leitbild zu prüfen. Die Wikipedia erklärt sehr gut, was ein Leitbild ist: »eine schriftliche Erklärung einer Organisation über ihr Selbstverständnis und ihre Grundprinzipien, also eine Selbstbeschreibung. Es formuliert einen Zielzustand (realistisches Idealbild).«[31] Ein Leitbild berücksichtigt natürlich die strategische Ausrichtung, aber eben auch das Verhältnis zu Mitarbeitern sowie Kunden und Öffentlichkeit. Und in diesen

---

[31] https://de.wikipedia.org/wiki/Unternehmensleitbild, abgerufen am 19. September 2019.

beiden Belangen spielt die Sprache eine außerordentlich wichtige Rolle. Ich hatte es schon einmal angedeutet: Ein Unternehmen kann sich nicht ein schickes, positives Leitbild geben und etwas von Menschenfreundlichkeit, Kundenorientierung und Offenheit erzählen, wenn es mit Kunden und Mitarbeitern zugleich in einer störrischen, förmlichen Sprache kommuniziert. Natürlich *kann* es das tun, aber es wäre ein Widerspruch in sich. Auf Mitarbeiter sowie Kunden und Öffentlichkeit wirkt so ein Leitbild dann sehr theoretisch. Denn das Unternehmen ist sich quasi selbst nicht treu, wie an der förmlichen Sprache zu erkennen ist.

Ein Wesensmerkmal eines Leitbildes in seiner Wirkung nach außen ist: Die Öffentlichkeit soll erkennen, wofür dieses Unternehmen steht. Die erwähnte Firma Gedankentanken steht beispielsweise für Selbstverwirklichung, und sie tut alles, damit Mitarbeiter und Kunden diesem Ziel näherkommen. Bei so einem Wert kann die Sprache eines Unternehmens nicht förmlich sein, sie muss menschlich sein – und das ist sie dort auch.

Lassen Sie mich ein anderes Unternehmen anführen: die Alfred Ritter GmbH & Co. KG, besser bekannt als »Ritter Sport«. Das Unternehmen hat sein Leitbild im Internet veröffentlicht.[32] Inhaltlich finde ich das Leitbild gut, mir gefällt auch das Unternehmen (und natürlich die Schokolade). Es geht um die langfristige Unabhängigkeit als Familienunternehmen und um konstruktive, respektvolle Zusammenarbeit. Sprachlich aber empfinde ich das Leitbild widersprüchlich. Beispielsweise steht dort wörtlich:

Wir beziehen unsere Stärke aus der konstruktiven respektvollen Zusammenarbeit von Gesellschaftern, Beirat, Geschäftsleitung und allen Mitarbeiterinnen und Mitarbeitern.

Für meine Begriffe zu umständlich formuliert – und damit läuft der Text Gefahr, dass Menschen ihn zwar rational akzeptieren, emotional aber einen Widerstand spüren. »Wir beziehen unsere Stärke«? Nein, wenn schon, dann: »Wir sind stark, weil ...«. Zumal der Ausdruck doppeldeutig ist, denn andere Unternehmen beziehen ihre »Stärke« aus Kartoffeln. Das ist jetzt

---

[32] https://www.ritter-sport.de/export/sites/default/de/familienunternehmen/Leitbild_DE.pdf

absichtliches Missverstehen, das weiß ich auch. Dennoch ist diese Doppeldeutigkeit eine – vermeidbare – Stolperfalle beim Verständnis. Außerdem zwingt uns der Satzanfang »Wir beziehen unsere Stärke aus ...« zu Substantiven ohne Ende – die Alternative wären Verrenkungen durch jede Menge Nebensätze. Auch das wollen wir nicht, weil es förmlich wirkt.

Also bringen wir die Gedanken erst in einen Zusammenhang: Weil man respektvoll miteinander umgeht, ist man also stark. Wenn das das ist, was das Unternehmen sagen will, dann können wir das Substantiv »Zusammenarbeit« als Verb formulieren:

Wir sind stark, weil Gesellschafter, Beirat, Geschäftsleitung und alle Mitarbeiterinnen und Mitarbeiter konstruktiv und respektvoll zusammenarbeiten.

Jetzt haben wir ein Substantiv zum Verb gemacht – gut. Aber in der Folge steht das Wichtige in einem Nebensatz. Das ist ungünstig. Daher würde ich zwei Hauptsätze bilden und auch die Chronologie ändern – denn zuerst arbeiten wir konstruktiv zusammen, und in der Folge sind wir dann stark:

Gesellschafter, Beirat, Geschäftsleitung und alle Mitarbeiterinnen und Mitarbeiter arbeiten konstruktiv und respektvoll zusammen. Das macht uns stark.

Vielleicht merken Sie beim Lesen, dass diese Version nicht nur einfacher ist und damit weniger bürokratisch, sondern sie ist auch kraftvoller. Der Ausdruck »Wir sind stark« wirkt um Welten klarer, als wenn wir ein Substantiv bemühen wie in »Wir beziehen unsere Stärke aus ...«.

Schauen wir weiter:

Unser Handeln ist geprägt von Achtung und Wertschätzung gegenüber Mensch und Umwelt.

Eine Sprache, die wir im Gespräch niemals verwenden würden – sie ist viel zu förmlich und zu umständlich. »Unser Handeln ist geprägt von ...«? Nein! Wenn unser Handeln von irgendetwas geprägt ist, dann handeln wir so wie dieses Etwas. Ist unser Handeln also von »Rücksicht« geprägt, handeln wir »rücksichtsvoll«; ist es von »Sorgfalt« geprägt, handeln wir »sorgfältig«. Gerade bei Texten in einem Leitbild müssen wir unbedingt in die Zielscheibenmitte vorrücken (Seite 80). Denn sonst erzeugen wir diese Diskrepanz zwischen einem menschlichen Selbstbild einerseits und einer förmlichen Unternehmenssprache andererseits – und unser Unternehmen wirkt am Ende doch bürokratisch. Also:

Wir achten und wertschätzen Mensch und Umwelt.

Wie sieht es mit Ihrem Leitbild aus? Finden Sie darin bürokratische Wendungen? Dann lassen Sie es uns gemeinsam unter die Lupe nehmen und entbürokratisieren! Wenn Ihr Leitbild vor bürokratischen Formulierungen strotzt, ist es kaum glaubwürdig, im Unternehmen eine menschliche Sprache durchzusetzen – also sollten wir es vielleicht verschlanken. Wenn Sie wollen, dass Ihr Unternehmen zu einer menschlichen Sprache findet, dann sollten Sie als Chef oder Chefin damit anfangen.

Prüfen Sie Ihre öffentliche Kommunikation!

»Öffentliche Kommunikation« ist die komplette Kommunikation, die sich an mehrere zum Teil unbekannte Empfänger richtet. Eine Rede bei einer Betriebsversammlung gilt also als »öffentlich« – selbst wenn Ihre Mitarbeiter eine Schweigepflicht akzeptiert haben. Rechtlich trifft der Begriff »öffentlich« vielleicht nicht zu, aber vom publizistischen Grundverständnis her richten Sie sich nun einmal auch an unbekannte Empfänger.

Mit »privater« Kommunikation haben wir es dann zu tun, wenn Sie in einem vertrauten Kreis sprechen oder schreiben. Wobei auch das mit Vorsicht zu genießen ist: Natürlich wissen Sie, dass beispielsweise Whatsapp oder Facebook keine sicheren Kommunikationswege sind und eine Nachricht unverhofft an Dritte gelangen kann.

Der Unterschied zwischen »öffentlich« und »privat« ist jedenfalls wichtig: Bestimmte Formen von Humor und auch Ironie eignen sich nur für die private Kommunikation. Weil man da Ihre Späße versteht. In der öffentlichen Kommunikation sind Humor und Ironie schwierig – wie schon im Kapitel über Politiker erwähnt (Seite 164). Die Abgrenzung ist auch wichtig, weil Sie natürlich in einer E-Mail an eine Kollegin oder einen Kollegen nicht die harten Maßstäbe anlegen müssen wie an eine E-Mail, die an die gesamte Belegschaft geht, oder wie an eine Pressemitteilung.

Die öffentliche Kommunikation umfasst vor allem, was Sie nach draußen geben: Pressemitteilungen, Facebook-Postings, Twitter-Tweets. Alles, was ein Unbeteiligter theoretisch lesen kann. »Theoretisch« heißt: Vielleicht ist jemand kein Fan Ihrer Facebook-Seite und kann nicht lesen, was Sie schreiben. Theoretisch aber kann er es lesen – er muss dafür nur Ihre Seite liken. Die Facebook-Fans Ihres Unternehmens bilden also keine interne Gemeinschaft, sondern sind Öffentlichkeit im besten Sinne. Auch Ihre persönlichen Facebook-Freunde sind Öffentlichkeit, jedenfalls sollten Sie sie als solche betrachten. Da Beiträge problemlos teilbar sind, erreicht eine private Nachricht Fremde schneller, als Ihnen möglicherweise lieb ist.

Welche Perspektive hat welche Öffentlichkeit?

Wir hatten gesagt, dass jede Unternehmensbotschaft für den oder die Empfänger relevant sein sollte. Also stellt sich beim Thema »öffentliche Kommunikation« die Frage: Was ist denn für die Öffentlichkeit relevant? Zunächst einmal gibt es verschiedene Öffentlichkeiten: Wenn ein Pharmahersteller mit seinem neuen Produkt »Alk-Ex« (Seite 61ff.) in die Öffentlichkeit geht, bilden die Leser der Publikumspresse eine andere Öffentlichkeit als die Mediziner oder Apotheker.

Newsletter sind in aller Regel diffus adressiert – Interessenten können sich in einen Newsletter eintragen und erhalten fortan Informationen verschiedenster Art, beispielsweise Produktangebote. Manche Unternehmen kommunizieren im Newsletter alle möglichen internen Details – Personalien, Aufträge spannender Neukunden und anderes. Die Frage dabei ist: Interessieren diese Dinge die Empfänger?

Mein Lieblingsbeispiel für eine Differenzierung bei Newslettern sind Immobilienmakler. Stellen Sie sich vor, Sie kaufen oder mieten eine Wohnung mit der Hilfe eines Maklers und tragen sich in seinen Newsletter ein.

Was steht in diesem Newsletter? In aller Regel sind es Botschaften wie: »Hier ist noch eine Wohnung, die Sie kaufen oder mieten können.« Was soll das? Sie haben sich eben eine Wohnung zugelegt. Wollen Sie jetzt erfahren, dass es möglicherweise bessere Optionen gegeben hätte? Also rein interessehalber meinetwegen – aber der Bedarf eines Kunden, der soeben eine Wohnung gekauft oder gemietet hat, ist nicht ein weiteres Angebot zum Kauf oder zur Miete.

Was interessiert denn einen Käufer oder Mieter nach dem Kauf? Das sind ganz verschiedene Dinge: Den Käufer interessiert jetzt je nach Situation, wie er mit Mietern umgeht, die in der gekauften Wohnung leben. Vielleicht interessiert er sich für Kontakte – zu Eigentümerverbänden oder guten Anwälten. Den Mieter interessiert jetzt je nach Situation, wie er seinen Balkon begrünt, oder er liest vielleicht gerne einen Blogbeitrag mit zehn Tipps, wie man sich in der Nachbarschaft freundlich vorstellt, ohne aufdringlich zu sein. In beiden Fällen ist das Thema Kauf oder Miete nicht weiter Thema! Also ist es wichtig, zu überlegen, wofür sich Ihre Kunden interessieren, sobald sie beispielsweise gekauft haben.

Ein Immobilienmakler sollte mindestens vier Newsletter für vier verschiedene Öffentlichkeiten haben: Käufer, Mieter, Verkäufer und Vermieter. Es ist Unsinn, diese vier Zielgruppen mit den gleichen Informationen zu versorgen, solange es nicht um allgemein gehaltene Marktinformationen geht. Denn was ist denn der Sinn eines Makler-Newsletters? Dass der frischgebackene Mieter sofort erneut mietet? Das ist sicher unrealistisch. Das Ziel sollte sein, dass alle vier Zielgruppen vom Service begeistert sind und den Makler weiterempfehlen. Und das gelingt nicht, indem der Makler alle vier Gruppen mit den gleichen Themen von der Stange bedient, sondern indem er das Ohr am Kunden hat und per Mitdenken und Einfühlungsvermögen versteht, was die jeweiligen Leute jetzt brauchen oder wollen. Das bietet der Makler ihnen, und sie werden diese Informationen lieben. Den Namen eines Maklers, der ständig nur weitere Immobilienangebote an Käufer und Mieter rausschickt, dessen Name ist bald vergessen, und sein Newsletter sicher rasch abbestellt.

Eine tolle Möglichkeit der Kundenbindung sind Newsletter mit konkreten Tipps. Typisch ist das fürs Privatkundengeschäft, aber es geht auch bei Geschäftskunden. Ich kann den Leuten Tipps geben, wie sie sich klar ausdrücken, und das Wissen lässt sich sowohl privat als auch am Arbeitsplatz anwenden. Ein Tierarzt kann in seiner öffentlichen Kommunikation über die ideale Hundeerziehung oder auch über die Katzenpsyche sprechen und schreiben – dann aber aufgeteilt in einen Hunde- und einen Katzenpodcast. In einem Blog kann der Tierarzt mit Kategorien arbeiten, und so lesen Hundefreunde die Hundebeiträge und Katzenfreunde die Katzenbeiträge. IT-Unternehmen können Ratschläge zur IT geben, die mit dem Produkt des Unternehmens gar nichts zu tun haben muss.

Was Unternehmen für relevant halten – ihr Produkt, ihre Lösung –, ist für den Kunden oft gar nicht das Thema. Kein Mensch interessiert sich für Schlüsseldienste! Erst wenn wir uns ausgeschlossen haben, fällt uns das Stichwort ein, und wir googeln. Also könnte ein Schlüsseldienst ein Blog mit Tipps rund um Sicherheit am Haus bringen, damit der Name genau dieses Schlüsseldienstes im Kopf der Menschen bleibt.

Der Fantasie sind keine Grenzen gesetzt, sobald Sie einmal akzeptiert haben, dass Ihre Botschaft aus Unternehmenssicht nicht das ist, worum es geht. Möglicherweise interessiert die Öffentlichkeit etwas völlig anderes. Unternehmen haben heute die Aufgabe, dieses Etwas zu finden und darüber zu kommunizieren. Verstehen Sie sich als Contentproduzent! Darum geht es, das ist wichtig.

Und wie schon angerissen: Versenden Sie möglichst nie einen Newsletter ohne Call-to-action, also ohne den Appell, etwas zu tun. Erzählen Sie meinetwegen eine Rategeschichte und fordern Sie Ihre Leser dazu auf, ihre Lösung mitzuteilen; fragen Sie die Leute nach ihrer Meinung; fordern Sie sie auf, sich anzumelden, einzutragen, einen Blogbeitrag zu lesen, ein Video anzuschauen, etwas zu kaufen – Hauptsache, die Menschen treten in Aktion. Zumindest sollte es das Prinzip sein, die Leute zu etwas aufzufordern. Wenn Sie bei fünf Newslettern mal einen ohne Call-to-action verschicken, ist das natürlich auch keine Katastrophe. Aber betrachten Sie Ihre Newsletter als etwas Ergebnisorientiertes. Alles hat ein Ziel.

Die vier medialen Grundformate

Wenn Sie öffentlich kommunizieren, gibt es letzten Endes übrigens nur vier Grundformate: Es gibt Text zum Lesen (Blogbeiträge, Postings bei

Facebook und LinkedIn, ...), Text zum Hören (Radiobeiträge, Podcast-episoden), Standbild (Foto) und Bewegtbild (Video). Die meisten Formate sind Kombinationen daraus. Je nach Business ergeben sich verschiedene Notwendigkeiten: Sitzt Ihre Zielgruppe vorwiegend im Auto, eignet sich Text zum Hören (Podcast). Arbeiten Sie mit Informationen zum Überblicken, ist Text zum Lesen klug, möglicherweise gepaart mit Grafiken und / oder Fotos. Bewegt sich etwas, ist Bewegtbild klug. Über diese vier Formate hinaus gibt es komplexere Formate wie Computerspiele und Apps – aber auch darin sind letzten Endes die Inhalte in Form von Text, Audio, Foto und Video verarbeitet.

Wobei ich Ihnen mitgeben möchte: Heute brauchen Sie sowieso einen Youtubekanal mit Videos, in denen Sie Ihre Kompetenz beweisen. Alle, die etwas anbieten, müssen sich auf Dauer öffentlich inszenieren. Erfolgreich ist am Ende nicht der Beste, sondern der am besten Sichtbare. Das gilt vor allem in Zeiten, in denen jeder Contentproduzent werden kann, wenn er nur will. Die Produktionsmittel befinden sich inzwischen in Form von Videokameras und Rechnern nahezu in jedem Haushalt.

Das Unternehmen, das in seiner öffentlichen Kommunikation wohl am stärksten von seinem Produkt abweicht, dürfte Red Bull sein. Das Thema ist nicht das Getränk, sondern die Vermarktung einer Einstellung zum Leben. Das Getränk ist zwar in der Fernsehwerbung Thema, aber am Ende läuft die Kundenbindung über eine Rückkopplung: Der Konsument kennt den Lebensstil, den die Marke transportiert, und verbindet damit automatisch das Getränk.

Und generell können Sie das auch. Finden Sie Themen, die für Ihre Zielgruppe oder Zielgruppen relevant sind, und können Sie sie redaktionell als Content aufbereiten? Wenn ja, finden Sie dann die passenden Kanäle – wie gesagt gibt es am Ende nur vier Grundformate. Dass Sie völlig losgelöst von Ihrem Produkt oder Ihrer Lösung agieren können, lässt sich beispielhaft ebenso an Red Bull zeigen: »Die Formel 1 kommt zurück nach Österreich«, lautete die Headline einer Pressemitteilung[33] – eine Forderung des Chefs Dietrich Mateschitz. Auch andere Meldungen thematisieren nicht das Getränk. Worüber also können Sie kommunizieren?

---

[33] https://www.presseportal.de/pm/31636/2520048

Prüfen Sie Ihre Kundenkommunikation!

Als Nutzer von Strom, Wasser, Telefon, Handy und Internet wissen Sie: Große Unternehmen standardisieren ihre Kundenkommunikation. Es ist unmöglich, mit jedem Kunden individuell zu kommunizieren. Daher arbeiten große Unternehmen mit Telefoncomputern und automatischen Bewertungssystemen – und mit Standardbriefen und Standard-E-Mails.

Das Problem dabei ist, dass die Kommunikation in aller Regel nicht kundenfreundlich ist. Sie erinnern sich an die Episode aus dem Möbelhaus: In dessen Telefoncomputer darf sich der Anrufer erst fünf Optionen anhören, obwohl er erwartet, dass jemand ans Telefon geht. Sicher haben wir uns daran gewöhnt, oder besser: Als Konsumenten haben wir uns damit abgefunden. Aber wie viel Irrelevanz mutet man uns zu! Das ist der erste Punkt, warum automatisierte Kommunikation oft das Gegenteil von Kundenfreundlichkeit ist. Unternehmen schütten den Kunden mit Informationen zu, die für ihn nicht relevant sind. Von der Logik her passiert das, weil Unternehmen absenderorientiert von den fünf Zuständigkeiten ausgehen, die sie in ihrem internen Prozess definiert haben. Sie gehen an dieser Stelle nicht von der Kundenperspektive aus. Kundenfreundlich wäre es, gleich ans Telefon zu gehen oder wenigstens das Anliegen des Kunden per Spracheingabe zu channeln, wie es die Deutsche Telekom inzwischen macht. Da sagen Sie einfach »Störung« und landen bei den zuständigen Mitarbeitern. Da hört das Unternehmen tatsächlich zu.

Auch die üblichen Bewertungssysteme sind wenig kundenorientiert gedacht. Die Macher meinen, qualitatives Feedback quantifizieren zu können. Das gelingt aber oft nicht. In den Optionen einer klassischen Kundenbefragung finde ich selten die Punkte, um die es geht. Wenn ich beispielsweise einer Hotelkette mitteilen will, dass ich bei jedem Aufenthalt meine Adresse zwei Mal erklären muss, dann findet sich in der E-Mail, die ich einige Tage später bekomme, keine Option dazu. Das heißt, ich kann dem Unternehmen gar kein Feedback geben – jedenfalls nicht auf dem Weg, den es dafür vorsieht. Und es gibt kaum etwas Förmlicheres als eine standardisierte Bitte um Feedback, die aus Skalen von eins bis fünf besteht. So würde kein empathischer Mensch jemals mit seinen Mitmenschen umgehen, weil er damit alles andere als wertschätzend wirken würde.

Hier sind wir übrigens an einem entscheidenden Punkt angelangt: Damit Ihr Unternehmen tatsächlich kundenfreundlich ist, muss es nicht nur in einer kundenfreundlichen Sprache kommunizieren, sondern es muss vor allem auch erst einmal kundenfreundlich handeln. Dass der Ablauf mit den Adressen bei manchen Hotelketten nicht funktioniert, habe ich diesen Ketten schon oft mitgeteilt – es interessiert sie nur leider nicht. Viele Unternehmen sind so starr, dass sich die Abläufe kaum ändern lassen.

Was nun die Kundenkommunikation angeht, gibt es auf der einen Seite Standardbriefe und Standard-E-Mails. Das sind fertig formulierte Texte, die in bestimmten Situationen im Ganzen an den Kunden rausgehen. Das geschieht, wenn der Kunde eine übliche Frage stellt, die ein vorbereiteter Standardbrief beantwortet. Oder aber es tritt ein Fall ein, eine Bedingung ist gegeben – wenn es beispielsweise nur noch sechs Wochen bis zum Ende des Leasingvertrages sind oder die Versicherung ihren Beitrag erhöht. Dann gehen automatisch Briefe an Kunden raus, oft hunderttausendfach. Diese Briefe hat jemand *einmal* geschrieben. Und am Verhältnis von Aufwand und Wirkung gemessen, sollte es Unternehmen durchaus etwas Zeit wert sein, solche Standardbriefe klar und menschlich zu formulieren.

Auf der anderen Seite gibt es in der Kundenkommunikation Briefe und E-Mails, die keine Standards sind, sondern die die Mitarbeiter selbst individuell schreiben. Dazu haben Unternehmen oft Textbausteine, die in einer Datenbank gespeichert und abrufbar sind. Manche Unternehmen haben Tausende von Textbausteinen und darin ein solches Chaos, dass die Mitarbeiter in der konkreten Situation den Absatz schneller selbst schreiben, als die jeweiligen Textbausteine aufzustöbern. Es geht also auch in der Kundenkommunikation darum, dass Mitarbeiter Texte schreiben. Hier ist es eine gute Investition, diesen Mitarbeitern das Handwerk der Sprache beizubringen. Falls Sie jemanden suchen, der Ihnen dabei helfen kann, kenne ich da jemanden.

Der Punkt bei den Schreibkünsten üblicher Angestellter ist: Sie glauben wie die meisten anderen Leute auch, sie hätten die Sprache als Kinder in der Schule gelernt. Ich hatte das schon einmal erwähnt. Doch diese Annahme erweist sich eben als Irrtum: Die allermeisten Mitarbeiter in der Kundenkommunikation verfallen beim Schreiben in genau den offiziösen Sprachstil, um den es hier in diesem Buch geht. Sie verwenden überflüssige Adjektive und Silben, verschicken Briefe voller unnötiger Substantive und Nebensätze, und sie schreiben jede Menge Passivsätze. Und auch die Textbausteine sind oft nicht besser, weil Mitarbeiter in Unternehmen sie in der gleichen bürokratischen Sprache verfassen. Eines der Hauptmotive ist wie gesagt Angst. Das weiß aber niemand. Und so bürgert sich eben der Irrglaube ein, eine förmliche Sprache sei normal.

Die Idee, ein Stylebook fürs Unternehmen zu erstellen, habe ich ja schon aufgeworfen. Stellen Sie sich vor, Sie wenden so ein Stylebook in Ihrer Kundenkommunikation an. Alle Mitarbeiterinnen und Mitarbeiter mit Kundenkontakt bekommen es in die Hand. Zugleich nehmen wir uns Ihre Standardbriefe, Standard-E-Mails und Textbausteine vor. Der Nutzen ist: Sie kommunizieren viel schneller und klarer.

Stellen Sie sich vor, Sie haben im Unternehmen auch nur einen Standardbrief, der gedankenlos formuliert ist – aus Unternehmens- statt aus Kundensicht, nicht ordentlich strukturiert und dann noch bürokratisch formuliert. Dieser Standardbrief mag zwar nur eine Seite lang sein, aber er richtet einen enormen Imageschaden an. Denn Tausende, vielleicht Hunderttausende von Menschen bekommen durch diesen Brief den Eindruck, Ihr Unternehmen sei umständlich, bürokratisch, förmlich und distanziert. Die Wirkung von Sprache ist enorm – das gilt sowohl positiv als auch negativ. So einen Brief zu bearbeiten, dauert nicht lange. Sie haben also mit wenig Aufwand einen riesigen Effekt.

Ein Versicherungsbrief im Beispiel

Lassen Sie mich ein Beispiel geben: die Vertragsbestätigung einer Versicherung, im Original zwei Seiten lang. In meinem Seminar zeige ich diesen Brief, allerdings leicht verändert: Ich habe den Namen der Versicherung geändert, und ich habe das Produkt umbenannt. Alles andere ist wie im Original. Hier im Buch nehme ich auch die bearbeitete Version. Die Versicherung, die Sie bei mir kaufen können, ist eine Reinkarnationsversicherung namens »No way back«: In diesem Leben zahlen Sie ein, und wenn Sie wiedergeboren werden, starten Sie gleich mit Kapital. Sie müssen nur bitte den Versicherungsschein vorlegen.

Sprachlich exakt wie das Original lautet der Beginn des Briefes:

Sehr geehrter Herr Baum,

wir überreichen Ihnen als Anlage den Versicherungsschein zu der abgeschlossenen Reinkarnationsversicherung »No way back«.

Inzwischen wissen Sie, wie ich vorgehe. Sofort erkennen Sie: Das Adjektiv »abgeschlossen« ist Unsinn. Es überlebt die Gegenprobe nicht. Denn eine nicht abgeschlossene Versicherung hätte keinen Versicherungsschein. Beschreibend ist das Adjektiv auch nicht. Also raus damit:

Sehr geehrter Herr Baum,

wir überreichen Ihnen als Anlage den Versicherungsschein zu der Reinkarnationsversicherung »No way back«.

Dann hatten wir das Thema »Empfängerperspektive statt Senderperspektive«. Es ist unschön, so einen Brief mit »wir« zu beginnen, und wenn wir etwas überreichen, ist das das Gleiche, wie wenn der Empfänger etwas bekommt. Also schreiben wir:

Sehr geehrter Herr Baum,

in der Anlage erhalten Sie den Versicherungsschein zu der Reinkarnationsversicherung »No way back«.

Ein Trick sind Possessivpronomina. »Unser«, »Ihr« – alles starke Pronomina, die einen Besitz oder eine Zugehörigkeit bezeichnen und Texte dichter machen. Also:

Sehr geehrter Herr Baum,

in der Anlage erhalten Sie den Versicherungsschein zu Ihrer Reinkarnationsversicherung »No way back«.

Jetzt haben wir den Satz sachlich korrekt vom Bürokratischen ins Menschliche übersetzt. Wir können statt »in der Anlage« auch »anbei« oder »hier« sagen, das macht es noch besser. Unbedingt nötig ist es nicht, und es ist egal, für welche der Versionen Sie sich entscheiden. Ich nehme die Version mit »hier«:

Sehr geehrter Herr Baum,

hier erhalten Sie den Versicherungsschein zu Ihrer Reinkarnationsversicherung »No way back«.

Ich will aber noch auf etwas anderes hinaus. Wir reden hier darüber, wie förmlich Unternehmen wirken. In diesem Textbeispiel war der Briefanfang überaus bürokratisch, und das haben wir jetzt aufgelöst. Aber von der Sache her schreiben wir das Gleiche – meine Arbeit rührt ja den Inhalt nicht an. Dabei will der Neukunde einer Versicherung doch möglicherweise zuerst einmal etwas völlig anderes lesen, kann das sein? Und wie hatten wir gesagt? Einer der wichtigsten Werte einer Versicherung ist das Vertrauen? Na, dann brauchen wir unbedingt mehr Nähe! Und wir sollten überlegen, ob der Versicherungsschein der Punkt ist – oder ob nicht etwas anderes an den Anfang gehört. Mein Vorschlag:

Sehr geehrter Herr Baum,

herzlichen Dank, dass Sie sich für uns entschieden haben! Hier erhalten Sie den Versicherungsschein zu Ihrer Reinkarnationsversicherung »No way back«.

Oder:

Sehr geehrter Herr Baum,

schön, dass Sie Kunde bei uns sind! Hier erhalten Sie den Versicherungsschein zu Ihrer Reinkarnationsversicherung »No way back«.

Es ist nur ein Vorschlag – bitte, formulieren Sie es, wie Sie wollen. Wir suchen nach einem menschlichen statt technokratischem Zugang zu einem rationalen und sachlichen Thema, nämlich einer Vertragsbestätigung. Senden Sie mir bitte gerne wieder Ihre Vorschläge!

Eine zweite Stelle aus dem Brief möchte ich Ihnen noch zeigen, und zwar einen Bandwurmsatz auf Seite 2 des Briefes oben:

Die Einzelheiten der Option zur Leistung von Sonderzahlungen entnehmen Sie bitte dem Paragrafen »Welche Besonderheiten gelten bei Sonderzahlungen?« der Ihnen vor Vertragsschluss überlassenen Allgemeinen Versicherungsbedingungen.

Wenn Sie sich an den Beginn dieses Buches erinnern, erinnern Sie sich vielleicht an das Beispiel aus dem Vorwort (Seite 9), das der »Spiegel« als Beispiel für Bürokratensprache angeführt hat:

Gemäß dem Rundschreiben des Bundesministeriums des Innern erfolgt die Zahlung im Vorgriff auf die Änderungstarifverträge unter dem Vorbehalt der Rückforderung und unter Ausschluss der Berufung auf den Wegfall der Bereicherung.

Der Stil ist exakt der gleiche. Auf Seite 9 hatten wir fünf Punkte isoliert, die Inhalte dieses Satzes sind. Das machen wir jetzt auch mit dem Versicherungsbeispiel. Als Erstes aber streichen wir die Begriffe »Option« und »Leistung«. Denn dass Sonderzahlungen eine Option sind, steht bereits im Wortteil »Sonder-«, und eine »Zahlung«, die wir nicht »leisten«, ist keine »Zahlung«. Wir können nicht zahlen, ohne die Zahlung zu leisten. Sobald diese unsinnigen Redundanzen weg sind, schauen wir uns den Inhalt an:

1. Einzelheiten zu Sonderzahlungen stehen in den Allgemeinen Versicherungsbedingungen (AVB).
2. Dort finden Sie die Hinweise im Kapitel »Welche Besonderheiten gelten bei Sonderzahlungen?«.
3. Die AVB haben wir Ihnen vor Vertragsschluss überlassen.

Es sind also drei Punkte, die wir erst einmal aus dem Bandwurmsatz herausschälen müssen. Wir haben diese drei Punkte einfach nur aufgelistet. In jedem Punkt sollte stehen, um welchen Gedanken es geht. Und manchmal sind diese Gedanken eben auch auf Anhieb mehr oder weniger gut ausformuliert. Setzen wir die drei Sätze hintereinander:

> *Einzelheiten zu Sonderzahlungen stehen in den Allgemeinen Versicherungsbedingungen (AVB). Dort finden Sie die Hinweise im Kapitel »Welche Besonderheiten gelten bei Sonderzahlungen?«. Die AVB haben wir Ihnen vor Vertragsschluss überlassen.*

Inhaltlich ist alles schon einmal besser zu erfassen. Jetzt geht es an die Kosmetik. Erst einmal formulieren wir den Text mehr auf den Kunden hin:

> *Einzelheiten zu Sonderzahlungen **finden Sie** in den Allgemeinen Versicherungsbedingungen (AVB) – **dort im Kapitel** »Welche Besonderheiten gelten bei Sonderzahlungen?«. Die AVB haben wir Ihnen vor Vertragsschluss überlassen.*

Dann kommt noch der klassische Perspektivenwechsel:

> *Einzelheiten zu Sonderzahlungen finden Sie in den Allgemeinen Versicherungsbedingungen (AVB) – dort im Kapitel »Welche Besonderheiten gelten bei Sonderzahlungen?«. Die AVB **haben Sie bereits erhalten**.*

Oder, falls Ihnen die Konstruktion mit dem Gedankenstrich nicht gefällt:

> *Weiteres zu Sonderzahlungen finden Sie in den Allgemeinen Versicherungsbedingungen (AVB) **unter** »Welche Besonderheiten gelten bei Sonderzahlungen?«. Die AVB haben Sie bereits erhalten.*

Das sind meine Lösungsvorschläge. So ist es mir gelungen, den Brief von zwei auf eine Seite zu kürzen. Unternehmen sparen so jede Menge Papier!

Prüfen Sie die Sprache Ihrer E-Mails!

Bei E-Mails geht es in aller Regel nicht um öffentliche Kommunikation. Der Empfängerkreis ist begrenzt, oft ist er uns auch bekannt. Das verleitet viele Menschen dazu, Wissen vorauszusetzen, das vielleicht gar nicht vorhanden ist. Und es verleitet manche Leute dazu, schlampig zu schreiben. Da heißt es dann zum Beispiel:

Mit freundlichen GRüßen
Thilo Baum

Und das ist halt echt unschön. Klar, das hatten wir schon gesagt: In einer internen E-Mail ist ein Tippfehler jetzt keine Katastrophe. Sogar im Umgang mit Kunden macht ein einzelner Fehler oft nichts. Aber es kommt immer auch auf den Fehler an. Wenn der zweite Buchstabe falsch groß ist, dann ist das leichter zu erkennen als ein fehlendes »l« im Wort »Millionen«. Wenn die Hütte brennt und das jeder weiß – meinetwegen. Aber sonst sollte die Zeit schon sein, Texte entsprechend zu putzen.

Und auch flapsig sollten wir nicht werden, nur weil E-Mail ein schnelles Medium ist. Vor Ostern habe ich folgende Nachricht bekommen:

Wir sin jetzt erstmal in da alten heimat über ostern und dann
geht da normale stress au wieda los

Ich verstehe den Text zwar, und dass der Absender zwischen Oberbayern und Unterfranken pendelt, weiß ich auch. Aber auf mich wirkt der Text in gesprochener Sprache, Dialekt und Kleinschreibung eben wenig wertschätzend, und damit bin ich sicher nicht alleine. Nur weil ein Kommunikationsweg schnell ist, heißt das eben nicht, beim Formulieren nachlässig sein zu dürfen. Projektile aus Schusswaffen fliegen auch schnell, und trotzdem ist das keine Aus-

E-Mails sind wie Projektile
Dürfen wir schlampig schreiben, nur weil E-Mail ein schnelles Medium ist? Projektile sind auch schnell – und umso sorgfältiger sollten wir sie abfeuern.

rede dafür, sie schlampig abzufeuern. Im Gegenteil: Je schneller eine Information ihr Ziel erreicht, desto sorgfältiger sollten wir damit umgehen. Ist eine E-Mail raus, ist sie raus und im Grunde auch schon angekommen. Bevor ein Brief mit einem Klopper ankommt, können wir theoretisch noch anrufen und bitten, den Brief zu ignorieren.

Und es ist tatsächlich so: Eine ordentliche Sprache drückt Wertschätzung aus. Ist die Sprache nachlässig, fragt sich mancher Empfänger, ob er es dem Sender nicht wert sei, dass er sich beim Formulieren ein wenig Mühe gibt. Das betrifft auch die Groß- und Kleinschreibung – und das sind ja nun keine antiquierten Schrullen aus alten Zeiten, sondern Groß- und Kleinschreibung spiegeln die Komplexität der Dinge wider, die die deutsche Sprache bezeichnen kann. Der Klassiker zum Thema ist natürlich der Grill-Witz mit dem Pärchen auf dem Balkon im Abendrot:

Sie: *Hör mal, die Grillen.*
Er: *Ich rieche nichts.*

Es ist eben ein Unterschied, ob »der Gefangene floh« oder ob »der gefangene Floh« das Thema ist. Hat jemand »liebe Genossen« oder »Liebe genossen«? Das Gleiche betrifft übrigens auch die Getrennt- und Zusammenschreibung: Es ist ein riesiger Unterschied, ob wir jemanden »hängenlassen« oder »hängen lassen« – und ob wir »per du« sind, also einander duzen, oder ob wir »perdu« sind, im Französischen »verloren«.

Ansonsten gelten für E-Mails die gleichen Sprachregeln wie für andere Texte auch: Die Botschaft sollte aus Empfängersicht relevant sein, ebenfalls aus Empfängersicht aufgebaut, und die Sprache sollte menschlich und klar sein. Eine Besonderheit sind die Betreffzeilen (Seite 75).

Ein großer Nutzen des Mediums E-Mail ist natürlich die Asynchronität – Sender und Empfänger müssen nicht gleichzeitig kommunizieren. Das hat den Vorteil, dass jeder seinen Prioritäten und Zeitplänen nachgehen kann, ohne dass man einander stört. In dieser Hinsicht ist die E-Mail eine echte Bereicherung der Kommunikation, am ehesten vielleicht noch zu vergleichen mit der Rohrpost, die schneller ist als ein Brief per Post.

Oft aber rate ich meinen Kunden zu anderen Kommunikationsmitteln als zur E-Mail. Will eine Gruppe einen gemeinsamen Termin finden, ist die

Abstimmung über E-Mail ein Krampf – mit Doodle geht das einfacher. Um mit einem Einzelnen einen Termin zu finden, nutze ich am liebsten das Telefon. Wenn ich mit Gedankentanken arbeite, kommunizieren wir oft über Textnachrichten, die wir einander schicken: Jemand spricht seine Botschaft ins Smartphone und schickt sie als Audiodatei weg – an einen Empfänger oder auch an mehrere.

Eine wahrhaft kryptische E-Mail haben wir einmal in einem Inhouse-Seminar in einem großen Unternehmen besprochen:

> *Sehr geehrte Frau Kollegin,*
> *in der KW 32 kann ich nur noch Freitag, den 11.8. vormittags. In der KW 33 habe ich nur am Donnerstag Termine.*
> *Mit freundlichen Grüßen*
> *Karl Kollege*

Dass der Begriff »KW« für viele Leute erklärungsbedürftig ist, hatte ich erwähnt (Seite 33). Das ist aber hier nicht der Punkt, weil wir es in diesem Unternehmen mit einem Code zu tun haben, den jeder versteht. Wenn die Bezeichnung »KW 33« für alle Beteiligten verständlich ist, spricht dagegen ebenso wenig etwas wie gegen die Bezeichnung »Gastritis« unter Medizinern.

In dieser E-Mail-Korrespondenz ging es einfach nur darum, einen Termin zu finden, die Aufgabe ist also relativ einfach. Nur drückt sich Herr Kollege doppeldeutig aus, ohne es zu merken. Erkennen Sie, inwiefern die E-Mail doppeldeutig ist? Ich darf es Ihnen verraten: Hat Karl Kollege in der KW 33 nur am Donnerstag Termine für die Kollegin frei, oder hat er bisher nur an diesem Donnerstag Termine mit anderen? Es ist völlig unklar, was er mit dem Begriff »Termine« meint, wobei er selbst sicher eine klare Vorstellung davon hat. Das ist auch verständlich, schließlich hat der Absender nur seine Version im Kopf – er weiß ja nicht, dass seine Formulierung doppeldeutig ist. Bevor es hier zu Missverständnissen kommt, würde ich anrufen. Frau Kollegin sollte das spätestens jetzt tun.

Also: Die schriftliche Kommunikation, vor allem per E-Mail, ist eine Fundgrube für Missverständnisse. Die Leute lassen sich zum raschen Tippen hinreißen. Dazu kommt es, dass sich nicht jeder aufs Handwerk der

Sprache versteht. Eine E-Mail ist schnell getippt, und wenn wir das gedankenlos machen, schleichen sich auch sehr schnell Fehler ein. Also würde ich nur dann eine E-Mail schreiben, wenn es entweder der Dokumentation dient oder sich ein Anruf und eine Sprachnachricht nicht eignen.

Ein weiterer Punkt kommt dazu: Diese E-Mail von Karl Kollege ist in ihrem Stil typisch für viele E-Mails, denen ich in Seminaren begegne. Wir besprechen zahlreiche Texte und Formulierungen der Teilnehmer, und die E-Mail nimmt oft die Rolle des wichtigsten Mediums ein. Also analysieren wir die Sprache in E-Mails und entbürokratisieren sie so gut wie möglich.

Jetzt ist aber das Problem an der E-Mail von Karl Kollege nicht ein unnötiges Adjektiv, eine überflüssige Silbe, ein Substantiv anstelle eines Verbes, eine Passivkonstruktion oder eine Hauptsache im Nebensatz. Im Gegenteil: In dieser E-Mail findet sich nichts davon. Unfreundlich ist sie dennoch – ich vermisse vor der Abschiedsfloskel irgendeine freundliche Geste in der Art: »Wann wollen wir uns treffen?« oder »Wie sieht es bei Ihnen aus?« Diese E-Mail ist schroff, aber nicht weil sie im Klartext formuliert ist – wenngleich missverständlich –, sondern weil ihr sämtliche emotionalen Signale fehlen. Es ist, wie schon gesagt, in erster Linie eine Frage des Inhalts, ob ein Text unfreundlich und schroff wird oder nicht.

Auf der anderen Seite: Karl Kollege ist ein netter Kerl. Er kann nur nicht schreiben. Karl Kollege ist Ingenieur, und zwar als Projektleiter bei einem riesigen Infrastrukturvorhaben. Mit seinen Mitarbeiterinnen und Mitarbeitern kommt er genauso gut klar wie mit seinen Kolleginnen und Kollegen, die auf vergleichbarer Hierarchiestufe angesiedelt sind. Karl Kollege ist einer, mit dem ich nach dem Seminar ein Bier trinken war. Er ist wirklich ein Guter! Aber seine E-Mails wirken eben schroff, weil er sich eher auf Zahlen versteht als auf Buchstaben. Das ist auch nicht schlimm. Aber jetzt weiß er es wenigstens. Und seine E-Mails sind durchaus besser geworden.

Und das ist der nächste Grund, weswegen ich manchen Leuten rate, eher zum Telefon zu greifen oder – falls möglich – beim jeweiligen Kollegen kurz im Büro vorbeizuschauen. Mit diesem Rat geht es mir um größtmöglichen Pragmatismus. Natürlich lässt sich Formulieren lernen. Nur ist es wie bei anderem Lernstoff auch: Dem einen fällt es leicht, dem anderen eher schwer. Insofern ist Perfektionismus meist nicht angebracht. Sind E-Mails unbedingt nötig, werden sie vielleicht nicht perfekt, aber besser.

Nachwort

Der echte Ausdruck macht die klare Idee«, lautete das Zitat des Dichters Novalis, das ich diesem Buch vorangestellt habe. Ich bin davon überzeugt: Wir müssen zuerst wissen, *worüber* wir sprechen – also worum es geht und in welchem Rahmen sich unsere Botschaft ansiedelt. Dann müssen wir wissen, *was* wir sagen wollen – wir müssen die Sache aus unserer Sicht kennen. Im nächsten Schritt geht es darum, was *ankommen* soll – das ist dann die Botschaft aus Empfängersicht. Die gilt es klar zu strukturieren – das ist die Argumentation, der Aufbau unserer Botschaft. Und erst dann, ganz zum Schluss mehr oder weniger, geht es um die Formulierungen.

Mit dieser Reihenfolge, so denke jedenfalls ich, wird Ihre Kommunikation dem Anspruch des Dichters und Philosophen Novalis am besten gerecht. Und das gilt im Grunde für jedes Format – ob E-Mail, Executive Summary, Akquise-Mailing, Präsentation, Standardbrief, Rede an die Belegschaft, Beitrag zum Meeting, Elevator Pitch oder Kundentelefonat. Es ist letztlich völlig unerheblich, auf welchen Kanälen Sie kommunizieren: Diese Reihenfolge gilt für mein Verständnis bei jeder Kommunikation.

Anstoß, dieses Buch zu schreiben, war meine zunehmende Verwunderung darüber, dass so viele Unternehmen selbst heute noch förmlich kommunizieren – obwohl die Gesellschaft sich gerade vom Förmlichen abwendet und sich der einfachen, menschlichen Kommunikation widmet. Vielleicht haben Sie sich oder Ihr Unternehmen bei dem einen oder anderen Textbeispiel wiedererkannt. Sollte das der Fall sein, würde mich das freuen. Insgesamt glaube ich, dass wir es hier mit einem wichtigen Thema zu tun haben, das sich aus der Digitalisierung zwangsläufig ergibt – vor allem dadurch, dass Kunden heute viel schneller an relevante Informationen kommen als jemals zuvor. Entsprechend landen Kunden auch schneller bei Ihrem Wettbewerber, wenn der klarer, unmittelbarer und einfacher kommuniziert. Wie schon gesagt: Erfolgreich sind Unternehmen nicht, wenn sie das beste Produkt haben, sondern wenn sie am besten sichtbar sind. Zu dieser Sichtbarkeit gehört inzwischen aber auch sofortige Klarheit. Es muss unmittelbar verständlich sein, was Sie sagen. Sichtbarkeit bringt wenig, wenn ein Unternehmen förmlich und distanziert kommuniziert.

Mich freut es sehr, dass Sie dieses Buch gelesen haben. Ich wünsche Ihnen mit diesem Konzept viel Erfolg für Ihre Unternehmenskommunikation. Bitte wenden Sie die Prinzipien und Regeln an und lassen Sie mich wissen, ob und wie sich die Sprache in Ihrem Unternehmen verändert. Sie erreichen mich am einfachsten per E-Mail unter thilo@thilo-baum.de. Bitte schreiben Sie eine glasklare Betreffzeile, am besten mit einem Hinweis auf das Buch. Sonst besteht die Gefahr, dass die E-Mail in der Flut der E-Mails unbekannter Absender untergeht, die zu 90 Prozent nur Spam sind.

Zum Schluss will ich zwei lieben Menschen danken: Vielen Dank an Stephan Heinrich und Bjœrn Marten Kronbiegel für ihre kritischen Blicke – unabhängig voneinander – auf mein Kapitel zum Thema »ROI« (Seite 140ff.). Stephan Heinrich ist ein guter Freund und Kollege, den ich seit Jahren über die German Speakers Association e.V. (GSA) kenne, den Verband deutschsprachiger Redner. Stephan Heinrich kann Sie wunderbar beim Thema Onlinemarketing unterstützen. Bjœrn Marten Kronbiegel ist ein Facebook-Freund und Experte für digitale Transformation in Unternehmen – er interessiert sich für alles, was mit Zahlen und Controlling zu tun hat. Sie finden beide, indem Sie sie googeln.

Als kleinen Anhang finden Sie am Ende dieses Buches übrigens noch ein Quiz zum Mitmachen. Ich stelle Ihnen zehn Aufgaben, die Sie lösen dürfen. Damit Sie sich nicht gleich auf die Lösungen stürzen (das würden Sie natürlich niemals tun, ich weiß), finden Sie die Lösungen dazu nicht hier im Buch, sondern auf meiner Website. Dort können Sie ablesen, wie viele der Aufgaben Sie richtig gelöst haben.

Vielen Dank und viel Erfolg bei Ihrer Unternehmenskommunikation! Es wäre für mich wundervoll, wenn Sie dazu beitragen, dass Unternehmen mit Menschen menschlicher umgehen.

Gersfeld (Rhön), im Oktober 2019

Thilo Baum

Das Quiz: Testen Sie Ihr Wissen!

Zehn Aufgaben habe ich für Sie! Wie lauten die folgenden Aussagen möglichst einfach? Was verändern Sie – und warum? Ob Sie richtig liegen, erfahren Sie auf https://www.thilo-baum.de/loesungen.

1. »Dabei handelt es sich um einen integralen Vertragsbestandteil.«

2. »Wir konnten eine Einigung mit der Behörde erzielen.«

3. »Ihnen als Kunden wird unsererseits folgendes Angebot unterbreitet.«

4. »Die Gutschrift des Betrages wurde am Montag von uns durchgeführt.«

5. »Im Zusammenhang mit der Inanspruchnahme einer Teilzeitbeschäftigung sehen die gesetzlichen Bestimmungen einen besonderen Kündigungsschutz vor.«

6. »Die Gewerkschaften fordern weniger Arbeit bei vollem Lohnausgleich für die Beschäftigten.«

7. »Grund ist eine Verzögerung im Betriebsablauf.«

8. »In fast allen Fällen sind die Infizierten Reiserückkehrer aus Verbreitungsgebieten.«

9. »Die Prüfung hat ergeben, dass sich das Gefährdungspotenzial durch Beigabe von Vitamin K verringern kann.«

10. »Nachdem gestern die Befragung unserer Kunden durchgeführt wurde, fiel bei der Auswertung einzelner Anmerkungen seitens der Kunden auf, dass in einigen Fragestellungen Rechtschreibfehler begangen worden waren.«

Thilo Baum ist für Sie da!

Buchen Sie ein Inhouse-Seminar (zwei Tage):

- Erster Tag, Vormittag: Empfängerorientierte Kommunikation, Argumentationen aufbauen
- Erster Tag, Nachmittag: Ihre Botschaften empfängerorientiert skizziert, Ihre Überschrift, Ihr Teaser, Ihr Wortbeitrag
- Zweiter Tag, Vormittag: Klarer Ausdruck, Ihre Argumentationen zusammengefasst und als Elevator Pitch präsentiert (Video/Audio)
- Zweiter Tag, Nachmittag: Ihre Botschaften ausformuliert

Holen Sie Thilo Baum fürs Tagesgeschäft ins Haus (tageweise):

- Stellenanzeigen überarbeiten
- Website-Texte überarbeiten
- Präsentationen überarbeiten
- Standardbriefe und Standard-E-Mails überarbeiten
- Hilfe für einzelne Mitarbeiter im konkreten Workflow
- Executive-Summary-Training für Führungskräfte und Assistenzen
- Feedback zu Meetings

Buchen Sie Thilo Baums Vortrag für Ihre Veranstaltung:

- »Komm zum Punkt! So drücken Sie sich klar aus«
- »Schluss mit förmlich! So geht menschliche Unternehmenskommunikation«

Inhalte u.a.: Wie Unternehmen menschlich kommunizieren; wie Sie Ihre Botschaften planen; fünf Tricks für eine unbürokratische Sprache

Kontakt: thilo@thilo-baum.de

Mehr von Thilo Baum

Mit zehn Checklisten zum perfekten Text!

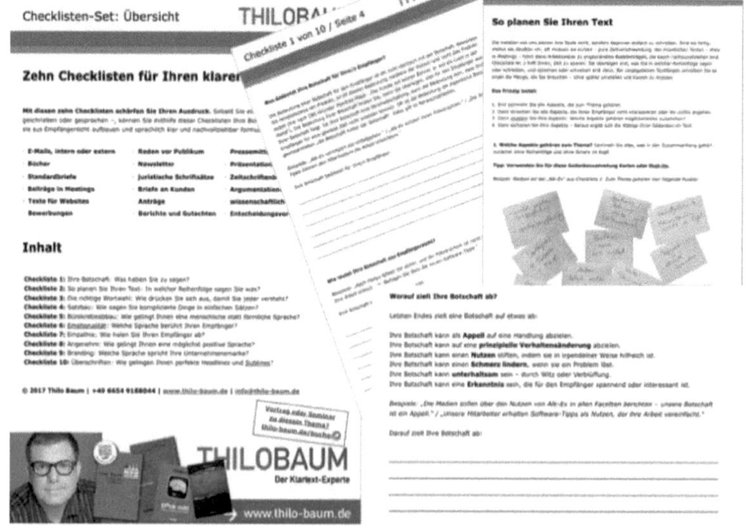

Formulieren Sie Schritt für Schritt Ihre prägnante Botschaft:

Checkliste 1: Ihre Botschaft: Was haben Sie zu sagen?
Checkliste 2: Text planen: In welcher Reihenfolge sagen Sie was?
Checkliste 3: Wortwahl: Wie drücken Sie sich verständlich aus?
Checkliste 4: Satzbau: Wie sagen Sie Kompliziertes in einfachen Sätzen?
Checkliste 5: Bürokratieabbau: Wie gelingt eine menschliche Sprache?
Checkliste 6: Emotionalität: Welche Sprache berührt Ihren Empfänger?
Checkliste 7: Empathie: Wie holen Sie Ihren Empfänger ab?
Checkliste 8: Sympathie: Wie gelingt Ihnen eine positive Sprache?
Checkliste 9: Branding: Welche Sprache spricht Ihr Unternehmen?
Checkliste 10: Überschriften: Wie gelingen Headlines und Sublines?

Laden Sie Ihr Checklistenset hier herunter:
https://www.thilo-baum.de/checklisten/

Hören Sie Thilo Baums Podcast!

Im »Klartext-Podcast« mit Thilo Baum geht es um Sprache in der Unternehmenskommunikation. Jetzt bei iTunes »Thilo Baum« suchen und Podcast abonnieren oder Podcast bei Thilo Baum selbst hören:

https://www.thilo-baum.de/klartext-podcast/

Lesen Sie Thilo Baums Blog!

In seinem Blog bringt Thilo Baum Informationen, Geschichten und Fotos rund um Sprache und Kommunikation:

https://www.thilo-baum.de/blog/

Hören Sie Thilo Baums Hörbuch für Ihren Vertriebserfolg!

Ideal für Vertriebsleute im Auto: eine gute Stunde mit Tipps zum Perspektivenwechsel. Nehmen Sie die Sicht Ihrer Kunden ein!

Holen Sie sich Ihr Hörbuch hier:
https://www.thilo-baum.de/vertriebshoerbuch/

Das Vier-Stunden-Audioseminar mit Thilo Baum

Mehr Erfolg durch Kundensicht!

Die meisten Unternehmen suchen Kunden für ihre Produkte. Finden Sie ab sofort besser Produkte für Ihre Kunden! Wer aus Sicht des Kunden denkt statt aus der eigenen Sicht, wird erfolgreicher: Reibungsverluste minimieren sich, Missverständnisse verschwinden – der Kundennutzen wird klarer und das Marketing fokussierter. Und die Unternehmenskommunikation, ob klassisch oder im Social Web, liefert Storys, die aus Kundensicht tatsächlich relevant sind. Steigern Sie den Erfolg Ihres Unternehmens mit Thilo Baums Audio-Seminar »Unternehmenserfolg durch Kundensicht«! Das ultimative Know-how für Unternehmer, Manager und Führungskräfte und alle anderen, die im Business kommunizieren.

- Rund vier Stunden – einfach portioniert in 64 Tracks.
- 14 Übungen – auch mit Einbindung des Autors.
- Inklusive Übungsheft (PDF).

Fünf fesselnde Kapitel – mit spannendem und wertvollem Know-how:

Kapitel 1: Der Sinn des Wirtschaftslebens. Die Basics der Kundenorientierung. Warum ein Markt per se kundenorientiert ist. Warum Unternehmen erfolgreicher sind, die bereit sind, die Perspektive des Kunden einzunehmen.

Kapitel 2: Der Zugang zu Menschen. Über peinliche Recruiting-Videos, absurde Unternehmensleitbilder und Unternehmen, die die Perspektive ihrer Kunden ignorieren. Wie Sie Menschen tatsächlich erreichen.

Kapitel 3: Das Produkt. Über Usability. Warum zum Produkt mehr gehört als nur das Produkt. Warum die Performance des Produktes wesentlich ist für Ihre Kundenbindung. Wie Mitdenken in der Produktentwicklung Ihrem Unternehmensimage dient.

Kapitel 4: Die Botschaft. Über Unternehmen, die glauben, ihre Botschaften seien öffentlich relevant. Was die Öffentlichkeit wirklich interessiert, und wie Sie aus Ihren Botschaften öffentlich relevante Nachrichten machen.

Kapitel 5: Der Text. Über betriebsblinde Spezialisten, die sich nicht klar ausdrücken. Wie Sie Ihre Botschaft aus Empfängersicht formulieren und wie Sie allgemeinverständlich auf den Punkt bringen, was ankommen soll.

Zum Ende folgen vierzig Gebote – die wichtigsten Regeln für kundenorientiertes Handeln knackig zusammengefasst.

Rund vier Stunden Know-how für Ihren Erfolg und den Erfolg Ihres Unternehmens! 64 Tracks (MP3) für MP3-Player, Computer und Auto.

Holen Sie sich Ihr Audioseminar hier:
https://www.thilo-baum.de/audioseminar/

Meinungen zu Thilo Baum

»Als Unternehmerin stelle ich immer wieder fest, dass wir aneinander vorbeireden. Mit Thilo Baum geht es wieder viel besser, klar im Ausdruck zu sein. Für mich ist Thilo Baum der Meister der Klarheit. Wo heute Menschen die deutsche Sprache verwässern, führt er uns immer wieder auf den Weg zurück, Klarheit im Ausdruck zu üben.«

Liss Heller, Steuerexpertin und Autorin (Wien)

»Wir haben Thilo Baum jetzt das zweite Mal bei uns gehabt. Wir haben schon beim ersten Mal gemerkt, dass sich die geschriebene Kommunikation wesentlich verbessert hat. Wir waren zu technokratisch, wir waren zu bürokratisch, und die Essenz einer geschriebenen Information ging unter. Mit Thilo Baum haben wir es geschafft, dass wir auf den Punkt kommen. Ein wesentlicher Grund, warum wir Thilo Baum nochmals zu uns ins Haus geholt haben, war der enorme Mitarbeiterwechsel, der stattgefunden hat.«

Martin Hundertpfund, Wirtschaftskammer Vorarlberg (Feldkirch)

»Was mir besonders an dem Seminar gefallen hat, ist, dass ich das gelernte Know-how sofort, immer und überall anwenden kann.«

Claudia Strauch, Roche Pharma AG (Grenzach-Wyhlen)

»Vielen Dank für dein wirklich hilfreiches Rundum-sorglos-Paket zum Thema Schreiben!«

Sabina Schilcher-Gerlach, Teilnehmerin der GEDANKENtanken-Akademie (Frankfurt am Main)

»Mit Ihrem Motto ›Komm zum Punkt!‹ habe ich heute sehr viele Impulse mitgenommen, die ich künftig sowohl in meinen E-Mails als auch in allen meinen Gesprächen versuchen werde umzusetzen.«

Andreas Lex, Leiter Vertriebsakademie, SparkassenVersicherung (Stuttgart)

»›Unternehmenserfolg durch Kundensicht‹ ist super und genau das Richtige für Außendienstler im Auto. Alles, was wichtig ist, ist drin: Wie Produkte performen sollen, was man gegen Betriebsblindheit tut und wie man
seine Botschaften kundenorientiert formuliert. Aufteilung und Länge der
Tracks werden jeder Aufmerksamkeitsspanne gerecht. Spannend, unter-
haltsam und voller konkretem Nutzen. Wer das hört und dann zum
Kundentermin geht, hat sicher mehr Erfolg!«

Thomas Wagner, Würth-Akademie (Künzelsau)

»Thilo Baum ist die Nummer eins im deutschsprachigen Raum, wenn es
um den prägnanten Ausdruck geht.«

Stefan Frädrich, Gründer von GEDANKENtanken (Köln)

»Ihr inspirierender und emotionaler Vortrag wirkt. Um es auf den Punkt zu
bringen: Ich danke Ihnen noch einmal herzlich für diese überzeugende
Performance. Ihre Botschaft ist bei unseren Mitarbeitern angekommen.
Ich habe ausschließlich begeisterte Stimmen eingefangen.«

Heinz-Jörg Reichmann, Vorsitzender des Vorstands,
Sparkasse Attendorn-Lennestadt-Kirchhundem (Attendorn)

»Ihr Seminar war wirklich ausgezeichnet!«

Ute Sartorius, Merck Serono (Darmstadt)

»Ich kann nur sagen: Absolute Empfehlung! Machen, machen, machen.«

Lars von Velsen, INTER Versicherung (Mannheim)

»Thilo Baum ist ein strategischer Denker, feinfühlender Macher und ein
absoluter Experte auf dem Gebiet der professionellen Businesskommunikation. Er spricht die Sprache seiner Kunden und hat ein großes Einfühlungsvermögen für die Herausforderungen in der Businesswelt.
Prädikat: Empfehlenswert.«

Maxim Mankevich, Keynotespeaker und Experte für Erfolg (Köln)

Weitere Referenzen (auch Audio):
https://www.thilo-baum.de/kunden/